## Grundlagen frühkindliche Bildung

Herausgeber der deutschen Ausgabe: Wassilios E. Fthenakis, Pamela Oberhuemer

Marian R. Whitehead

# Sprache und Literacy von 0 bis 8 Jahren

1. Auflage

Bestellnummer 50065

.Bildungsverlag EINS
a Wolters Kluwer business

Haben Sie Anregungen oder Kritikpunkte zu diesem Buch?
Dann senden Sie eine E-Mail an 50065@bv-1.de
Autoren und Verlag freuen sich auf Ihre Rückmeldung.

www.bildungsverlag1.de

Bildungsverlag EINS
Sieglarer Straße 2, 53842 Troisdorf

ISBN 978-3-437-**50065**-0

English language edition published by Sage Publications of London, Thousand Oaks and New Delhi,
© Marian R. Whitehead, 2002.

Herausgeber der deutschen Ausgabe: Wassilios E. Fthenakis, Pamela Oberhuemer

Übersetzung aus dem Englischen: Rita Kloosterziel

# Inhaltsverzeichnis

# Vorwort der Herausgeber

Dieses Buch stellt die Arbeit einer renommierten Expertin auf dem Gebiet der Sprache und Literacy in der frühen Kindheit vor. Marian Whitehead ist seit Jahren in der englischsprachigen Welt der Frühpädagogik für ihren wissenschaftlich fundierten und praktisch verankerten Ansatz bekannt.

Das Buch vermittelt Fachwissen zur sprachlichen Entwicklung und Bildung in den ersten acht Lebensjahren, es macht aufmerksam für die enorme Vielfalt von Sprachsituationen, Sprachstilen und sprachlichen Nuancen in alltäglichen Kontexten und es gibt zahlreiche Hinweise zur bewussten Gestaltung von anregenden Sprach- und Literacy-Milieus – ob in der Familie, in der Kindertagesstätte oder in den ersten Grundschuljahren.

Besonders hervorgehoben werden die Sprachkompetenzen von zwei- und mehrsprachig aufwachsenden Kindern – und wie diese oft in der *mainstream*-Kultur von öffentlichen Bildungseinrichtungen zu wenig geachtet und gefördert werden.

Die Autorin informiert, sie beschreibt und sie gibt Impulse für die Unterstützung und Erweiterung der bereits vorhandenen und sehr unterschiedlichen sprachlichen Interessen und Kompetenzen von Mädchen und Jungen im frühesten Alter. Sie macht aber auch ihre eigene Position deutlich, ihr persönliches Engagement gegen sterile Sprachdidaktik und standardisierte Sprachprogramme und gegen ein Verständnis von Literacy in den ersten Jahren ausschließlich als *Vor*stufe zum Lesen und Schreiben in der Schule. Sprach- und Literacy-Situationen von Anfang an in all ihrer Vielfalt wahrnehmen, aufgreifen, erweitern und vertiefen – das ist die Botschaft dieses Buchs für die Erwachsenen, die mit Kindern leben und arbeiten.

Die Perspektive und die Bezugsquellen sind im britisch-englischen Kontext eingebettet – auch der zentrale Begriff der Literacy. Wir hoffen aber, dass diese „andere Sicht" nicht irritiert, sondern vielmehr anregt, Entwicklungen rund um die sprachliche Bildung und Literacy-Kultur im eigenen persönlichen und professionellen Umfeld bewusst und kritisch wahrzunehmen und proaktiv zu handeln.

Prof. Dr. Dr. Dr. Wassilios Fthenakis
Pamela Oberhuemer

# Vorwort

Marian Whitehead gilt auf ihrem Fachgebiet als geschätzte und namhafte Wissenschaftlerin. Sie hat reichliche praktische Erfahrung und ihre Bücher lassen erkennen, dass sie Kinder liebt und ständig mit ihnen arbeitet. Ihr Kontakt zu Kindern und ihren Familien ist nie abgerissen. Ihr Wissen stützt sich auf theoretische Überlegungen, auf Forschungsergebnisse und auf ihre eigenen Erfahrungen als Pädagogin. Im vorliegenden Buch stellt sie dar, wie Babys, Kleinkinder und Kinder im Kindergarten und in den ersten Schuljahren kommunizieren und wie sie sprechen, schreiben und lesen lernen. Ihre Ausführungen helfen Erzieherinnen und Erziehern, Grundschullehrkräften und Eltern und vermitteln ihnen neue Anregungen und praktische Tipps. Sie respektiert und ermuntert Kinder als aktive Lerner und gibt sachkundige und praxisnahe Ratschläge zu ihrer Förderung.

In diesem Buch berücksichtigt sie neueste Forschungsergebnisse, die bestätigen und stützen, was sich im Laufe der Zeit bei der Arbeit mit Kindern und ihrer Entwicklung von Sprache, Lesen und Schreiben bewährt hat. Sie bezieht die Bedeutung von Spielen, von Beziehungen und von Zwei- und Mehrsprachigkeit ein und zeigt auf, wie Frühpädagoginnen und Frühpädagogen ein Umfeld aus gesprochener und geschriebener Sprache schaffen können, das eine Bereicherung für Kinder, Familien und Gemeinschaften darstellt.

Professor Tina Bruce

# Danksagung

Mein Dank gilt allen, die so großzügig waren, mir Fotos und andere Materialien zur Verfügung zu stellen. Vor allem danke ich den Kindern, Lehrkräften und Familien der Earlham Nursery School in Norwich für zahlreiche Fotos für dieses Buch. Dank auch an die Lehrkräfte der Vorschul- und Eingangsklassen der Myatt Garden Primary School in Lewisham, die mir ganz zu Anfang erlaubt haben, ihre Beobachtungen zu zitieren, an Allyson Pascoe für Abbildung 8, Judith Crampton und der Lucas Vale Primary School in Deptford für die Besprechungen der Kinderbücher in Kapitel 5, Ellen Sizer und Louise für die „Vorlesungsnotizen", Davina Grant für die Kindergartenmitteilungen und Gill Wilson und der Athelney Grundschule in Catford für Martha, das Schwein.

Besonderer Dank gebührt meinen Töchtern und Enkeln für Fotos und anderes Material und dafür, dass sie mir die Entwicklung von Sprache in gesprochener und geschriebener Form in Aktion gezeigt haben!

# Einführung

In diesem Buch geht es um den spannendsten und wichtigsten Aspekt menschlicher Entwicklung – Sprache in den ersten Lebensjahren. Es ist ein Buch für Pädagoginnen und Pädagogen, Eltern und andere Bezugspersonen, Lehrer und alle, die mit jungen Kindern zu tun haben, denn sie arbeiten und spielen mit Kleinkindern und sind an ihrer Sprachentwicklung beteiligt. Ich hoffe, es hilft Pädagoginnen und Pädagogen in Kindertageseinrichtungen und in den ersten Grundschuljahren, indem es ihnen eine solide Wissensgrundlage der frühkindlichen Sprachentwicklung von der Geburt bis zum achten Lebensjahr vermittelt.

Dies ist sicherlich kein einfaches Unterfangen, doch es ist auch nicht schwieriger als die täglichen Anforderungen, die Bildung, Betreuung und Erziehung junger Kinder in den unterschiedlichsten Einrichtungen mit sich bringen. Ich habe mich für einen Ansatz entschieden, der allzu viele willkürliche Aufteilungen und undurchlässige Kategorien zu vermeiden versucht, die z. B. zwischen wissenschaftlichen Sprachstudien einerseits und Ratschlägen für die Praxis oder unserer täglichen Arbeit mit allen Gesprächen und Überlegungen andererseits, trennen. Oder die die kindlichen Aktivitäten penibel in vorschulische und schulische Betätigungen, Lesen oder Schreiben oder „nur kritzeln" und „nur sprechen" einteilen. Mein Ansatz ist keineswegs undurchlässig – er ist tatsächlich ziemlich löchrig (im akademischen Jargon nennt man so etwas „ganzheitlich") und bemüht sich, mit der bunten Mischung aus Denken, Fühlen, Vorstellen, Reden, Zuhören, Zeichnen, Schreiben und Lesen zu arbeiten, die typisch für alle unsere sprachlichen Aktivitäten ist. Zu diesem Zweck greife ich auf das Wissen und die vielfältigen Beobachtungen von Kindern zurück, die in zahlreichen wissenschaftlichen Untersuchungen dokumentiert sind. Ich greife außerdem auf meine eigenen Erfahrungen als Beobachterin und Zuhörerin sehr kleiner Kinder zurück, die ich als Lehrerin, als Mutter, als Oma, als Wissenschaftlerin und als Lauscherin in der Kassenschlange im Supermarkt gemacht habe.

Dieser ganzheitliche Ansatz ist für die Bandbreite der Themen verantwortlich, die das Buch aufgreift. Es beginnt mit einer Darstellung der ersten sprachlichen Entwicklungsschritte und geht dann weiter zu den Leistungen und Herausforderungen von mehr- und zweisprachigen Kindern. Die Erörterung der Bedeutung von Geschichten, Erzählungen und Sprachspielen verknüpft die gesprochene Sprache mit dem Thema Literacy. Um Literacy geht es in zwei Kapiteln. Eines konzentriert sich auf die ersten Jahre, die Zeit, auf die sich der Bildungsplan für den Elementarbereich bezieht (in England vom dritten bis fünften oder sechsten Lebensjahr) und den Übergang zur Schulpflicht im Alter von fünf Jahren. Das andere Literacy-Kapitel fokussiert auf die Jahre vom sechsten bis zum achten Lebensjahr. Mit Hilfe dieser Einteilung sollte sich die Diskussion eines so komplexen Themas handhaben lassen. Gleichzeitig spiegelt sie jedoch das aktuelle Bildungs- und Betreuungssystem in England wider. Die gegenwärtige nationale und verwaltungstechnische Unterteilung in frühpädagogische Betreuung und schulische Bildung im gesamten Vereinigten Königreich macht es für Eltern, Lehrer und Frühpädagogen schwierig, von der Geburt bis zum achten Lebensjahr ihrer Kinder für Kontinuität und Qualität im Sprachlernen zu sorgen.[1] Aber vielleicht erreicht die Botschaft von unseren Kämpfen und unseren Erfolgen Pädagoginnen und Pädagogen, Kinder und Familien in vielen Teilen der Welt. Das Buch endet mit Vorschlägen, wie sich die unentbehrliche Partnerschaft mit Eltern zum Forum für Gespräche über die sprachliche Entwicklung ihrer Kinder machen lässt.

## ▶ Sprache, die ersten Jahre und nationale Initiativen in England

Ich habe bereits die Trennlinie erwähnt, mit der die Schulpflicht im Vereinigten Königreich die traditionelle und international übliche Definition der frühkindlichen Phase als der Zeit zwischen dem dritten und dem achten Lebensjahr oder sogar zwischen der Geburt und dem achten Lebensjahr zerteilt. Der Nationale Lehrplan für Schulen in England und Wales von 1988 vertiefte diese Trennung und sorgte für ihre gesetzliche Verankerung, indem er in verbindlichen Richtlinien genau festlegte, welche Lerninhalte den fünf- bis siebenjährigen Kindern in der ersten *Key Stage* (Altersstufe 1) vermittelt werden sollten. Die Realität sah so aus, dass viele Vierjährige in Eingangsklassen in den Grundschulen saßen und mit dem nationalen Lehrplan den unvermeidlichen Druck erlebten, den die Tests am Ende jeder Key Stage mit sich brachten. Die Einführung des nationalen Bildungsplans für die Drei- bis Fünfjährigen in England im Jahr 2000 gibt Frühpädagoginnen und -pädagogen eine detaillierte Anleitung an die Hand, wie sich ein entwicklungsgemäßes Curriculum für Kinder zwischen drei und fünf Jahren umsetzen lässt. Der Bildungsplan enthält Lernziele in den Bereichen Kommunikation, Sprache und Literacy (QCA/DfEE, 2000). Die aktuelle Betonung auf kommunikativen Fertigkeiten und die offizielle Wertschätzung von Spiel und aktivem Lernen, von der Rolle der Eltern und der Einbeziehung der Aktivitäten im Außenbereich in die Lernaktivitäten kann man nur begrüßen. Es bleiben jedoch Spannungen bestehen, vor allem aufgrund des Drucks durch die *National Literacy Strategy* (Nationale Literacy-Strategie) mit ihrer unangemessenen Forderung nach einer täglichen „Literacy Hour" als formalem, didaktischem Literacy-Unterricht. Das frühpädagogische Curriculum im ersten Schuljahr wird weiterhin durch Vorschriften unterminiert, die eine gezielte Vorbereitung auf diese Literacy Hour vorsehen – und das bei Kindern, die nicht älter als vier Jahre sind! Mittlerweile haben Achtjährige in England und Wales den Beginn von *Key Stage 2* erreicht und es sieht immer mehr danach aus, als würden sie von älteren Primarstufenansätzen geschluckt, während ihre Anfänge als Kinder der frühkindlichen Phase in Vergessenheit geraten. Die Situation in Schottland und Wales ist weit weniger streng durchorganisiert als in England, weil die Hinweise, die Pädagoginnen und Pädagogen in beiden Ländern angeboten werden, genau das sind, was ihr Name andeutet: Hinweise, die von Pädagogen angepasst und ausgelegt werden.

---

[1] *Anmerkung der Herausgeber: Diese strenge Teilung zwischen Bildungseinrichtungen im Schulsektor und Betreuungsangeboten im Kita-Sektor wurde durch neue gesetzliche Regelungen aufgehoben. In England stehen alle Einrichtungen für Kinder vom ersten bis zum achten Lebensjahr heute unter der Fachaufsicht der nationalen Bildungsbehörde Ofsted.*

Die kürzlich in Gang gesetzten Umwälzungen und Umstrukturierungen des britischen Schulsystems folgen ihrer eigenen politischen und verwaltungstechnischen Logik, doch sie haben wenig mit den Phasen kindlicher Entwicklung und mit Familienkultur zu tun. Das trifft vor allem auf die sprachliche Entwicklung zu, die vom Moment der Geburt an als kontinuierlicher Prozess beobachtet wird und die in den ersten drei bis vier Lebensjahren zweifellos am spannendsten ist. Leute, die sich ernsthaft mit Sprachwissenschaften beschäftigen, finden alle Formen und Varietäten von Sprache spannend und aussagekräftig und nur wenigen ist bei der Vorstellung wohl in ihrer Haut, dass „Englisch" und nicht „Sprache" im Mittelpunkt des Curriculums steht.

Dieses Buch erkundet all diese wichtigen Themen, doch das Hauptaugenmerk liegt auf der ganzheitlichen Sprachentwicklung von Kindern und nicht so sehr auf den Eigenarten des nationalen Lehrplans.

# Glossar

Dies ist eine kleine Zusammenstellung einiger Begriffe, die Linguisten benutzen, um sich klar und präzise über Sprache austauschen zu können. Sie hilft Ihnen, wenn Sie keine Erfahrung auf dem Gebiet der Sprachwissenschaft besitzen und gibt zugleich einen Hinweis auf die Themen, die in diesem Buch besprochen werden.

*Zweisprachig (auch bilingual: bi=zwei; lingua=Sprache)*
Bezieht sich auf unterschiedliche Abstufungen sprachlicher Kompetenz in zwei Sprachen und berücksichtigt meist Lese- und Schreibkompetenz und gesprochene Sprache. „Zweisprachig" kann sowohl ein Individuum als auch eine Gemeinschaft beschreiben.

*Einsprachig*
Kompetenz in mündlicher Sprache und/oder Schriftsprache. Bezieht sich sowohl auf Individuen als auch auf Gemeinschaften.

*Mehrsprachig*
Bezieht sich auf unterschiedliche Abstufungen von mündlicher und/oder schriftsprachlicher Kompetenz in mehreren Sprachen. Kann sowohl ein Individuum als auch eine Gemeinschaft beschreiben.

*Kognition*
Dieser Begriff bezieht sich auf die Fähigkeit zu denken und kann Verstehen, Darstellung, Wahrnehmung, logisches Denken, Gedächtnis usw. umfassen. Sehr wichtig für die Sprachwissenschaft, denn Sprache muss gedanklich verstanden und verortet werden, bevor sie aktiv in der Kommunikation eingesetzt werden kann.

*Grammatik*
Regelsystem, das die menschliche Sprache oder einzelne Sprachen bestimmt; auch die Lehre dieser Regeln.

*Phonetik*
Die Wissenschaft aller Sprachlaute, die der menschliche Stimmapparat hervorbringt. Die Phonetik untersucht die Laute als physiologisch-akustisches Phänomen.

*Phonics*
Eine Methode des Leseunterrichts, bei der Leseanfänger üben, den Lautwert der Buchstaben zu erkennen.

*Phonologie*
Wissenschaft von der bedeutungsunterscheidenden Funktion der Laute einer Sprache. Die Phonologie untersucht, in welcher Weise das gesamte menschliche Lautpotenzial in der Einzelsprache ausgenutzt wird.

*Semantik*
Die Wissenschaft von Bedeutungen in einer Sprache.

*Syntax*
Das Zusammenfügen von Wörtern zu sinnvoll geordneten Kombinationen; umfasst auch die geringfügigen Veränderungen an Wörtern, mit denen sich deren Bedeutungen verändern, die z. B. Plural oder Vergangenheit anzeigen.

*Linguistik*
Die Erforschung oder die Wissenschaft der Sprache.

*Linguist*
Jemand, der Sprachwissenschaft studiert.

*Metasprache (meta (griech.) = hinter, über)*
Sprache zur Beschreibung von Sprache; Sprache über Sprache.

*Psycholinguistik*
Teilgebiet der Sprachwissenschaft, die sich mit der Sprache als wichtigstem Ausdruck menschlichen Denkens und Lernens befasst; wörtlich: die Überschneidung zwischen Psychologie und Linguistik.

*Soziolinguistik*
Teilgebiet der Sprachwissenschaft, das sich mit Sprache in allen möglichen gesellschaftlichen Zusammenhängen beschäftigt; wörtlich: die Überschneidung zwischen Soziologie und Linguistik.

*Literacy[2]*
Die Fähigkeit, eine Sprache oder Sprachen zu lesen und zu schreiben. Der Begriff meint im weiteren Sinne auch die Fähigkeit, einen Text inhaltlich zu erfassen und sich schriftlich zu äußern sowie die Freude beim Lesen und beim Umgang mit Büchern.

*Genre*
Gattung; eine charakteristische Form der schriftlichen Äußerung wie ein Gedicht oder ein Reisebericht.

*Repräsentation*
Eine wichtige Form des Denkens, bei der Handlungen, Bilder, Gegenstände oder Worte für Ideen oder Erfahrungen stehen. Wir „re-präsentieren" etwas, um darüber nachzudenken, d. h. wir zeigen es uns erneut: das Bild eines Kindes von einer Katze oder „miau" zu sagen sind Repräsentationen.

*Zeichen*
Ein Zeichen ist zwar eng verbunden mit Symbolen (siehe unten) und Repräsentation, ist jedoch wesentlich spezifischer und stellt einen Teil eines Systems von vereinbarten Bedeutungen dar, z. B. eine rote Verkehrsampel oder die kombinierten gestischen und mimischen Zeichen der Gebärdensprache für Gehörlose.

---

[2] *Der Begriff Literacy findet inzwischen auch im deutschen Bildungssystem Verwendung und wird nicht mehr fälschlich mit Literalität übersetzt. Die umfassendste Definition von Literacy kommt aus dem Staatsinstitut für Frühpädagogik in München: Ulich, Sprachliche Bildung und Literacy, 2006. Siehe unter http://www.ifp-bayern.de/cmain/a_Bildungsplan_Materialien/s_160*

### Symbol

Im Wesentlichen etwas, das für die Gesamtheit einer Erfahrung oder einen Ideenkomplex steht. Zu den Symbolen können Nationaltrachten, ein Handschlag oder ein angebotenes Getränk gehören. Sie entstammen dem repräsentativen Denken. Die Zeichen eines Schriftsystems werden auch manchmal als Symbole bezeichnet.

### Varietät

In der Sprachwissenschaft ist damit die große Anzahl existierender menschlicher Sprachen ebenso gemeint wie die Varianten, die in einer scheinbar homogenen Sprachgemeinschaft zu finden sind. Zu den Varietäten innerhalb einer Sprache gehören Akzente und Dialekte. Alle Sprecher haben Akzente und verwenden einen oder mehrere Dialekte.

### Akzent

Bezieht sich auf Aussprache: Die lautlichen Qualitäten der Sprache, wie sie von Individuen und Gruppen gesprochen wird. Bei Akzenten gibt es geographisch-regionale, klassentypische und bildungstypische Variationen.

### Dialekt

Ein Dialekt ist eine Sprachvarietät und ist charakteristisch in Vokabular und Syntax. Dialekte waren ursprünglich in spezifischen geographischen Regionen beheimatet, doch durch den Einfluss historischer und kultureller Ereignisse haben manche Dialekte ein höheres Ansehen gewonnen als andere.

### Register

Bezieht sich auf das Repertoire von Schreib- und Redestilen, die wir passend zu unterschiedlichen sozialen Kontexten einsetzen. Entsprechend dem Wer, Wo, Wann und Wie einer Situation verändern wir unsere Art zu schreiben und zu sprechen. Diese Änderungen im Register spiegeln verschiedene Förmlichkeitsgrade wider.

### Standard English

British Standard Englisch (BE oder BrE) ist die Varietät, die in der Grammatik und dem Wörterbuch kodifiziert ist. Dabei wird in erster Linie die Schriftsprache kodifiziert.

Zur Standardsprache gehört aber auch die Aussprache. Hier versteht man unter British Standard die Aussprachevariante der so genannten *Received Pronounciation*, die allerdings nur von 10 % der Engländer gesprochen wird, vor allem im Süden, in der Region um London. Es handelt sich dabei um eine erstrebenswerte Aussprachenorm als Leitbild für das Sprachenlernen, die Sprachbewertung und die Sprachpolitik. In der Realität gibt es viele Varianten des Standard English.

# 1 Sprachentwicklung in den ersten acht Jahren

Die Geschichte der sprachlichen Entwicklung ist eine Saga voller ungelöster Rätsel und unerklärlicher Entdeckungen und wie alle guten Geschichten hilft sie uns besser zu verstehen, was es bedeutet, Mensch zu sein. „Ein Wunder" oder „ein Geheimnis" sind Begriffe, die häufig fallen, wenn es um die Sprachentwicklung geht, vor allem, weil Sprachwissenschaftler die Geschwindigkeit und scheinbare Leichtigkeit nicht vollständig erklären können, mit der sich fast alle Babys in ihren ersten drei Lebensjahren die grundlegenden Strukturen einer oder mehrerer Sprachen aneignen. In meinem ersten Buch über den frühkindlichen Spracherwerb (Whitehead, 1997) nannte ich dieses Phänomen „Die großen Fragen", um so auf die wichtigen Themen aufmerksam zu machen, mit denen sich diese besondere Fachrichtung der Sprachwissenschaft, die Psycholinguistik, beschäftigt.

Zwei große Fragen tauchen immer wieder auf: Wie lernen wir, unsere erste Sprache zu verstehen und anzuwenden und worin bestehen die Verbindungen zwischen Sprache und Denken? Diese letzte Frage kommt für viele Interessierte überraschend, die einfach wissen wollen, wie wir lernen, Wörter zu sprechen und einzusetzen. Bei näherer Betrachtung wird jedoch deutlich, dass es bei Wörtern und Gesprächen immer um Kommunikation und die Mitteilung von Bedeutungsinhalten geht. Daher ist an der Untersuchung frühkindlicher Sprachentwicklung neben der Sprachwissenschaft oder Linguistik auch die Psychologie als Wissenschaft von mentalen Prozessen und Lernprozessen beteiligt. Diese beiden Aspekte menschlichen Verhaltens – Sprache und Denken – sind in weiten Teilen dafür verantwortlich, dass wir sowohl einzigartige Individuen, als auch soziale Wesen sind, fest verankert in unseren Familien und kulturellen Gruppen. Ich würde sogar behaupten, dass die Erkenntnisse über die Entwicklung der Sprache uns zugleich mehr über die menschliche Natur sagen. Ob ich in diesem Punkt übertreibe, müssen Sie beurteilen, doch dieses Buch versucht zu erklären, wie wir zu Sprechern, Denkern und Zeichennutzern werden.

## ▶ Schieben und Ziehen: Ein Sprachspiel

Die Rätsel der Sprache haben Menschen schon vor Jahrhunderten fasziniert und die frühesten vermeintlich sprachwissenschaftlichen Experimente gingen von recht bizarren Vorstellungen aus. Ein legendäres Beispiel berichtet, dass eine Gruppe von Babys in völligem Schweigen versorgt wurde, in der Hoffnung, ihre ersten Worte würden in Latein erklingen. In einem anderen Fall schnitt man besiegten römischen Soldaten die Zunge heraus und aß sie, um sich auf diese Weise die lateinische Sprache anzuzeigen. Der Überlieferung nach sind die Babys gestorben und von dem Experiment mit den Zungen sind der Wissenschaft keine Ergebnisse bekannt (Mills und Mills, 1993, S. 6). In jüngerer Zeit gestalten sich Forschung und Hypothesen weniger abenteuerlich und sehr viel angenehmer, doch das Alltägliche und dennoch Beeindruckende des Spracherwerbs hat nichts von seiner Faszination verloren. Außerdem beschäftigen sich moderne wissenschaftliche Ansätze auch heute noch mit den Theorien über die frühkindliche Sprachentwicklung, die den Experimenten mit den Babys und den Zungen zugrunde liegen. Bricht die Sprache fertig ausgebildet aus einem kleinen Kind hervor oder muss es sie vollständig von der Sprachgemeinschaft lernen, in die es hineingeboren wird?

Moderne Ansätze neigen immer mehr dazu, in beiden dieser extremen Positionen etwas Wahres zu erkennen und formulieren etwas, was ich als eine Schieben-und-Ziehen-Theorie bezeichnen würde. (Dabei benutze ich „Schieben und Ziehen" als Metapher; die Begriffe sollten nicht mit den tatsächlichen Schiebe- und Ziehbewegungen verwechselt werden, mit denen Kinder erste Spuren auf dem Papier hinterlassen, wie bei Matthews, 1994a, beschrieben.) Das Kleinkind wird durch seinen machtvollen inneren Drang zu kommunizieren und sich mitzuteilen in die Sprache geschoben, während es zur gleichen Zeit durch die Beziehungen zu seinen Bezugspersonen, die bestimmte Sprachen sprechen, in die gemeinsame Welt der Sprache gezogen wird. Wenngleich klar ist, dass keine Sprachentwicklung stattfindet, wenn Erwachsene überhaupt nicht mit Babys sprechen, ist auch klar, dass Babys selbst kommunikative Fertigkeiten und eine angeborene Fähigkeit besitzen, die sie umgebende Sprache zu verarbeiten.

In den folgenden Abschnitten werden die groben Muster dieses komplizierten Prozesses beschrieben, doch Erzieherinnen und Erzieher und alle, die mit kleinen Kindern zu tun haben, sollten stolz darauf sein, dass sich die Forschung auf etwas stützt, was uns allen vertraut ist: die Tradition, Kinder genau zu beobachten und ihnen zuzuhören. Sprachwissenschaftler, Familien und andere, die mit Kindern arbeiten, haben aus Notizen, kurzen Schilderungen, Tagebucheintragungen und den moderneren Audio- und Videoaufnahmen eine Sammlung von Aufzeichnungen über Ereignisse wie den Blickkontakt, Gesichtsausdruck, Lächeln, Lippengeräusche, erkennbare und wiederholte Laute, Gesten, erste Worte und frühe Unterhaltungen von kleinen Kindern zusammengetragen.[3]

## ▶ Kommunikation ohne Worte

Erkennbare gesprochene Worte bilden nicht den Ausgangspunkt von Sprache und Kommunikation. Wenn ein Kind sein erstes Wort sagt, hat es bereits eine persönliche Vorgeschichte hinter sich, in der es zugehört, beobachtet, mit Lauten experimentiert und sorgfältig ausgewählte Leute nachgeahmt hat. Ebenso sind mit der angeborenen Kontaktfreudigkeit und Empfänglichkeit von kleinen Kindern bereits die Grundlagen für die Kunst der Unterhaltung gelegt, bevor die Kinder zu sprechen beginnen. Seit Jahren ist bekannt, dass Neugeborene sehr aufmerksam auf menschliche Stimmen, Gesichter und Augen achten. Sie verbringen überraschend lange Zeitspannen damit, ihren Bezugspersonen einfach in die Augen zu blicken (Schaffer, 1977; Stern, 1977). Die Erwachsenen, auf die diese tiefe Bewunderung gerichtet ist, reagieren immer auf dieselbe Weise: Sie erwidern den Blick, lächeln, nicken mit dem Kopf und sprechen mit dem Baby, „als ob" sie sich mit einem verständigen Gesprächspartner unterhalten. Oft streicheln sie das Gesicht, das Kinn und die Lippen des Babys, als wollten sie auf die Werkzeuge hinweisen, die der menschliche Körper für die Sprache bereitstellt.

---

[3] *Der Berliner Psychologe Wilhelm Stern und seine Frau Clara waren Ende des 19. Jahrhunderts die ersten Forscher dieser Richtung. Sie notierten tausende Äußerungen ihrer Kinder und brachten 1907 den Klassiker „Die Kindersprache" heraus. Stern, Die Kindersprache, 1987.*

Schon im Alter von wenigen Wochen zeigt ein Baby, wie sehr es sich zu anderen Menschen hingezogen fühlt, indem es auf Leute anders reagiert als auf interessante Gegenstände. Gegenstände, die sich bewegen, betrachtet es und streckt vielleicht die Arme danach aus, doch auf Menschen, vor allem auf die unmittelbaren Bezugspersonen, reagiert es mit Lächeln und Lippen- und Armbewegungen (Trevarthen, 1975, zitiert in Harris, 1992). Beziehungen zu anderen Menschen werden wahrscheinlich schon in den ersten Stunden des Lebens geknüpft: Viele Neugeborene ahmen Gesichtsausdruck und Gesten von Erwachsenen nach (Trevarthen, 1993). Die Liste dessen, was sie nachahmen, ist interessant: z. B. Mund öffnen, Zunge herausstrecken, Augenzwinkern, Bewegungen der Augenbrauen, trauriger und wütender Gesichtsausdruck und das Öffnen und Schließen der Hand. Wenn man bedenkt, dass all diese Gestik und Mimik auch beim normalen Sprechen und bei Unterhaltungen vorkommt, wird klar, dass diese frühe Form der nonverbalen Kommunikation die Grundlage für die Kommunikation mit Worten darstellt und uns unser ganzes Leben lang begleitet.

Forscher sind sich weitgehend einig, dass fünf bis sechs Wochen alte Babys und ihre Mütter, Väter oder andere Bezugspersonen bereits regelmäßig Gesprächssituationen erleben, die für beide Seiten gleichermaßen befriedigend sind. Oft übernehmen die Kinder die Führungsrolle und bestimmen das Tempo, während ihr Gegenüber antwortet und dabei bisweilen sogar das Baby nachahmt. Was bedeutet das für den frühkindlichen Spracherwerb? Es hat den Anschein, als hätte es damit zu tun, dass zwei Seelen versuchen, miteinander in Kontakt zu kommen (Trevarthen, 1993), denn der Austausch von Bedeutungsinhalten und Sprache steht im Mittelpunkt menschlicher Kommunikation. Auch wenn die ersten gemeinsamen Erlebnisse sich auf Blickkontakt, Lächeln und Laute beschränken, ergeben sich daraus rasch andere Möglichkeiten. Baby und Mutter oder Vater folgen dem Blick des anderen oder richten die Aufmerksamkeit auf das, was den anderen fesselt, und von dort aus ist es nur noch ein kleiner Schritt zum Zeigen, zu besonderen Geräuschen und wortähnlichen Lauten. Zu traditionellen Spielen mit kleinen Kindern wie „Kuckuck", Sachen fallen lassen und aufheben oder Essen oder Spielzeuge geben und nehmen gehören jeweils typische Worte, die ständig wiederholt werden und dadurch klar vorhersehbar sind. „Bitte", „danke", „buh" oder „tschüss", ausgesprochen oder durch Laute, Gesten und Mimik angedeutet, bilden die ganz alltägliche und wenig spektakuläre Basis für den Kontakt mit einer anderen Seele. Er entsteht durch den spielerischen Einsatz von Handlungen, Geräuschen und Gegenständen, die für Ideen und Gefühle stehen und es funktioniert, weil sehr kleine Kinder ebenfalls dazu neigen, spielerisch zu sein und nur die leiseste Ermutigung brauchen, um ihre Bezugspersonen zu necken und Unfug zu machen (Reddy, 1991).

## ▶ Erste Worte

Was ist ein Wort? Diese Frage wird oft von Leuten gestellt, die sich mit frühkindlicher Sprachentwicklung beschäftigen – und dazu gehören viele Eltern und andere Bezugspersonen. Die Antwort muss bei den Lauten ansetzen, denn Laute sind das Grundmaterial der Sprache, doch nicht jeder zufällig hervorgebrachte Laut ist ein Wort. Die meisten Sprachwissenschaftler setzen bei einem Wort neben den Lauten die folgenden Merkmale voraus:

- das Kind sagt und verwendet es spontan;
- die Bezugsperson, als Experte für die Äußerungen des Kindes, identifiziert es (Nelson, 1973);
- es taucht im selben Kontext oder bei derselben Aktivität mehr als einmal auf (Harris, 1992).

Die Fähigkeiten der Lautbildung (die phonologischen Fertigkeiten) sind bei Babys noch nicht ausgereift und durchlaufen viele Veränderungen. Daher ist es nicht leicht, ein Wort zu identifizieren und wir brauchen diese ziemlich umständliche Eingrenzung dessen, was als Wort zählt. Die Spontaneität wird hervorgehoben, um bloßes Nachahmen auszuschließen, denn ein Wort sollte die ersten Versuche eines Kindes anzeigen, Bedeutungsinhalte zu identifizieren und mitzuteilen. Davon können wir nur ausgehen, wenn das Kind das neue Wort ziemlich beständig oder dem Zusammenhang, in dem es gebraucht wird, angemessen anwendet. Das ist der Grund, weshalb die Bestätigung durch die reguläre Bezugsperson so wichtig ist: Nur jemand, der das Kind regelmäßig bei Spielen und nonverbalen Unterhaltungen wie oben beschrieben erlebt, weiß genug über die Zusammenhänge, in denen erste Worte auftauchen.

Viele Untersuchungen über erste Worte werden von den Eltern junger Kinder vorgenommen (Engel und Whitehead, 1993) und die eingehenden Erkenntnisse, die professionelle Sprachwissenschaftler als Eltern gewonnen haben, zeigen, dass einige Worte sich bereits im Alter von neun Monaten abzuzeichnen beginnen (Halliday, 1975). In diesem Stadium bestehen die Worte aus Lauten, die bei jedem Baby anders klingen können, die jedoch konstant eingesetzt werden, um etwas zu fordern oder Interesse zu signalisieren, und die recht deutlich erkennbar sind. Wir könnten sie vielleicht als embryonische Wörter bezeichnen, die vor allem von professionellen Linguisten wahrgenommen werden, doch wenn der Durchbruch zu „richtigen" Worten passiert, ist er unverkennbar. Viele Eltern und Bezugspersonen erinnern sich noch Jahre später an die ersten Worte ihrer Kinder; man sollte jedoch nicht vergessen, dass es von Kind zu Kind sehr stark variieren kann, wann das erste Wort gesprochen wird und wie schnell weitere Worte dazukommen. Die meisten Babys sagen ihre ersten Worte irgendwann zwischen dem 12. und dem 18. Lebensmonat, aber es kann auch früher oder auch viel später passieren. Der wahre Wert von Aufzeichnungen über erste Kinderworte liegt nicht in den Ergebnissen und den Messwerten, sondern in den Erkenntnissen, die wir über das Denken der Kinder und ihre Sichtweise auf ihre Familie und die Welt erhalten.

Im Alter von zehn Monaten sagte meine Enkelin Natalie ihr erstes Wort und das war „book". Es klang wie „boo" und ein Außenstehender hätte die Vielfalt der Erfahrungen nicht ermessen können, die sich hinter dieser einen Silbe verbarg. Tatsächlich stand diese Silbe wie die meisten ersten Worte sehr kleiner Kinder für einen ganzen Satz. Sie verwies auf ein „Komm-und-lies-mir-vor"-Ritual, das daraus bestand, mit einem Stapel Bilderbücher das Sofa zu erklimmen, sich an den auserwählten Erwachsenen zu kuscheln und dann mit ihm gemeinsam auf Bilder zu zeigen und sie zu benennen und Gedichte und Geschichten anzuhören (Abb. 1). Diese Fülle von Erfahrung, Planung und Bedeutung steckte in einem Wort, und daraus ergibt sich das große Gewicht, das dem Wissen der Bezugsperson um den Kontext erster Worte zukommt. Bezugspersonen können uns auch auf die Tatsache hinweisen, dass erste Worte sich entwickeln und verändern, denn Natalie dehnte den Begriff „book" bald auf alle Zeitschriften und Zeitungen aus, die ins Haus kamen.

Man kann erste Worte nur in dem Zusammenhang, in dem sie ausgesprochen werden, richtig verstehen, doch sie zeigen an, wie das junge Kind die Welt wahrnimmt und sie sich erklärt. Bei Sammlungen von ersten Worten nehmen Bezeichnungen für Familienmitglieder, tägliche Abläufe, Essen, Fahrzeuge, Spielsachen und Haustiere die vorderen Ränge ein. Linguisten bezeichnen diese Gruppierungen als semantische Felder, weil sie die Gruppen von Bedeutungsinhalten aufzeigen, auf die sich die ersten Interessen und die Anfänge der Sprachentwicklung eines Kindes konzentrieren. Es ist nicht verwunderlich, dass Leute, Essen, Tiere und Besitztümer für Babys sehr interessant sind und schon früh mit Namen versehen werden müssen. Diese semantischen Gruppen beinhalten auch jene wichtigen Wörter, mit denen man Leute dazu bringt, etwas für einen zu tun, wie „up", „walk", „out" und „gone". In diesem Bedeutungsfeld fasst das Kind alles zusammen, was es bereits über menschliche Beziehungen und Menschenführung erfahren hat. Zwei weitere sehr wichtige Wörter werden zu diesem frühen Zeitpunkt erworben – „no" und „yes" – und normalerweise in dieser Reihenfolge. Von diesem Moment an ist der junge Sprecher Mitglied des Sprachclubs (Smith, 1988) und ist auf dem besten Weg, Selbstbehauptung und Kooperation zu erlernen.

*Abbildung 1 „Book" hieß „Komm-und-lies-mir-vor"*

## ▶ Mehr Worte

Hinter einzelnen Wörtern kann sich mehr verbergen als es zunächst den Anschein hat, doch ihre Einsatzmöglichkeiten sind begrenzt. Sie hängen stark vom Kontext und von der Fähigkeit der Bezugsperson ab, sie zu deuten. Ihre Aussagekraft und Verwendbarkeit werden jedoch sehr viel größer, wenn man sie kombiniert und so versucht, kompliziertere Sachen zu sagen. Es gibt große Unterschiede in Ausmaß, Häufigkeit und Komplexität frühkindlicher Wortkombinationen. Mein ältester Enkel, Daniel, war ein sehr kreativer Wortkombinierer. Er begann im Alter von 20 Monaten mit „door uppy" *(mach* die Tür auf) und ging weiter zu kleinen Geschichten wie „sea Daddy park it car" (Papa stellt das Auto am Meer ab), die er mit 22 Monaten erzählte. Das Besondere an diesen Äußerungen ist, dass sie individuelle Kreationen des jeweiligen Kindes sind. Ihre Einzigartigkeit ist ein Hinweis darauf, dass es sich dabei nicht um ein Nachahmen der Bezugspersonen oder der Sprachgemeinschaft handeln kann. Sie weisen im Englischen einen ganz anderen Satzbau auf: Im ersten Beispiel wird der Gegenstand, auf den die Aufmerksamkeit gerichtet ist, zuerst genannt, bevor die gewünschte Handlung bezeichnet wird. Eine ähnliche Umkehrung passiert in dem viel längeren Beispiel. Auch hier wird erst das genannt, was für das Kind das Wichtigste ist und dann folgt eine Schilderung der restlichen Handlung. Dies ist eine ausgesprochen nützliche Vorgehensweise, um die Aufmerksamkeit des Zuhörers zu wecken. Bei dem zweiten Beispiel war der kleine Junge sehr beeindruckt, als das Auto direkt auf den Strand gefahren wurde. Es wurde im wortwörtlichen Sinne am Meer abgestellt.

Diese Beispiele helfen uns zu erkennen, dass der Sprachanfänger bei seinen Bemühungen, mit beschränkten sprachlichen Mitteln wichtige neue Inhalte mitzuteilen, kreativ, entschlossen und erfinderisch vorgeht. Daniels vorübergehende Einschränkungen waren teilweise physisch bedingt, dort wo es um die Bildung bestimmter Laute und die Kontrolle von Luftstrom und Muskelbewegungen ging, teilweise lagen sie im Bereich der Sprache, was Wortschatz und grammatische Strukturen anging und im Alter von weniger als zwei Jahren konnte er nur auf eine begrenzte Lebenserfahrung zurückgreifen. Ähnliche soziale und sprachliche Erfolge konnte unser zweiter Enkel, Dylan, verzeichnen, als er ebenfalls gerade 22 Monate alt war. Ein ziemlich aufdringlicher Vertreter war an der Haustür erschienen. Ihm wurde von Dylans Großvater mehrmals beschieden, dass er keinen frischen Fisch kaufen wolle und schließlich wurde die Haustür zugeschlagen, ein Zeichen dafür, dass der Großvater verärgert war. Dylan hatte das Geschehen hinter Großvaters Bein versteckt beobachtet, doch sobald die Tür zugefallen war, stapfte er mit lauten Schritten den Flur hinunter und rief wütend: „No buy fish". Dies war nicht nur ein bemerkenswert kreativer neuer Dreiwortsatz; der Ausruf spiegelte zudem auf der emotionalen Ebene den Ärger wider, den der Erwachsene verspürte. Dylan war es gelungen, seine begrenzte Sammlung von Worten neu zu ordnen, um über eine ungewöhnliche Begegnung mit Fisch zu sprechen und die Erkenntnis auszuloten, dass ein normalerweise sanftmütiger und freundlicher Großvater sehr ärgerlich werden konnte.

Professionelle Sprachwissenschaftler finden es ausgesprochen spannend, was junge Kinder machen, wenn sie beginnen, Wörter zu kombinieren und der Grund dafür ist die Grammatik. Diese kleinen Kinder sind in ihrem zweiten Lebensjahr in der Lage, Wörter auf eine Weise neu zu kombinieren, dass sie anderen Bedeutungsinhalte vermitteln. Dies ist die übliche Definition einer Grammatik (mehr dazu im nächsten Abschnitt). Außerdem hat ihnen niemand das System beigebracht, nach dem sie verfahren, und es unterscheidet sich sicherlich stark von den Konventionen, denen die Sprache der Erwachsenen unterliegt, doch es wird gezielt eingesetzt, es folgt einem Muster und es funktioniert. Mit ihrer Hilfe lassen sich Bedeutungsinhalte an Benutzer des konventionellen Sprachsystems übermitteln. Mit anderen Worten: Es ist eine Grammatik im Frühstadium. Linguisten bezeichnen Grammatiken nach den Dingen, die sie uns mit der Sprache ermöglichen, also stellt sich die Frage, was diese kleinen Kinder mit ihrem frühkindlichen Sprachsystem machen können.

Meine 16 Monate alte Enkelin läuft ins Badezimmer und ruft; „Dirty hand wash it!" Ihre Mutter weiß genau, dass sie ihr helfen soll, Gartenerde von der Hand abzuwaschen. Natalies neu entstehende Grammatik hilft ihr, Sprache so anzuwenden, dass sie das Interesse und die Kooperationsbereitschaft anderer Leute weckt – sie setzt Dinge in Gang. Ihr Bruder, Daniel, war 20 Monate alt, als er das Verschwinden der Familienkatze durch das Küchenfenster mit den Worten kommentierte: „No more miaow", ein wunderbarer Hinweis auf die Abwesenheit der Katze und eine geschickte Wiederverwertung solcher Bemerkungen wie „no more apple". Grammatische Wortkombinationen dieser Art gaben ihm die Möglichkeit, die Welt im Allgemeinen und einzelne Begebenheiten im Besonderen zu kommentieren.

Das entstehende Sprachsystem macht es sehr kleinen Kindern möglich, zwei wichtige Sachen zu machen: Dinge in Gang setzen, worunter auch die Einbeziehung anderer Leute fällt, und die Welt kommentieren. Linguisten und Forscher sind zu ähnlichen Schlussfolgerungen in Bezug auf die früheste bedeutungtragende Sprache von Kindern gelangt (Halliday, 1975) und es ist interessant sich zu überlegen, wie wichtig diese beiden Funktionen von Sprache unser Leben lang für uns bleiben.

# ▶ Ist das Grammatik?

Solange wir nicht eine ungefähre Vorstellung davon haben, was Grammatik ist, stimmen wir wahrscheinlich mit der Mehrheit der Leute überein, die die oben genannten Beispiele als ungrammatisch abtun würden. Ich habe aber bereits festgestellt, dass Sprachwissenschaftler frühkindliche Wortkombinationen als einen wichtigen Entwicklungsschritt betrachten. Warum herrscht dann also eine beträchtliche Uneinigkeit darüber, was eine Grammatik ist? Die Antwort auf diese Frage und auf die meisten Auseinandersetzungen unter Linguisten, von denen es eine ganze Menge gibt, ist, dass die moderne Sprachwissenschaft ständig gegen tief sitzende Überzeugungen und Vorurteile ankämpft. Es lohnt sich, einige dieser uralten Mythen über die Sprache genauer zu betrachten (Bauer und Trudgill, 1998).

## Präskriptive Grammatik

Auf der einen Seite haben wir eine Einstellung zu Sprache, die Korrektheit und Regeln hervorhebt, Regeln, die uns sagen, wie wir sprechen und schreiben sollten. Dies nennt man präskriptive oder vorschreibende Grammatik: Sie schreibt uns vor, was wir tun sollten. Diese Regeln gehen auf eine vermeintlich „logische" und „grammatischere" Sprache zurück, nämlich auf das Lateinische, und sind Versuche, „vulgäre" und „unlogische" Sprachen wie das Englische in schlecht passende lateinische Schuhe zu zwängen. Wenn das nicht funktioniert, und es kann nicht funktionieren, weist man Sprecher an, so zu reden wie ein Buch und die Regeln der Schriftsprache auf die gesprochene Sprache anzuwenden. Dieser Ansatz war bis zum Beginn des 20. Jahrhunderts der vorherrschende Standpunkt und nimmt immer noch einen wichtigen Platz im Denken der meisten Leute ein. Er stellte bis in die 1950er Jahre die allgemein akzeptierte Methode dar, nach der Englisch an den Schulen unterrichtet wurde, vor allem an Gymnasien und Privatschulen in Großbritannien, und die Konsequenzen sind bisweilen sehr bedrückend.

Wie kommt das? Erstens teilt der präskriptive Ansatz die Nation in diejenigen, die glauben, dass sie getreu der klassischen Grammatikregelwerke sprechen können und es tatsächlich tun und diejenigen, die die Mehrheit darstellen und davon überzeugt sind, dass sie nicht einmal ihre eigene Muttersprache richtig sprechen können. Zweitens unterstützt er die schädliche Überzeugung von einer Hierarchie der Sprachen; einige Sprachen sind einfach besser, logischer und höher entwickelt als andere – so lautet das alte Argument. Dies ist eine besonders gefährliche Sichtweise, weil sich Gruppen von Menschen stark mit ihrer Sprache identifizieren: wenn die Sprache als primitiv oder unzureichend angesehen wird, begegnet man ihren Nutzern mit derselben Haltung. Drittens sind so viele von uns davon überzeugt, dass Grammatik schwierig und langweilig und für unser Leben nicht von Bedeutung ist, dass Sie vielleicht schon längst beschlossen haben, diesen Teil des Buches zu überspringen. Und viertens und letztens führt der präskriptive Ansatz dazu, dass die erstaunlichen Leistungen junger Kinder stark unterschätzt werden, die sie beim Erlernen ihrer Sprache oder Sprachen in ihren ersten Lebensjahren zeigen.

## Deskriptive Grammatik

Auf der anderen Seite haben wir aber die moderne Sprachwissenschaft, die eine Menge über die geistigen Funktionen des Menschen, über das Lernen und über Grammatik zu sagen hat – aber nicht viel über Latein! Die drei wesentlichen Dimensionen der modernen Sichtweise der Grammatik sind für Eltern, Pädagoginnen und Pädagogen und andere Menschen interessant und wichtig.

Erstens sind moderne Grammatiken deskriptiv. Das bedeutet, dass sie keine strengen Regeln darüber aufstellen, wie wir sprechen oder schreiben sollten – sie stellen Versuche dar, zu beschreiben, wie wir es tatsächlich tun. Es gibt komplexe Regeln, die festlegen, wie die Laute einer Sprache oder ihre Schriftsymbole zu Bedeutungsinhalten oder Mitteilungen verknüpft werden. Bei dem Versuch, diese Regeln zu beschreiben, benehmen sich moderne Sprachwissenschaftler wie andere Wissenschaftler auch: Sie beobachten, hören zu, machen Aufzeichnungen und formulieren intelligente Vermutungen über das, was da vor sich geht. Und sie können unterschiedlicher Meinung sein und sogar widerlegt werden. Aus diesem Grund benutze ich oft den Begriff „Grammatiken", also als Plural. Es sind mehrere im Umlauf, doch ich werde mich auf ihre Gemeinsamkeiten beschränken.

Ein zweites charakteristisches Merkmal moderner Grammatiken ist, dass man sie in drei, möglicherweise vier Ebenen unterteilt. Es sind Phonologie, Syntax, Semantik und Lexik.

## Lexik(on) (veraltet „Wörterbuch", umgangssprachlich „Wortschatz")

Das Lexikon umfasst den gesamten Vorrat an Wörtern, der einer Sprachgemeinschaft zur Verfügung steht und die Wörter, die in den Wörterbüchern einer Schriftsprache zu finden sind.

## Phonologie

Die Phonologie beschäftigt sich mit der Funktion der Sprachlaute einer Sprache, unter anderem mit so wichtigen Aspekten wie Betonung und Tongebung. Sie sind es, die unterschiedlichen Sprachen ihre charakteristische „Melodie" geben, die für Ansteigen und Abfallen der Stimme bei Fragen und Aussagen und die besondere Betonung verantwortlich sind, die wir auf wichtige Wörter oder Wortteile legen. Die Phonologie beschreibt auch die regionalen und sozialen lautlichen Varietäten unter den Sprechern einer gemeinsamen Sprache. Diese Unterschiede in der Aussprache nennen wir Akzente. Zum Fachgebiet der Phonologie gehört auch die Untersuchung der physischen Voraussetzungen für die Bildung der Laute, die wir Sprache nennen.

## Syntax

Syntax hat mit Worten zu tun und mit den Möglichkeiten, sie zu verändern oder zu Gruppen zu kombinieren. Sie ist der Teil einer modernen Grammatik, den man als engen Familienangehörigen der oben beschriebenen präskriptiven Grammatik bezeichnen kann. Es gibt jedoch einen wesentlichen Unterschied: Die moderne Syntax zeichnet auf und analysiert, was in einer lebendigen Sprachgemeinschaft gesprochen und geschrieben wird. Die Regeln der Syntax beziehen sich auf Veränderungen an Wort und Satzstellung, die Bedeutungsunterschiede zur Folge haben. Im Englischen bedeutet ein „s" am Ende eines Nomens normalerweise „mehr als eins" und viele Verben zeigen durch Anhängen von „-ed" an, dass eine Handlung in der Vergangenheit stattfand. Auch die Satzstellung ist ein interessanter Bedeutungsträger: Mit „Frau beißt Hund" erzielen Sie eine andere Reaktion als mit „Hund beißt Frau", auch wenn Sie kein sensationshungriger Journalist sind. In ein und derselben Sprachgemeinschaft lassen sich bei verschiedenen Gruppen von Sprechern Unterschiede in Vokabular und Syntax feststellen. Diese Unterschiede betreffen Satzstellung, die Bildung der Zeitformen (Tempora) und die Angabe von Numerus (Singular oder Plural) und Besitz. Diese Varietäten innerhalb einer Sprache nennt man Dialekte; sie sind regional und sozial begrenzt. Im Vereinigten Königreich gehören mehrere Varietäten des Standard English (siehe Glossar) zu den am meisten diskutierten Dialekten.

## Semantik

Die Semantik beschäftigt sich mit den Bedeutungsinhalten einer Sprache und führt uns weit unter die Oberfläche von Worten, Lauten und Fragen wie „wer beißt wen" hin zu der Funktionsweise des menschlichen Geistes. Die Semantik hat auch historische und kulturelle Dimensionen. Die Bedeutung von Wörtern verändert sich im Laufe der Zeit und manche Begriffe nehmen wir heute ganz anders wahr als unsere Vorfahren. Welchen Eindruck Shakespeare auf sein Publikum machte, wenn er Wörter wie „presently" oder „weed" verwendete, können nur Leute ermessen, die auf diesem Gebiet besonders bewandert sind, doch wir alle wissen, dass das Wort „mistress"[4] zu jener Zeit mit einem ganz anderen Spektrum von Bedeutungen behaftet war als seine Verwendung im 20. Jahrhundert. Unterschiedliche Kulturen ordnen und benennen die Welt auf unterschiedliche Weise: Das Farbenspektrum, Haustiere, Besitztümer und Speisen werden alle auf so unterschiedliche Weise klassifiziert, dass ein Hund zum Essen und ein Teppich zum Beten da sein kann und ein Buch ein geheiligter Gegenstand ist.

Diese Charakteristik der modernen Grammatik führt uns zum nächsten Abschnitt dieses Kapitels, denn nun fassen wir eine Grammatik als Beschreibung einiger Aspekte unserer geistigen Funktionen auf. Das grammatische Regelwerk kommt nicht vom Lateinischen oder von Lehrern: Es hat seinen Ursprung im Kopf.

## ▶ Sprache und Denken

Die Tatsache, dass moderne Linguisten mehr über das Lernen allgemein erfahren, wenn sie untersuchen, wie kleine Babys ihre Sprachen lernen, ist ein wichtiger Grund, warum frühpädagogische Fachkräfte sich auch für Linguistik interessieren sollten. Die Behauptungen, die über die Jahre über Sprache, über die geistigen Funktionen des Menschen und das Denken aufgestellt worden sind, gehen allesamt auf ausführliche und genaue Untersuchungen über Babys und junge Kinder zurück und haben unser Wissen über Psychologie, Sprache und Kultur erweitert. Eine dieser Behauptungen unterstellt, dass es in unserem Kopf eine Art vorprogrammierte Universalgrammatik gibt (Chomsky, 1957), was bedeutet, dass allen menschlichen Sprachen gewisse Gemeinsamkeiten zugrunde liegen. Diese Theorie fasst man heute unter dem eingängigen Begriff „Sprachinstinkt" zusammen (Pinker, 1994). Sie erklärt die Leichtigkeit und Geschwindigkeit, mit der Babys in der ganzen Welt lernen, Sprachen zu gebrauchen und zu verstehen und sich dabei rasch zu geschickten Kommunikatoren und wahren Sprachtalenten entwickeln.

Andere Ansätze haben sich angesehen, wie die frühe Sprache, mit der ein Kind mit seinen Bezugspersonen kommuniziert, sich nach innen wendet und die Denkfähigkeit des Kindes verändert und bereichert (Vygotsky, 1986; Bruner und Haste, 1987). Diese Verinnerlichung führt außerdem dazu, dass die Sprache es uns ermöglicht, in Symbolen zu denken. Das heißt, dass Worte anfangen können, für Gegenstände und Personen zu stehen, selbst wenn diese sich nicht in unmittelbarer Nähe befinden: „I want my mummy" („Ich will zu meiner Mama") schreit ein kleines Kind, das bei einem anderen Betreuer zurückgelassen wird. Oder wir können Gefühle und Erfahrungen benennen, auf die man nicht einfach zeigen kann wie auf einen Ball oder eine Katze: Angst oder Zugehörigkeit, zum Beispiel.

---

[4] *Bei Shakespeare „Herrin, Lady", im 20. Jh. „Mätresse".*

Ganze Erfahrungsbereiche werden von Kindern, die Sprachanfänger sind, mit Hilfe von Symbolen zusammengefasst und formuliert, doch es wird häufig unterschätzt, wie komplex das Erlernen von Wörtern und Bezeichnungen ist (Aitchison, 1994).

Erst ein vielfältiges System von Symbolen, wie es uns die Sprache zur Verfügung stellt, macht es möglich, dass Kinder kommunizieren und am Leben einer Kultur teilhaben. Ein solches System ist sehr wichtig, vor allem, wenn junge Kinder etwa durch Taubheit oder Blindheit in ihren sensorischen Erfahrungsmöglichkeiten eingeschränkt sind. Mit Hilfe von Zeichensystemen, die sich mit Gesten zeigen oder mit den Fingern ertasten lassen, erschließen sich die Kinder die Möglichkeit, ihre Gefühle und Erfahrungen zu klassifizieren und einzuordnen, ganz eigene Beobachtungen über ihre Welt mitzuteilen und sich die soziale Kooperation anderer zu sichern (Sacks, 1989). Wenngleich wir die Sprach- und Lernprobleme tauber oder blinder Kinder nicht unterschätzen sollten, wissen wir, dass sie wie nicht behinderte Kinder ihre individuellen und variablen Entwicklungsverläufe haben. Interessanterweise verläuft die Entwicklung der Syntax bei diesen Kindern normal, obwohl die ersten Schritte des Wortschatzerwerbs etwas verzögert sind (Harris, 1992). Das ist ein weiterer Beleg dafür, dass allen Kindern eine innere vorprogrammierte Sprechfähigkeit gegeben ist, die ihre eigene Triebkraft hat. Es sind die sozialen und kulturellen Aspekte beim Lernen einer bestimmten Sprache, wie sie z. B. bei „Namensspielen" mit einer Bezugsperson vorkommen („Was ist das", „Wo ist deine Nase"), und der Erwerb des Wortschatzes, die anfängliche Verzögerungen aufweisen.

## ▶ Entwicklungen in späteren Jahren

Es ist üblich, dass Bücher und Artikel über die Sprachentwicklung sich hauptsächlich mit den ersten drei oder vier Lebensjahren beschäftigen. Das hat nichts damit zu tun, dass die späteren Jahre der frühen Kindheit nicht mehr von Interesse sind, sondern spiegelt die linguistischen Tatsachen wider. Im Alter von sechs Jahren haben Kinder sich in den wesentlichen Punkten die Sprache und Sprechweise der Erwachsenen angeeignet, was nicht bedeutet, dass keine Entwicklungen oder Erweiterungen mehr stattfinden. Literacy stellt eine dieser Entwicklungen dar, doch sie muss auf den Leistungen der ersten Monate und Jahre aufbauen, wie ich sie in diesem Kapitel beschrieben habe.

Ich habe meine Zweifel, was die Existenz eindeutig erkennbarer Altersstufen und Stadien in der sprachlichen Entwicklung angeht. Dennoch mag der folgende grobe Überblick helfen, zu ergänzen, was nach längeren Wortkombinationen kommt.

### Zwischen zwei und vier

Dies ist das goldene Zeitalter der Grammatik, in dem kleine Kinder zeigen, dass sie einen Sinn für Regeln besitzen, selbst wenn die Sprache ihrer Gemeinschaft scheinbar inkonsequent aufgebaut ist. Bei einem englischsprachigen Kind bedeutet das, dass es mit unregelmäßigen Pluralformen aufräumt und überall ein „s" anhängt, was zu „mouses" und „foots" führt. Der Sinn für Regeln zeigt sich auch in den völlig spontanen und nicht nachgeahmten „Einebnungen" von unregelmäßigen Vergangenheitsformen, wenn ein Kind erzählt, dass es einkaufen „goed" und mit dem Bus „rided" ist. Diese Irrtümer sind ein Grund zur Freude, sind sie doch ein Beweis dafür, dass der Verstand des Kindes bestens geeignet ist, Sprachregeln zu verarbeiten und umzusetzen. Ein ähnlicher Beweis dafür, dass der sprachproduzierende Verstand des Kindes in diesem Stadium gut arbeitet, ist die gelegentliche Verwandlung von Nomen zu Verben. Diese Tendenz gibt es bereits in vielen Sprachen: Ich nehme eine Harke und harke die Blätter, ich bürste meine Haare mit einer Bürste. Manche Drei- und Vierjährigen sprechen vom „lawning" (mowing the lawn) und verkünden „I seat-belted myself" (Clark, 1982).

In dieser Phase wird es für Erwachsene einfacher, die längeren Wortkombinationen der Kinder zu verstehen, weil sie durch den allmählichen, Versuch und Irrtum unterworfenen Gebrauch von „und", „weil", „wenn" usw. als Abfolge von Ursache und Wirkung miteinander verbunden sind. Die Fragen der Kinder sind nicht mehr nur durch das Ansteigen der Tonhöhe erkennbar, sondern auch durch die sprachlichen Elemente „Warum", „Wer", „Wo" und „Wie".

Dies ist nicht nur das goldene Zeitalter der Grammatik; auch der Wortschatz erweitert sich sprunghaft: Ein durchschnittlicher Vierjähriger spricht mehr als 1600 Wörter und kann ein Vielfaches davon verstehen (Crystal, 1997). Viele junge Kinder beginnen auch, ihr Vokabular um Worte und sprachliche Strukturen zu erweitern, die nicht aus dem täglichen Leben stammen, sondern aus mündlich überlieferten Gedichten und Geschichten und aus der Welt der Bücher. Meinen Enkel Daniel konnte man im Alter von 21 Monaten seine eigenen, bruchstückhaft erinnerten Versionen von Kinderliedern singen hören: „diddle, diddle ... John ... on shoes". Seine Schwester erzählte sich mit zwei Jahren die Geschichte von Meg und Mog (Nicoll und Pienkowski, 1972) mit dem Buch auf den Knien: „it's a lady ... looking at in the mirror ... it's a mirror ... a jumper ... there's a coat? ... she has to go out? ... this is the way to go? ...". Und mit zwei Jahren und neun Monaten zitierte Dylan oft: „Oh dear, said Thomas", während er sich sein Lieblingsbuch ansah (Awdry, 1997).

Im Alter von vier Jahren sind das Nervensystem und die Feinmotorik von Mund, Rachen und Zunge ausgereift und sie sorgen zusammen mit den Milchzähnen dafür, dass sich die Aussprache der Kinder stark an die Erwachsenensprache annähert und leichter zu verstehen ist.

## Von fünf bis acht und darüber hinaus

In den späteren Jahren der frühen Kindheit wird die sprachliche Entwicklung von Kindern immer mehr durch ihre zunehmenden sozialen Erfahrungen und die Auswirkungen der Literacy beeinflusst. Es sind zwar noch ein paar Feineinstellungen vorzunehmen, doch wahrscheinlich hängt auch das von den sozialen Erfahrungen und dem Einfluss der Literacy ab. Zwar fangen die Kinder an, vorsichtige Formulierungen wie „vielleicht" und „wahrscheinlich" zu verwenden, doch sie spiegeln Gespräche, Schulbildung und Schriftsprache wider, ebenso wie die Fähigkeit, mit negativen Formen wie „kaum" oder „fast nicht" umzugehen. Es gibt einige Hinweise auf einen grammatischen Nachzügler in der sprachlichen Entwicklung, nämlich das Passiv, bei dem die normale Wortstellung „wer tut wem was" umgedreht wird und wir erfahren, dass „der Hund von der Frau gebissen wurde". Das Verständnis der Kinder, wer in dieser Zeitungsmeldung wen gebissen hat, bleibt meist bis zu den späteren Grundschuljahren verworren – es ist eine sehr literarische Form.

In diesen späteren Jahren zeigt sich das Muster kindlicher Sprachentwicklung in den Reaktionen der Kinder auf die stetig mehr werdenden Begegnungen mit anderen Leuten, anderen Kindern, anderen Sprachen, auf die geschriebene Sprache und die Literacy-Werkzeuge ihrer Kulturen, nämlich Bilder, Fernsehen, Filme, Bücher, Geschichten, Gedichte und natürlich Schulen.

## ▶ Letzte Worte

Diese Reise durch die Sprachentwicklung führt uns zu folgenden Schlussfolgerungen:

- Kinder sind von Geburt an empfängliche und gesellige Kommunikatoren.

- Die Sprache von Kindern ist ursprünglich und kreativ und befähigt sie, Abläufe in Gang zu setzen, sich die Mithilfe anderer zu sichern und ihre Welt zu kommentieren.

- Die Sprache ist eine der wesentlichen Entwicklungen der frühen Kindheit und neben dem Spielen und anderen Möglichkeiten, Erfahrungen darzustellen wie Tanzen, Singen und Malen formt sie das Denken, das Lernen und die Literacy.

- Reden und zuhören müssen in der Zeit von der Geburt bis zum achten Lebensjahr im Mittelpunkt von Betreuung und Bildung stehen.

- Unterhaltungen mit interessierten Erwachsenen sind die Grundlage für das sprachliche, emotionale, soziale und kognitive Wohlergehen von Kindern.

- Erzieherinnen und Erzieher, Lehrkräfte und sonstige Bezugspersonen können mehr über Kinder lernen, wenn sie sie beobachten und ihnen zuhören. Kurze Notizen, stichwortartige Tagebucheinträge, Audio- und Videoaufnahmen und Fotos helfen dabei.

**Daraus folgt, dass die frühkindliche Umgebung vor allem für Gespräche und Spiele zwischen Kindern und Erwachsenen und zwischen Kindern und Kindern sorgen sollte.**

# 2 Zwei- und mehrsprachige Kinder

Das vorangegangene Kapitel enthält viele Beispiele für frühe sprachliche Äußerungen, die ich bei meinen eigenen Enkeln gesammelt habe. Solche oder ähnliche Beispiele sind wahrscheinlich in den meisten englischsprachigen Haushalten und vorschulischen Einrichtungen zu hören. An diesem Punkt möchte ich das Bild der beiden älteren Kinder, Natalie und Daniel, durch Einzelheiten des sozialen, kulturellen und familiären Umfeldes ergänzen, die den Hintergrund ihrer sprachlichen Entwicklung darstellten.

Erstens wurden die Kinder zwar in eine Familie geboren, in der während ihrer ersten Monate und Jahre hauptsächlich auf Englisch mit ihnen kommuniziert wurde, doch sowohl ihre Eltern als auch die Großeltern väterlicherseits (die mit im Haus wohnten) konnten auch Deutsch, Ungarisch und Hebräisch fließend sprechen, lesen und schreiben (siehe Engel und Whitehead, 1993). Zweitens gehörten Lieder, Gedichte und Tanz- und Hüpfspiele mit traditionellen deutschen, ungarischen und hebräischen Sprachelementen zum alltäglichen sprachlichen Umfeld der Kinder. Drittens befand sich der Haushalt in Israel und die hebräische Sprache wurde durch Freunde, Verwandte, Nachbarn, durch Radio und Fernsehen und in schriftlicher Form durch Zeitungen, Werbung und viele andere Arten von gedrucktem Material in die Familie getragen. Viertens erweiterte sich die Welt der Kinder ständig: Bald gehörten Einkäufe, Besuche, Spiele mit anderen Kindern und der Besuch eines hebräischsprachigen Kindergartens dazu und das ältere Kind, Natalie, wurde auf diese Weise im Alter von vier Jahren zu einer perfekten Zweisprachlerin.

Als letzten Punkt sollte man hervorheben, wie wichtig die Einstellung der Gesellschaft, in der die Kinder aufwuchsen, in Bezug auf Zweisprachigkeit ist. Beide ihrer Hauptsprachen sind hoch angesehen: Englisch hat aufgrund der Geschichte Israels einen nahezu offiziellen Status. Außerdem wird Zweisprachigkeit in einer Gesellschaft aus Einwanderern und Siedlern als etwas Normales angesehen, womit man rechnen muss.

**Komplexität und Vielfalt in Sprachen, Kulturen und zwischenmenschlichen Beziehungen sind im Leben vieler junger Kinder nichts Ungewöhnliches.**

## ▶ Wer sind zweisprachige Kinder?

Was ihre komplexe und einzigartige sprachliche und familiäre Situation angeht, sind zweisprachig aufwachsende Kinder wie die Kinder, die ich oben beschrieben habe (Barratt-Pugh, 2000). Außerdem ist es nicht ungewöhnlich, dass mit dem Begriff Zweisprachigkeit mehrere Sprachen und verschiedene Schriften gemeint sind. Daher ist es wichtig, mit Beispielen aus der Praxis wie den oben vorgestellten zu beginnen, bevor man versucht zu definieren, was es bedeutet, zweisprachig aufzuwachsen. Sonst ist die Versuchung groß, möglicherweise ein sehr eingängiges, aber unrealistisches Bild eines zweisprachig aufwachsenden Kindes zu konstruieren, das jedoch den Leistungen und Kompetenzen dieser Kinder nicht annähernd gerecht wird.

Eine sehr enge Definition fasst den Begriff „zweisprachig" als „zwei Sprachen sprechen" und obwohl das auf viele Kinder oder Erwachsene mehr oder weniger zutrifft, berücksichtigt diese enge Definition nicht die Bandbreite an familiären und kulturellen Spracherfahrungen, wie ich sie zu Beginn des Kapitels geschildert habe. Wenn Einzelne oder Familien mehr als eine Sprache anwenden, sollten wir sie als „mehrsprachig" bezeichnen, ein Wort, das ich selbst bevorzuge. Der Gebrauch des Begriffes „zweisprachig" für alle Kinder, die in zwei oder mehr Sprachen kommunizieren können, ist jedoch unter Pädagoginnen und Pädagogen weit verbreitet und daher werde ich ihn hier verwenden. Wir müssen uns auch Folgendes klarmachen: Dieses Kapitel beschäftigt sich zwar mit den Erfahrungen, die das einzelne Kind mit Zweisprachigkeit macht, doch britische Leser sollten sich die Existenz ganzer Gesellschaften oder Gruppierungen innerhalb von Gesellschaften in Erinnerung rufen, die zweisprachig sind: zum Beispiel die Einwohner von Belgien, der Schweiz und Quebec oder die katalanisch- und walisischsprachigen Menschen. Dieses Phänomen nennt man „gesellschaftliche Zweisprachigkeit" (Baker, 1993), doch es spielt nicht nur in der Gesellschaft, sondern auch in der Entwicklung des einzelnen Zweisprachlers eine bedeutende Rolle und hat Auswirkungen auf die Einstellung, die er zum Aufrechthalten seiner Sprachen hat. Daher sind die Geschwindigkeit und die Leichtigkeit, mit der meine Enkel zu Zweisprachlern wurden, eng mit der Sprachsituation in Israel verknüpft, das mit Hebräisch und Arabisch offiziell zweisprachig und in der Praxis mehrsprachig ist.

Neuerdings neigt man dazu, bei der Definition individueller Zweisprachigkeit von der idealisierten Vorstellung abzurücken, dass ein Mensch zwei Sprachen perfekt beherrscht, ein Zustand, den man normalerweise „ausgewogene Zweisprachigkeit" nennt. In den neueren Definitionen versucht man, die Komplexität eines Lebens mit zwei oder mehr Sprachen widerzuspiegeln und unter anderem die folgenden Punkte hervorzuheben:

● uneinheitliche Sprachkenntnisse in verschiedenen Sprachen;

● die verschiedenen Situationen, die die Entscheidung für oder gegen den Gebrauch einer bestimmten Sprache beeinflussen;

● das Kompetenzniveau im Bereich Literacy in verschiedenen Sprachen;

● die Auswirkungen eines Wohnortwechsels in ein anderes Land oder anderen Umwälzungen auf die Zweisprachigkeit.

## Uneinheitliche Sprachkenntnisse

Die Vorstellung von uneinheitlichen Sprachkenntnissen bezieht das 14 Monate alte Kleinkind ein, das die ersten beiden Wörter seiner zweiten Sprache zu seinem schnell größer werdenden Wortschatz in der ersten Sprache hinzufügt (Whitehead, 1990): Dieses Kind ist ein Zweisprachler im Anfangsstadium. Uneinheitliche Sprachkenntnisse definieren auch meine eigenen Versuche im Urlaub als zweisprachige Leistung, wenn ich mich bemühe, auf Griechisch ein paar Dinge für den täglichen Bedarf einzukaufen oder höflich zu grüßen. Ein Individuum kann sich irgendwo auf einer zweisprachigen Skala befinden, von perfekter Beherrschung mehrerer Sprachen in Wort und Schrift bis hin zu begrenztem Sprachverständnis oder sehr „rostiger" Sprachkompetenz in einer einzigen anderen Sprache.

## Verschiedene Situationen

Die Vorstellung von verschiedenen Situationen lenkt den Blick auf die Sprachwahl eines fließend zweisprachigen Kindes, das keine Probleme damit hat, mit der englischen Oma eine Sprache zu sprechen, mit der israelischen Oma zwei andere Sprachen und wieder eine andere Sprache mit den Freunden im Kindergarten. Dieser „Sprachenwechsel" kommt bei fließend zweisprachigen Menschen häufig vor und geschieht auf Wort-, Wortgruppen- und Satzebene und in allen möglichen Kombinationen. Sie werden mit Verbundenheit mit einer Gruppe, Höflichkeit, dem Ausgrenzen von Fremden, Gewichtung einer Äußerung, größerer Klarheit oder schlichter Müdigkeit begründet. Es gibt jedoch keinen Beleg dafür, dass der Sprachenwechsel mit sprachlicher Inkompetenz oder Verwirrung zu tun hat. Bei sehr jungen Zweisprachlern, die am Anfang des Spracherwerbs stehen, beobachtet man oft eine „Sprachenvermischung", bei der sie Wörter aus verschiedenen Sprachen in ihren einfachen Äußerungen kombinieren. Dies mag darauf hindeuten, dass die Kinder beginnen, ihre unterschiedlichen Sprachen voneinander zu trennen (Arnberg, 1987), es ist aber kein Anzeichen für Durcheinander und mangelnde Kompetenz. Tatsächlich stimmen viele Forscher darin überein, dass junge Zweisprachler ganz systematisch bestimmte Leute mit bestimmten Sprachen in Verbindung bringen und einsprachigen Betreuern mit spontanen Übersetzungen und Bestätigungen über ihre Verwirrung hinweghelfen. Manche dieser sehr jungen zweisprachig aufwachsenden Kinder vermischen im Anfangsstadium einfach auszusprechende Wörter aus den Sprachen, die ihnen zur Verfügung stehen.

## Fertigkeiten in Literacy

Bestimmte Fertigkeiten in Literacy werden heute in allen Definitionen von Zweisprachigkeit ebenso berücksichtigt wie die Tatsache, dass junge Kinder sich möglicherweise schon der unterschiedlichen Schriften bewusst sind, die in ihrer Familie und ihrem Umfeld verwendet werden (Kenner, 2000). Es kommt häufig vor, dass jemand eine Sprache spricht, sie aber nicht schreibt. Manche Leute lesen eine Sprache, die sie nicht sprechen und manche Sprachen existieren nicht in schriftlicher Form. Es gibt auch Sprachen, die eine hoch angesehene Variante für offizielle oder heilige Anlässe vorsehen und eine andere Variante für die alltägliche Kommunikation. So kann es sein, dass viele Kinder Schriften kennen, die horizontal von rechts nach links, nicht nur von links nach rechts geschrieben

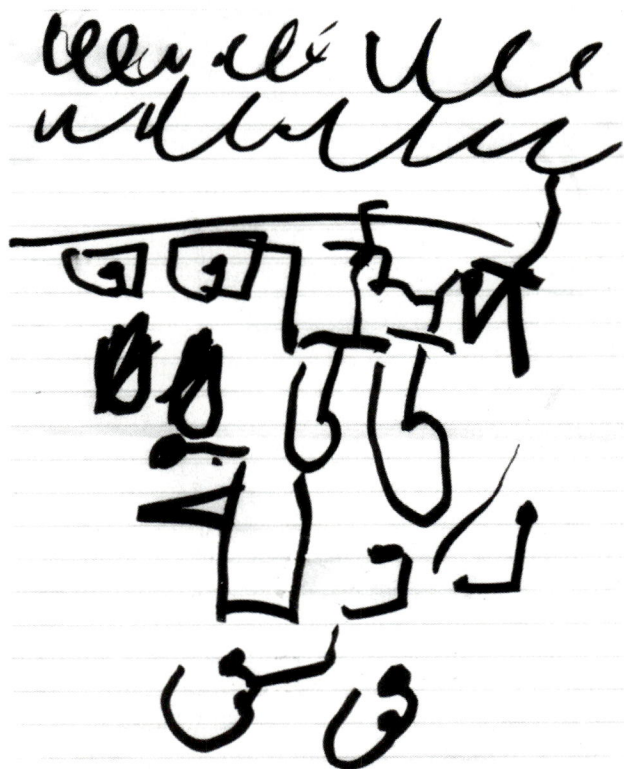

*Abbildung 2: Ein vier Jahre altes, sylhetisprachiges Kind in einer Londoner Vorschulklasse hat in der Puppenecke einen Einkaufszettel geschrieben*

werden, während andere mit einer vertikal von oben nach unten verlaufenden Schrift vertraut sind. In vielen britischen Grundschulen gibt es Kinder, die zu Hause einen regionalen Dialekt wie Sylheti sprechen (Abb. 2), in öffentlichen Schulen Bengali schreiben und darüber hinaus lernen, Arabisch zu lesen, um den Koran studieren zu können (Gregory, 1996).

### Veränderungen der Lebenssituation

Die Auswirkungen, die Veränderungen der Lebenssituation von zweisprachig aufwachsenden Kindern haben können, sind möglicherweise so vielfältig, dass eine Verallgemeinerung unmöglich ist. Wir wollen jedoch ein paar wichtige Faktoren nennen. Wenn ein wichtiger erwachsener Sprecher einer Sprache den Haushalt verlässt oder stirbt, kann damit die Quelle für eine Sprache versiegen. Der Umzug von einer Sprachgemeinschaft in eine andere hat weit reichende Auswirkungen: Die kulturelle Einstellung zu Zweisprachigkeit kann eine andere sein und die Tatsache, dass für eine bestimmte Sprache kein Bedarf mehr besteht, kann zu einem scheinbaren Verlust dieser Sprache führen. In *Generations of Memories: Voices of Jewish Women* (Copperman et al., 1989) beschreibt Ena Abrahams, wie traurig sie der Verlust der Sprache ihrer Kindheit machte. In diesem Fall wurde die Sprache, Jiddisch, damals nicht respektiert und ihr Gebrauch hatte oft Spott und Diskriminierung zur Folge. Einige Linguisten zeichnen ein optimistischeres Bild, wenn sie feststellen, dass selten benutzte, aber geschätzte Familiensprachen „schlummern" können, bis sie durch die Rückkehr in die entsprechende Sprachgemeinschaft erfolgreich reaktiviert werden (Saunders, 1988).

## ▶ Von mehrsprachig aufwachsenden Kindern lernen

Von zwei- und mehrsprachigen Kindern können wir viel über Sprache und über das Lernen lernen. Außerdem können sie unser Verständnis der Vielfältigkeit menschlicher Kultur bereichern und unsere vorgefassten Meinungen über Sprachen und Leute in Frage stellen. Was uns zweisprachig aufwachsende Kinder lehren können, ist im Folgenden unter den Überschriften *Sprache*, *Denken* und *Kultur* zusammengefasst, doch bei diesen Kategorien gibt es viele Überschneidungen und die tiefsten Empfindungen, die wir unseren Sprachen entgegenbringen, betreffen alle drei.

### Sprache

- Wie in Kapitel 1 bereits ausgeführt, sind alle menschlichen Sprachen gleichermaßen komplex. Sie sind durch Gesetzmäßigkeiten strukturiert und können alle Bedürfnisse ihrer Sprecher erfüllen.

- Zweisprachigkeit – und dazu zählt auch die Mehrsprachigkeit – ist für Millionen von Menschen auf der ganzen Welt ein Teil ihres Alltags, und auch in Großbritannien sind über 100 Sprachen in täglichem Gebrauch, die einheimischen britisch-keltischen Sprachen nicht mitgerechnet (Crystal, 1997).

- Die individuelle Sprachentwicklung verläuft in ein- und zweisprachigen Situationen weitgehend identisch und weist eine Kombination aus den einzigartigen Erfahrungen des Kleinkindes mit einer allgemeinen Abfolge von Entwicklungsstadien auf (siehe Kapitel 1). Zunächst stammen die Wörter und Wortkombinationen aus allen verfügbaren Sprachen; die Trennung zwischen ihren charakteristischen grammatischen Strukturen erfolgt zu einem späteren Zeitpunkt.

- Menschliche Sprachkompetenz basiert grundsätzlich auf einer allgemeinen Sprechfertigkeit, doch bilinguale Kinder haben mehr als eine bestimmte sprachliche und kulturelle Möglichkeit zur Verfügung um sich auszudrücken und diese universelle Fähigkeit zu nutzen.

- Wenn bilinguale Kinder sich andere Sprachen aneignen, kann es vorkommen, dass sie „Brücken" bauen, um von einer bekannten zu einer neuen Sprache zu gelangen. Dabei verwenden sie häufig Wörter aus der neuen Sprache nach den grammatischen Mustern der bereits wohlbekannten Sprache. Dies ist eine geschickte vorübergehende Lösung, die Linguisten als „Interimssprache" bezeichnen.

- Das Spiel mit den Lauten und Inhalten ihrer Sprachen spiegelt das sprachliche Feingefühl junger Kinder und ihre angeborene Fähigkeit wider, mehr als ein Sprachsystem zu verwenden.

**Viele der vermeintlichen sprachlichen Fehler, die junge Lerner von zwei und mehr Sprachen machen, sind sehr erfolgreiche Strategien zum Erlernen von Sprachen.**

## Denken

- Das Gehirn ist kein Behältnis mit begrenztem Fassungsvermögen. Die Annahme, dass der Gebrauch von mehr als einer Sprache notwendigerweise die Fähigkeiten des Einzelnen in den jeweiligen Sprachen beschränkt, trifft nicht zu.

- Von dieser Tatsache ausgehend müssen wir klar machen, dass Zweisprachigkeit kein Handicap ist, vor allem nicht im Bereich der Bildung. Sie ist ebenso wenig eine exotische Merkwürdigkeit, die bilinguale Kinder jeden Alters zu Sonderlingen und zu Zielscheiben für Spott machen (Mills und Mills, 1993).

- Diese weit verbreiteten Missverständnisse und Vorurteile über Sprachen und Denken sind oft die Ursache für unpassende Richtlinien und Programme auf nationaler und lokaler Ebene. Pädagoginnen und Pädagogen könnten sich sogar gezwungen sehen, die Zweisprachigkeit von Kindern zu unterdrücken oder abzuwerten und so früh wie möglich das Gebot „Nur Englisch!" („Nur Landessprache!") durchzusetzen.[5]

- Zweisprachigkeit hat viele Vorteile, unter anderem die deutlich erkennbare Fähigkeit, sich in gewissem Grad von einer Sprache zu distanzieren und sie als eine von mehreren Möglichkeiten zu betrachten, die Welt mit Bezeichnungen zu versehen und zu ordnen. Zweisprachig aufwachsende Kinder sind in der Lage, die Laute und Inhalte mehrerer Sprachen und die unterschiedlichen Möglichkeiten zu erkunden, sie schriftlich wiederzugeben (Gregory und Kelly, 1992; Barratt-Pugh, 2000).

**Die potenzielle Fähigkeit von zweisprachigen Kindern, über die den Sprachen zugrunde liegenden Gesetzmäßigkeiten zu reflektieren, kann ihnen einen frühen Vorteil im Bereich Literacy verschaffen.**

---

[5] *„Inklusion", die Einbindung aller Kinder, jenseits von kulturellen und sonstigen Unterschieden, ist seit 2000 (QCA, 2000, S. 11) ein definierter Grundsatz der Bildungs- und Erziehungsarbeit in England, und die pädagogischen Fachkräfte in Kitas und im ersten Grundschuljahr werden ausdrücklich aufgefordert, die Nutzung der Familiensprachen in den Einrichtungen zu fördern. In Deutschland richtet sich der Blick immer noch tendenziell eher auf den Erwerb der deutschen Sprache. Ohne Bezug zur mehrsprachigen Realität der Migrantenkinder werden deren sprachliche Kompetenzen und intellektuelle Fähigkeiten unzureichend erkannt und gefördert (Ulich/Oberhuemer, Interkulturelle Kompetenz und mehrsprachige Bildung, 2003). Hier zeigt sich die diskriminierende Schere der bisherigen deutschen Sprachpolitik, die Mehrsprachigkeit als Abweichung und Risiko und nicht als Normalität und Chance betrachtet (vgl. dazu Jampert, Schlüsselsituation Sprache, 2002).*

## Kultur

- Lange bevor Wörter kommen, lernen Kinder die Körpersprache und die Melodien ihrer Sprachgemeinschaften. Sie beginnen auch, das komplexe Zusammenspiel persönlicher Beziehungen und Einstellungen in zweisprachigen Haushalten zu verstehen. Das bedeutet, dass sie schon bald ein bemerkenswertes Einfühlungsvermögen für zwischenmenschliche Situationen entwickeln und solche Sachen wie Angemessenheit, Macht, Ausdruck, Förmlichkeit, Dialekte und andere Aspekte sprachlicher Wahlmöglichkeiten differenziert beurteilen können.

- Zweisprachig aufwachsende Kinder verhalten sich ähnlich wie alle Babys: Sie setzen Bewegungen und Vokalisierungen ein, um sich einen Zugang zu der Sprachgemeinschaft ihrer unmittelbaren Bezugspersonen zu verschaffen. Reden ist der wesentliche Faktor in der sozialen und intellektuellen Entwicklung eines jeden Kindes, egal ob es ein- oder zweisprachig aufwächst. Reden macht Identität und Selbstwertgefühl des jungen Sprechers deutlich: Es signalisiert: „Hier komme ich, seht her!" Reden lässt Beziehungen mit anderen entstehen, setzt Abläufe in Gang, hilft die Welt zu verstehen und wird ein Denkwerkzeug, dessen Bedeutung man nicht hoch genug einschätzen kann, egal, welche Sprache verwendet wird.

- Wir alle fühlen uns durch Sprachen mit bestimmten Orten, Leuten, Gemeinschaften, Geschichten und Mythen verbunden. Bilinguale Kinder, die an den Erzählungen, Reimen, Witzen, Liedern und an Klatsch und Tratsch ihrer unterschiedlichen Sprachgruppen teilhaben, haben Zugang zu außerordentlich vielfältigen Erfahrungen menschlicher Kultur. Professionelle Fachkräfte müssen sich klarmachen, dass Zweisprachigkeit eine potenzielle Bereicherung und eine solide Grundlage für Lernfortschritte im Bereich Literacy ist.

**Kinder, die mit zwei oder mehreren Sprachen aufwachsen, begreifen ihre Sprachen nicht als Problem, sondern akzeptieren sie einfach als Teil ihres Lebens: des einzigen Lebens, das sie als Kinder kennen. Es sind die Monolingualen, die ihre eigenen Missverständnisse ordnen und verstehen müssen, dass ein bilinguales Kind eine vollständige Persönlichkeit ist, und nicht die Summe zweier monolingualer Personen (Hamers und Blanc, 1989).**

## Zwei- und mehrsprachige Kinder unterstützen

Dieses wichtige Thema kann hier nur oberflächlich angerissen werden. Meine Ausführungen sind durch die folgenden Arbeiten beeinflusst, die ich als weiterführende Lektüre empfehlen möchte:

- *Foundations of Bilingual Education and Bilingualism*, Colin Baker (1993; 1996);

- *Bilingualism in the Primary School*, Richard W. Mills und Jean Mills (1993);

- *Teaching Talking and Learning in Key Stage One*, NCC/National Oracy Project (1990);

- *Supporting Identity, Diversity and Language in the Early Years*, Iram Siraj-Blatchford and Priscilla Clarke (2000).[6]

---

[6] *Aufgrund der vorherrschenden monolingualen Perspektive fehlen umfangreichere Untersuchungen in Deutschland. Die vorliegenden Beispiele zeigen aber, dass Bewegung in das Thema kommt:*
*Reich. H./Roth. H-J. u.a., Sprachenerwerb zweisprachig aufwachsender Kinder und Jugendlicher, 2002.*
*Burckhardt-Montanari, E., Wie Kinder mehrsprachig aufwachsen, 2000.*
*Gogolin, I., Förderung von Kindern und Jugendlichen mit Migrationshintergrund, Gutachten der Bund-Länder-Kommission für Bildungsplanung und Forschungsförderung, 2003.*

Die ersten drei Titel beschäftigen sich mit Schulkindern verschiedener Altersstufen, doch die folgenden Prinzipien, die alle Bücher vertreten, gelten auch für viel jüngere Kinder mit einer anderen Erstsprache als die vorherrschende Landessprache und für alle Formen von frühpädagogischen Einrichtungen.

## Respekt

Es ist absolut wesentlich, dass pädagogische Fachkräfte im Elementarbereich die Sprachen der Kinder in ihrer Obhut respektieren. Diese Haltung muss tiefer gehen als vages Wohlwollen oder Toleranz. Sie bedeutet, dass wir eine Umgebung schaffen müssen, in der die Kinder ihre Sprachen und Kulturen willkommen geheißen und in Fotos, Hinweisschildern, Bildern, Stoffen, Ausstattungsgegenständen und Spielmaterialien reflektiert sehen. Das Beschriften von Türen und Toiletten vermittelt jedoch nicht die richtige Botschaft vom Respekt für „andere" Sprachen, wenn diese Sprachen nie in den Bereichen mit hohem Status wie Bücher, Sprache und Rechnen anzutreffen sind. Eltern, egal welcher Gemeinschaft sie angehören, wünschen sich, dass ihre Kinder in den traditionellen akademischen Bereichen sicher und erfolgreich sind, doch es gibt Belege dafür, dass professionelle Fachkräfte in Europa und jenseits von Europa nur sehr wenig von dem reichen und vielfältigen Literacy-Hintergrund der Gemeinschaften wissen, den junge Zweisprachler mitbringen (Spencer und Dombey, 1994; Gregory, 1996; Siraj-Blatchford und Clarke, 2000). Wir sollten weiterhin an den Festen, Speisen und Liedern der unterschiedlichen Kulturen unserer Kinder teilhaben, doch wir sollten uns auch stärker bemühen, mehr über ihre Sprachen herauszufinden. Wir sollten sie richtig benennen können – Israelisch und Pakistanisch sind z. B. keine Sprachen – wir sollten lernen, in diesen Sprachen zu zählen und uns die wichtigsten Grußformeln und die Ausdrücke für „bitte" und „danke" aneignen, die für ein reibungsloseres Miteinander sorgen.

## Curriculum

Ein Curriculum[7] umfasst nicht nur Unterrichtsfächer. Es bezieht alle Lernmöglichkeiten mit ein, die wir Kindern bieten, alle Verhaltensweisen, die wir bestärken oder missbilligen, ebenso die regelmäßigen Abläufe in einer Gruppe oder die Art, wie Erwachsene regelmäßig mit Kindern interagieren (EYCG, 1992). Was wir hier hervorheben wollen, ist die Tatsache, dass die Elemente oder Aktivitäten, die ein Curriculum als sinnvolle Maßnahmen für zweisprachig aufwachsende Kinder auflistet, für alle jungen Kinder geeignet sind. Ein angemessenes frühpädagogisches Curriculum für Migrantenkinder fördert ihr Denkvermögen, ihr Selbstwertgefühl, ihre Sprache, Literacy, Kreativität, ihre Fähigkeit, Probleme zu lösen, ihre sozialen Fähigkeiten und ihr Weltverständnis. Was mehr könnte man sich für junge Einsprachler wünschen?

---

[7] *Dass Bildungsprozesse bereits in der frühen Kindheit angelegt und durch ein definiertes Curriculum gezielt unterstützt werden müssen, ist erst in den letzten Jahren in die deutsche Reformdiskussion aufgenommen worden. Das Gutachten von Prof. Dr. W. E. Fthenakis und MitarbeiterInnen am Staatsinstitut für Frühpädagogik für das Bundesministerium für Familie, Senioren, Frauen und Jugend (Hrsg.): Auf den Anfang kommt es an! – Perspektiven zur Weiterentwicklung des Systems der Tageseinrichtungen für Kinder in Deutschland, 2003, war hier ein Meilenstein. Alle Bundesländer haben inzwischen Bildungsprogramme für die Elementarbildung vorgelegt, wobei die Konkretisierung noch große Unterschiede aufweist. Beschreibt der Bildungsplan NRW allenfalls Lernbereiche und setzt auf das eigenständige Lernen des Kindes, weisen die Bildungspläne in Mecklenburg-Vorpommern und Bayern auch Mittel und Wege zur Erreichung von Bildungszielen im Curriculum aus. Siehe: McKinsey & Company, Eine Chance für Neugier, 2005.*

## Frühpädagogische Einrichtungen

Kindergärten oder andere frühpädagogische Betreuungseinrichtungen sind potenziell am besten geeignet, mehrsprachig aufwachsenden Kindern eine angemessene Lernsituation zu bieten, wenn sie zum ersten Mal mit der Landessprache zu tun haben. Diese Einrichtungen haben eine Tradition aktiven Lernens durch Spiel, Ausprobieren, Entdecken und alle dazugehörigen Gespräche, die sich bewährt hat. In Gesellschaft interessierter Erwachsener und anderer Kinder richtige Sachen zu machen, die wichtig sind, und über das zu sprechen, was passiert, ähnelt dem Umfeld, in dem wir unsere ersten Sprachen lernen.

Gute frühpädagogische Einrichtungen können wie das häusliche Sprachumfeld sein, weil sie das bieten, was Linguisten als „authentische Kontexte" bezeichnen (Mills und Mills, 1993). Das bedeutet mit anderen Worten, dass Lebensmittel eingekauft, zubereitet, beschnuppert und probiert werden, dass man über sie spricht, sie auf Teller verteilt und isst, weil es das ist, was Leute mit Lebensmitteln machen, nicht, weil man dadurch den Umgang mit Geld und das Rechnen mit Brüchen lernt oder etwas über die Löslichkeit von Salz erfährt. Authentische Kontexte werden zu noch intensiveren Sprachlernsituationen, wenn man einem einsprachigen Erwachsenen sagen muss, wie er eine unbekannte Speise zubereiten und essen soll. Der verantwortliche Erwachsene wird zum verletzlichen Lerner, das zweisprachige Kind übernimmt die Rolle des sachkundigen Lehrers und die sprachlichen und kommunikativen Strategien beider sind in vollem Einsatz.

In einem gut ausgestatteten Kindergarten finden sich reichlich Gelegenheiten zu sprachlichen Wiederholungen und Nachahmungen in natürlichen Situationen, vorausgesetzt, die Kinder sind in der Lage, aus einem Angebot von Materialien, Aktivitäten und sozialen Gruppierungen zu wählen und haben Zugang zu mehreren fürsorglichen und interessierten Erwachsenen. Denken Sie an die sich ständig wiederholenden Sprachelemente, die Sie auf Leute, Materialien, Ausstattungsgegenstände, Räume, Abläufe und Tätigkeiten in Ihrem eigenen beruflichen Umfeld anwenden. Und dann denken Sie sich all das hinzu, was Kinder miteinander besprechen und was Erwachsene nur in Bruchstücken mitbekommen, und Sie werden feststellen, dass Kinder zahlreiche Möglichkeiten haben, neue Sprachelemente beiläufig nachzuahmen und einzuüben. Diese Thematik des ersten Ausprobierens neuer Sprache in einer sicheren Umgebung abseits des Lichtes der Öffentlichkeit ist eng verknüpft mit dem Bedürfnis nach einem entspannten Umfeld ohne Druck, in dem es erlaubt ist, stillzustehen und alles in sich aufzunehmen. Bevor wir beginnen, unsere erste Sprache zu sprechen, verbringen wir eine lange Zeitspanne damit, zuzuhören, zuzusehen, Sachen zu machen, uns in ersten Versuchen der Sprache anzunähern und ganz enthusiastische Reaktionen zu bekommen. Es ist wichtig, dass Tageseinrichtungen für Kinder einen sicheren Ort darstellen, an dem man einfach zuhören, beobachten und mitmachen kann und an dem jede Forderung nach vorschneller und sinnloser Verbalisierung vermieden wird. Die spontanen Mitteilungen der Kinder und ihre vorsichtigen Versuche, die richtigen Worte zu finden, sollten begeistert aufgenommen und gegebenenfalls mit Respekt in korrigierter Form wiederholt werden.

## Pädagogische Strategien

Es gibt eine einzige, aber sehr wirkungsvolle Strategie, mit deren Hilfe wir Bildung und Betreuung junger Zweisprachler unterstützen und fördern können, und das ist durch die Intensivierung mündlicher Elemente des frühpädagogischen Curriculums.[8]

Das Thema „Gespräche im frühkindlichen Umfeld" wurde bereits angeschnitten, doch die besondere Beschaffenheit der mündlichen Kommunikation, die „Art", wie etwas gesagt wird, ist wesentlich, wenn wir versuchen, Bedeutungsinhalte mitzuteilen. Dazu bedarf es eines viel stärkeren Einsatzes informationsunterstützender Körpersprache, Blickkontakte, Mimik und Gebärden.

Wir müssen uns auch überlegen, wie wir in mehrsprachigen Situationen unsere Stimme einsetzen und uns eine deutliche, professionelle Wortwahl und Aussprache angewöhnen. Es ist hilfreich, die Sprechgeschwindigkeit und die Tonhöhe und Lautstärke der Stimme den Umständen anzupassen. Das hilft jungen Kindern, deren erste Sprache nicht Englisch (nicht die Landessprache) ist, sich an die Lautmuster dieser Sprache zu gewöhnen.

Es ist hilfreich, wenn wir öfter Sachverhalte wiederholen oder in anderen Worten ausdrücken, damit Kinder hören, wie man eine Idee oder eine Mitteilung sonst noch formulieren kann. Damit sorgen wir für das, was Linguisten als vielfältigen Input bezeichnen und helfen dem Zuhörer, ein Gefühl für Bedeutungsinhalte und Ausdrucksformen zu bekommen. Natürlich brauchen all diese Strategien als Gesprächsanlässe die bereits erwähnten authentischen Kontexte und konkreten Situationen.

Geschichten, Reime und Lieder bilden das Herzstück eines guten mündlichen Curriculums, das sowohl monolinguale als auch bilinguale Kinder unterstützt und fördert. Diese Art von Material liefert unendliche Anregungen: Kinder wie Erwachsene verfolgen gebannt das Schicksal der Figuren in einer gut erzählten oder gut gelesenen Geschichte und lassen sich als Gruppe von rhythmischer Musik oder dem Sprachrhythmus eines Gedichts einfangen. Die Bedeutung, die solchen Geschichten, Gedichten oder Liedern beim Spracherwerb zukommt, liegt in der Vorhersehbarkeit dessen, „was als Nächstes kommt". Selbst der unerfahrenste Zuhörer oder Sprecher einer „anderen Sprache" weiß, wann Lücken in der Geschichte oder dem Gedicht zu erwarten sind und kann bald mit einem „tick" oder „tack" oder einem gezielten „quak" einspringen. Sehr gute Beispiele für solch beiläufigen Sprachunterricht finden sich sowohl in traditionellen wie in modernen Geschichten: Migrantenkinder können in die häufigen Wiederholungen von Wortgruppen wie *Not Now, Bernhard* (McKee, 1980), *Bye Bye, Baby* (Ahlberg, 1989), *We're Going on a Bear Hunt* (Rosen, 1989), *Come On, Daisy!* (Simmons, 1998) und *Oi! Get Off Our Train* (Burningham, 1989)[9] einstimmen.

Tonkassetten mit beliebten Gedichten, Liedern, Geschichten und Reimen bieten jungen Lernern weitere Möglichkeiten, „Buchenglisch" und dichterisches Englisch zu hören. Diese Kassetten können gewerbsmäßig hergestellt sein, sie können aber auch in großer Zahl von Eltern aufgenommen werden, von Lehrern und anderen Erwachsenen, die mit den Kindern arbeiten, von Leuten aus dem Umfeld des Kindergartens oder der Schule oder sogar von älteren Kin-

---

[8] Vgl. *Die Rolle der Erzieher/in*, in: *Kindergarten heute*, Sonderheft *Sprachentwicklung und Sprachförderung – Grundlagen für die pädagogische Praxis*, 2005, S. 41ff.
[9] Im Deutschen z. B.: Carle, *Die Raupe Nimmersatt*, 1998; Moekaars, *Kein Tag ohne Bär und Biene*, 2006.

dern. Mit diesem Material finden junge Kinder Geschmack an selbstständigem Lernen: Sie können sich „Sprachbrocken" aussuchen, die ihnen besonders gut gefallen, um sie wieder und wieder zu hören und einzuüben. Andere Arten von „Geschichtenzubehör" werden in einem späteren Kapitel vorgestellt, doch lohnt sich an diesem Punkt der Hinweis, dass sie für die Anfänge der Zweisprachigkeit junger Lerner von wesentlicher Bedeutung sind.

Zu den Bereichen des frühpädagogischen Curriculums, die die mündliche Sprachentwicklung und die Zweisprachigkeit fördern, gehören Möglichkeiten zu fantasievollem Rollen- und Theaterspiel, Musizieren in allen Formen, Zeichnen, Kritzeln, Schreiben und Malen, das Spiel mit formbaren Materialien wie Ton und Teig, mit natürlichen Materialien wie Wasser und Sand, mit Bausteinen und der Modellbau mit alltäglichen Materialien, Resten und Fundstücken, das Gärtnern und Erkundungen im Freien, Puppenbau und -spiel in allen Formen, das Sortieren, Gruppieren, Austeilen und Zählen von allen möglichen Sachen und das Einkaufen von Lebensmitteln und die Zubereitung von Speisen.

Wie mir scheint, habe ich hier ein komplettes frühpädagogisches Curriculum aufgeführt – oder das Leben eines Menschen mit all seinen Facetten. Aber darin liegt das Erfolgsgeheimnis von Angeboten für mehrsprachig aufwachsende Kinder. Sie brauchen keinen beschränkten Input und kein begrenztes Umfeld. Sie müssen etwas zu tun haben, brauchen Materialien, über die man etwas sagen kann, Leute, mit denen man interagieren, spannende Erfahrungen, die man gestalten und besprechen und vielfältige Beispiele einer neuen Sprache, mit denen man arbeiten kann.

Die potenzielle Vielfalt des frühkindlichen Curriculums kann der Schlüssel zum Erfolg für die jungen Sprachlerner sein, die beginnen, sich ihre zweite Sprache anzueignen. Daraus ergeben sich zwei wichtige Konsequenzen:

- für alle Kinder unter acht Jahren sollte ein vielfältiges und entwicklungsgemäßes frühkindliches Curriculum aufgestellt und beibehalten werden, auch für die schulpflichtigen Kinder (in England von 5 bis 8 Jahren);

- alle Versuche, Kinder, deren erste Sprache nicht Englisch ist, vom Rest der Gruppe oder Klasse zu trennen, sollten aus linguistischen, sozialen und pädagogischen Gründen unterbleiben.

## Sprachförderung in der Landessprache

Dieses Thema ruft viele Vorurteile auf den Plan und kann auch als Prüfstein dafür gelten, wie ernsthaft wir an echter Zweisprachigkeit interessiert sind im Gegensatz zu einer möglichst raschen Assimilation zu einer ausschließlich Englisch sprechenden Kultur. Furcht vor Fremdem, Furcht vor „Ausländern" und ein verzweifelter Wettbewerb um gute Häuser, Jobs und Schulen finden ihren Ausdruck in der Furcht vor fremden Sprachen. Dabei sind einige Sprachen stärker betroffen als andere: Französisch gilt als romantisch, Italienisch als schön, doch die Sprachen der Völker, die in der Vergangenheit ausgebeutet wurden und eine unterprivilegierte Stellung zugewiesen bekamen oder die Sprachen sehr weit entfernt liegender Gesellschaften, werden verachtet. Wenn so etwas passiert, bekommen es natürlich die Leute zu spüren, die diese Sprachen sprechen, nicht die Sprachen selbst, auch wenn wir uns einreden, dass einige Sprachen einfach nicht so kultiviert sind wie andere. Dieselbe gefährliche Selbsttäuschung über Leute und Sprache zeigt sich, wenn wir einige Dialekte und regionale Sprachfärbungen als nicht gut genug für Bildung und Erfolg im späteren Leben erachten.

Frühpädagoginnen und Frühpädagogen müssen sich immer der Möglichkeit bewusst sein, dass sie auf einige Sprachen, Akzente oder Dialekte mit irrationalen Ängsten und Vorurteilen reagieren. Sehr junge Kinder sollten nicht benachteiligt sein, kaum dass sie einen Gruppenraum betreten oder ihren Mund aufmachen. Die Einstellungen, die Erwachsene zu erkennen geben, sind möglicherweise der wichtigste Einfluss auf die Lernentwicklung eines Kindes (Barratt-Pugh, 2000, S. 180).

Es gibt Belege dafür, dass Kinder, die ihre Erstsprache in Spielgruppe, Kindergarten oder Schule außen vor lassen müssen, bei ihren Bemühungen gebremst werden, sich mit Hilfe einer kaum verstandenen Sprache neue Fertigkeiten und Ideen anzueignen. Der Schaden an den Entwicklungsfortschritten in der Sprache oder den Sprachen, die in ihren Familien gesprochen werden, ist ebenso erschreckend: Es kann passieren, dass sie sie verachten und teilweise fallen lassen. Dieser Mangel an Respekt und Einsatz für die Förderung der Familiensprachen in Schulen und Kindergärten kann manche Kinder in die verzweifelte Lage bringen, dass sie nirgendwo in der Welt eine sprachliche Heimat haben und keine Sprache so anwenden können, wie Denken und Lernen es erfordern.

Diese Themen brennen vor allem den Lehrern und Lehrerinnen in den ersten Grundschulklassen auf den Nägeln und leider besteht wenig Grund zu der optimistischen Annahme, dass unsere Gesetzgeber die Erkenntnisse moderner Sprachwissenschaftler berücksichtigen. Wir sind jedoch professionelle Pädagoginnen und Pädagogen und müssen das Beste für alle unsere Kinder tun, wir können nicht herumsitzen und darauf warten, dass es besser wird. Wir können all unseren Einfallsreichtum einsetzen und Kindertageseinrichtungen und Schulklassen schaffen, in denen die Kinder nicht „die Sprache und Kultur ihres häuslichen Umfeldes ablegen" müssen, sobald sie die Schwelle überschreiten (DES, 1975). Keiner von uns verfügt über die Sprachkenntnisse, um auf die sprachlichen Bedürfnisse und Stärken aller jungen Kinder, die am Beginn ihrer Zweisprachigkeit stehen, einzugehen. Wir können aber Sprachlehrer an den erstaunlichsten Orten finden.

## Kinder als Sprachlehrer

Wir können Kinder, die dieselbe Sprache sprechen, zu gemeinsamem Spiel und gemeinsamen Aktivitäten ermuntern und sie anregen, sich in ihrer eigenen Sprache über die neuen und die vertrauten Erfahrungen, die wir für sie planen, zu unterhalten.

Wir können zweisprachige Kinder als Dolmetscher und Übersetzer einsetzen, für uns selbst, für andere Kinder und für ihre Familien, denn die Notwendigkeit, anderen etwas zu erklären, kann die sprachlichen Fähigkeiten und das Selbstwertgefühl steigern. Dies sollte jedoch mit viel Einfühlungsvermögen und mit Respekt allen beteiligten Kindern und Erwachsenen gegenüber geschehen. Schlimmstenfalls können in einer solchen Situation das dolmetschende Kind, der Rezipient und die Sprache lächerlich gemacht werden.

Es kann bisweilen vorteilhaft sein, ältere zweisprachige Kinder mit einsprachigen Partnern zu „verbandeln", so dass sie sich gegenseitig mit unterschiedlichen Fertigkeiten und Aktivitäten ergänzen, nicht nur in der Sprache. Schließlich sind gute englische Sprachkenntnisse noch keine Garantie für gute Leistungen in Mathematik oder beim Klettern.

Bilinguale Kinder können Lehrer sein und den Kindergartenalltag bereichern, wenn sie fürsorgliche und interessierte Erwachsene und andere Kinder mit Liedern, Reimen, Geschichten und Tänzen und anderen Aspekten ihres Lebens bekannt machen. Ein positiver Effekt wird darin liegen, dass der Verschiedenartigkeit im Kindergarten mehr Toleranz und Feingefühl entgegengebracht wird und so dafür gesorgt wird, dass Kinder wie Pädagogen eine lohnende ethische Erziehung genießen.

## Personen und Ressourcen im Umfeld

Nachbarn, Freunde, Bekannte und andere Mitbürger sind eine wichtige Informationsquelle und sollten gern gesehene Gäste in Kindergärten und Schulklassen sein, vor allem, wenn sie die gleiche Sprache sprechen wie einige der Kinder.

Viele Wissenschaftler haben Listen von Aktivitäten aufgestellt, bei denen Eltern und Nachbarn in Schulen oder anderen Gruppeneinrichtungen helfen können (Houlton, 1986; Mills und Mills, 1993; Gregory, 1996; Kenner, 2000; Siraj-Blatchford und Clarke, 2000). Es kann nicht schaden, sie noch einmal zu wiederholen, denn viele Pädagoginnen, Pädagogen und Einrichtungen haben diese Möglichkeiten der Zusammenarbeit mit anderssprachigen Familien und Gruppen noch nicht richtig ausgeschöpft.

Sie können in ihrer Sprache

- Geschichten erzählen,

- Geschichten auf Ton- oder Videokassetten aufnehmen,

- den Kindern helfen, Geschichten und Mitteilungen zu schreiben,

- Geschichten und Erinnerungen schriftlich festhalten,

- mit Computer, Ringbüchern und Laminiergerät Bücher herstellen

- Reime und Lieder auf Band aufnehmen,

- Reime, Lieder, Tänze und Spiele vermitteln,

- traditionelle Speisen zubereiten und Rezepte aufschreiben,

- das Zählen beibringen,

- Zahlen und Zahlensysteme aufschreiben,

- mit den Kindern zählen und Zahlenspiele spielen,

- im Innen- und Außenbereich spielen, unter anderem in der Puppenecke, Sand- und Wasserecke, Bauecke, Knet- und Malecke,

- Etiketten, Schilder, Hinweise, Briefe und einige Bücher von englischsprachigen Erwachsenen und Kindern übersetzen,

- in der Einrichtung besonders beliebte Bücher, Geschichten und Gedichte in der Primärsprache aufschreiben und einfaches „Geschichtenzubehör" dazu machen (siehe Kapitel 4),

- schriftliches Material aus ihrer Sprachgemeinschaft mitbringen, z. B. Zeitungen, Luftpostbriefe, Kalender, Plakate, Kataloge.

Frühpädagoginnen und Frühpädagogen können, unterstützt von Familien und Helfern aus dem Umfeld der Einrichtung, mit den Kindern die unmittelbare Nachbarschaft verlassen, um etwas über Geschäfte, Gemeindezentren, Gotteshäuser und unterschiedliche Literacy-Traditionen zu lernen. Solche Expeditionen stärken das Selbstwertgefühl der Kinder und das Gefühl für den Ort, an dem sie leben. Und Pädagoginnen und Pädagogen können, wenn sie bereit sind zu lernen, bei solchen Gelegenheiten etwas darüber erfahren, wie eine Gemeinschaft ihre Kinder erzieht und welche Erwartungen und Hoffnungen sie an den Besuch des Kindergartens oder der Schule knüpfen.

**Alle, die im frühpädagogischen Bereich arbeiten, können jungen bilingualen Kindern helfen, die am Anfang ihrer zweiten Sprache stehen, indem sie das einzelne Kind schätzen, indem sie Gespräche schätzen und indem sie menschliche Vielfalt schätzen.**

# 3 Geschichten, Erzählungen und Spielen mit Sprache

Im vorangegangenen Kapitel ging es um die frühkindliche Entwicklung der gesprochenen Sprache – dieses Kapitel beschäftigt sich mit den Verbindungen zwischen gesprochener Sprache und den Anfängen der Literacy. Um Kindern diesen Zusammenhang zwischen Sprechen einerseits und Lesen und Schreiben andererseits allmählich verständlich zu machen, braucht es jedoch nicht einen immer früher ansetzenden formalen Lese- und Schreibunterricht, auch wenn die aktuellen Zwänge etwas anderes suggerieren. Kinder brauchen vielmehr die Gelegenheit, an der Erschaffung und dem Austausch von Geschichten teilzuhaben und Sprache spielerisch zu erkunden. Die nachfolgende Darstellung versucht einen Brückenschlag zwischen gesprochener Sprache und Literacy, der uns von der Betrachtung von Geschichten und Erzählungen über das Spielen mit Sprache zu Auswahl und Einsatz von Literatur in frühpädagogischen Einrichtungen führt.

## ▶ Geschichten

Wo immer Menschen sind, gibt es auch Geschichten. Geschichten wurden von prähistorischen Menschengruppen an Höhlenwände gemalt und Geschichten werden nach wie vor gestaltet, getanzt, szenisch dargestellt, gesungen und rezitiert. Doch am häufigsten werden Geschichten erzählt. Das geschieht tatsächlich so häufig, dass wir sie bisweilen für selbstverständlich halten und ihre Bedeutung gar nicht wahrnehmen. Und doch erschaffen wir in jeder Phase unseres Lebens Geschichten und erzählen sie, ganz gleich aus welchem Anlass.

Bei Geschichten geht es grundsätzlich um das „Was" menschlicher Erfahrung und menschlichen Denkens: was ich glaube, was mir geschehen ist, was ich weiß, was ich fühle. Man kann sogar sagen, dass jede Nachfrage, egal ob es sich nun um eine größere wissenschaftliche Untersuchung handelt (Whitehead, 1994) oder ob man sich nach dem Befinden seines Gegenübers erkundigt, sehr wahrscheinlich eine Geschichte in Gang setzt. Ähnliche Geschichten oder Fragmente von Geschichten von jungen Kindern finden sich immer wieder in den Beobachtungen, die Frühpädagoginnen und -pädagogen aufzeichnen:

> *Ich habe weiter bei den Farben aufgeräumt – einige Gläser waren leer und ich habe mit den Kindern neue Farben gemischt – jede Menge Gespräche –*

> *A.: „Ist das heiß?" (weil das Farbpulver beim Einfüllen in die Gläser Staubwolken aufwirbelte)*

Die Frage von A. weist eine Parallelität zu der naturwissenschaftlichen Geschichte auf, die sie wahrscheinlich zu Hause gehört hat, als ihr auffiel, dass beim Wasserkochen und bei der Zubereitung des Essens Dampf entstand.

Eine Vorschulgruppe in derselben Schule hatte eine Informationsgeschichte über Schwarzbären gehört und baute ein Modell eines Schwarzbärenhabitats. Ihr Lehrer hatte Bärenfiguren für die Habitate mitgebracht und beobachtete, wie die Kinder mit diesen Materialien spielten. An ihrer Umsetzung der Geschichte in Fantasiespielen wurde deutlich, dass ihnen die „Fakten" über Schwarzbären in Erinnerung waren und sie sie verstanden hatten:

> *C.: (fünf Jahre) Hmmm, lecker, Blumen.*
> *J.: (fünf Jahre) Nein, sie fressen keine Blumen. Sie können gut klettern und schwimmen und springen, weil sie Schwarzbären sind.*

Veröffentlichte Untersuchungen stellen eine weitere reichhaltige Quelle für Geschichten in der frühen Kindheit dar, in denen die jungen Geschichtenerzähler offenbar das festigen, was sie über Leute, ethische Werte und die Gesellschaft wissen:

> *Lisa (gießt – imaginären – Tee ein): Mein Papa sagt, dass schwarze Leute aus Afrika kommen.*
> *Wally: Ich komme aus Chicago.*
> *Lisa: Weiße Leute sind in Amerika geboren.*
> *Wally: Ich bin schwarz und ich bin in Chicago geboren.*
>
> *(Paley, 1981, S. 47)*

Selbst am Ende unseres Lebens erzählen wir immer noch Geschichten über das, was wir oder unsere Familien erlebt haben, wie zahlreiche Erinnerungswerkstätten mit Senioren gezeigt haben:

> *Also, meine Mutter hat Königin Victoria gesehen, als sie noch ein Kind war ... jedenfalls war sie in so einer Menschenmenge und mein Großvater hat sie auf seine Schultern gesetzt, weil sie nicht viel sehen konnte und sie sagte: „Alles, was ich gesehen habe, war eine sehr schlecht gelaunte alte Dame in einer Kutsche." Sie war nicht gerade begeistert!*
>
> *(Jones und Medlicott, 1989, S. 23)*

Also, was geht hier vor sich? Was machen sie alle, diese Kinder und Erwachsenen aus verschiedenen Kulturen? Darauf gibt es eine kurze Antwort: Sie machen sich ihre Erfahrungen begreiflich. Nicht nur Sachen, die sie erlebt haben, sondern auch Sachen, die ihnen in den Geschichten anderer Leute begegnet sind. Die Geschichten scheinen Haken zu sein, an denen sie ein wichtiges Ereignis, eine Begebenheit oder eine Empfindung aufhängen, aufbewahren und wieder hervorholen können. Wir wiederholen unsere Geschichten immer und immer wieder; das fällt vor allem bei Klatsch und Tratsch, Erinnerungen, Witzen und Volksmärchen auf. Das legt nahe, dass das Wiederholen und erneute Zusammenfügen der Ereignisse einer Geschichte eine wichtige Methode ist, über Sachen nachzudenken und sie zu verstehen. Bei Geschichten geht es also ums Verstehen, eine Ansicht, die durch Beobachtungen junger Kinder beim Spielen bestätigt wird. Sie spielen und erzählen Geschichten über verwirrende oder beängstigende Ereignisse immer wieder nach, wie die folgenden Aufzeichnungen einer Vorschulpädagogin belegen:

> *R. (vier Jahre alt) zog sich beim Spielen im Außengelände eine schlimme Platzwunde am Kopf zu und musste vom Kindergarten ins Krankenhaus gebracht werden. Die Kinder waren alle besorgt, auf dem Boden war viel Blut. Zwei Mitarbeiter leisteten erste Hilfe und R. wurde in den Krankenwagen getragen. Ein Kind fragte, ob R. tot sei.*

*A. (vier Jahre drei Monate) war durch den Unfall besonders aufgewühlt und klammerte sich nach der Schule an seine Eltern. Am nächsten Nachmittag bastelte A. ein weißes Stirnband aus drei Papierstücken und legte sie sich um den Kopf. Auf die Frage, was er da mache, antwortete er einfach: „R.'s Verband natürlich."*

Spielen ist nicht nur ein Mittel, mit dem die Kinder eine schwierige Geschichte verarbeiten. Oft malen oder zeichnen sie oder nehmen Knete, Ton und andere veränderbare Materialien oder Gegenstände, um darzustellen, was sie über Erfahrungen denken. John Matthews legt in einem Buch der vorliegenden Reihe eine eingehende Untersuchung darüber vor, wie Kinder das Malen und Zeichnen einsetzen und berücksichtigt dabei auch diesen Aspekt der Darstellung von Geschichten (Matthews, 1994a). Unabhängig vom Medium ist die Darstellung häufig von einem verbalen Kommentar zur Geschichte begleitet:

*Du kommst gleich auf den Hof – zu den Pferden und Hühnern und Kühen. Spezielle Abteilung für dich – du bist die einzige Ziege. Oh nein, stimmt ja gar nicht – ich hab ja die ganze Familie gekauft – glaub' ich jedenfalls.*

(Britton, 1992, S. 74)

In diesem kurzen Ausschnitt einer viel längeren Aufzeichnung setzt Clare im Alter von vier Jahren und acht Monaten einen geschichtenähnlichen Kommentar ein, um ihr Malen zu strukturieren und gleichzeitig mit einer guten Portion Humor die lärmenden Unterbrechungen ihrer zweieinhalbjährigen Schwester abzuwehren, die „herumzickt".

An diesem Punkt können wir ein Häkchen für spätere Literacy machen:
**Sehr junge Kinder sind bald mit Erzählformen vertraut und wenden die sprachlichen Strukturen und Reflexionsweisen über Erfahrungen mündlich an, die in der schriftlichen Darstellung üblich sind.**

Es ist auch klar, dass Kinder und Erwachsene mit Geschichten ein ganz besonderes Instrument besitzen, mit dessen Hilfe sie über das nachdenken können, was ihnen begegnet. Nun müssen wir mehr darüber erfahren, wie dieses Instrument funktioniert.

## ▶ Erzählungen

Wir haben gesehen, dass Geschichten sich an dem „Was" der Erfahrungen und Ereignisse, tatsächlichen wie erfundenen, festmachen. Eine Erzählung ist jedoch die mündliche, schriftliche oder visuelle Darstellung, die die Ereignisse einer Geschichte mitteilt. Eine Erzählung ist das „Wie" einer Geschichte und konzentriert sich immer auf eine Art der Mitteilung. Es ist eine uralte und elementare sprachliche Aktivität. „Jemand erzählt jemandem, dass etwas passiert ist" (Smith, 1980, 1981, S. 228) ist die Wurzel aller Legenden, Historien, Volkssagen, Biographien und Romane.

Eine Erzählung ist jedoch mehr als ein zufälliges „Erzählen". Sie beschäftigt sich mit Zeit: Sie reiht die Ereignisse in zeitlicher Ordnung, um über sie zu berichten. In dieser Hinsicht scheint sie eng verbunden mit den Ordnungsprinzipien und der Funktionsweise des Gedächtnisses. Wir haben bereits gesehen, wie Erinnerungen aufgerufen und mitgeteilt werden als wären sie eine Geschichte.

Erzählungen sind nicht auf die endlose Aneinanderreihung von Ereignissen beschränkt, die in chronologischer Abfolge wiedergegeben werden. Wir wären bald des ständigen „und dann ... und dann ..." müde, unabhängig von dem, was berichtet wird. Es ist, als bräuchten wir etwas mehr „Fleisch" in unseren Erzählungen. Das „Fleisch", das wir brauchen, ist ein wie auch immer geartetet Hinweis auf die Haltung des Erzählers, sein Urteil und seine Werte, selbst wenn wir überhaupt nicht mit ihnen übereinstimmen. Bei Erzählungen geht es um Werte und Wahlmöglichkeiten und typischerweise beschäftigen sich Erzählungen mit der „condition humaine" (bezieht sich auf menschliche Grundbefindlichkeiten wie Sehnsüchte, Bedürfnisse, Verletzlichkeit, Sterblichkeit), egal ob die Erzählung in höheren Sphären der Kultur, in beiläufigem Tratsch oder in Kinderspielen zu finden ist.

**Die Erzählung ist das Rückgrat aller Geschichten, die wir hören und erzählen. Eine Erzählung ist eine Form der Wiedergabe, die Ereignisse auswählt und zeitlich anordnet und über das Leben und das menschliche Verhalten spekuliert. Das Selektieren, Ordnen und Bewerten strukturiert die zufälligen Gefühlseindrücke und Geschehnisse des täglichen Daseins und verleiht ihnen einen Sinn.**

Belege für eine so weit reichende Behauptung finden sich sowohl in den Erzählungen ganzer Gemeinschaften als auch einzelner Menschen. Die Entwicklung der narrativen Kompetenz kann man bereits bei sehr jungen Kindern beobachten.

## Erzählung und Gemeinschaften

Die erklärenden Erzählungen von Gemeinschaften und kulturellen Gruppen sind uns eher als Sagen, Legenden, Märchen, Reime, Redensarten und Sprichworte bekannt. Sie stammen aus den präliteralen mündlichen Traditionen von Gesellschaften, auch wenn wir sie heute eher in schriftlicher Form kennen. Sie unterlagen ständigen Wandlungen und veränderten sich auf ihrem Weg durch die Jahrhunderte durch mündliche Überlieferung. Mündliche Erzählungen bewahrten die gemeinsame Geschichte einer Gruppe und erinnerten sowohl den Erzähler als auch die Zuhörer unablässig an Feinde, Schlachten, Niederlagen, Siege und Familienzugehörigkeiten. In ihnen sammelten sich auch die Überzeugungen der Gruppe über den Ursprung der Menschheit, über Werte und ethisches Verhalten und auch handliche kleine Faustregeln über alles, von der Kindererziehung bis zum Wetterbericht:

> *Wer die Rute spart, verzieht das Kind.*

> *Der Morgen grau, der Abend rot,*
> *ist ein guter Wetterbot.*

> *Dicke Abendnebel hegen*
> *oft für die Nacht den Regen.*

Die Altertümlichkeit solcher Materialien verschleiert vielleicht die unbestreitbare Tatsache, dass Kulturen und Gruppen immer noch gemeinsame Erfahrungen deuten und gemeinschaftliche Auffassungen hervorbringen. Auf diese Weise kommt eine fortlaufende Darstellung zustande, die die Erfolge und Misserfolge einer Gruppe auflistet und das zentrale Merkmal jeder Kultur bildet. Die stetige Bemühung, die Geschichten und damit die Bedeutung einer Kultur zu formen, ist in den aktuellen Medien, der Politik und der volkstümlichen Unterhaltung zu erkennen. Sobald Gesellschaften komplexer und pluralistischer werden, bringen sie viele scheinbar unvereinbare Geschichten hervor: „Der amerikanische Traum, Mom und Apple Pie" kann nicht die Geschichte sein, die für alle amerikanischen Bürger relevant ist. Ebenso hat ein England mit Kricket auf dem Dorfanger und alten Damen, die zur Kirche radeln, wenig oder keine erklärende Bedeutung für viele britisch-bengalische Familien in Tower Hamlets (Stadtteil am Ostrand von London, wo viele Inder, Pakistanis und Bengalen wohnen) oder Kinder in Belfast oder die Gemeinschaft farbiger Waliser in Cardiff. Diese Widersprüchlichkeiten entstehen, wenn einer komplexen Gemeinschaft eng gefasste Geschichten aufgezwungen werden: Doch weiter gefasste und universellere Erzählungen über menschliche Beziehungen, unsere Verbindungen zur größeren Gemeinschaft und unsere Hoffnungen für unsere Kinder entstehen immer noch und stellen ein verbindendes Element in Gemeinschaften dar.

Die Bedeutung, die diese Gemeinschaftserzählungen für junge Kinder haben, liegt darin, dass sie ihnen einen Zugang verschaffen zu den gemeinsamen Überzeugungen und sinnschaffenden Strategien der Kultur. Wir alle kennen den „bösen Wolf" als Kürzel für Gefahr und Bedrohung in der Welt außerhalb der Familie. Ebenso kann Anansi, der „Gauner" aus den afrikanischen Mythen, für menschliche Schläue und Erfindungsreichtum stehen, während „Cinderella" ein nahezu allgemeingültiges Symbol für den späten Triumph des ehedem ärmsten und am meisten unterschätzten Kindes steht. Erzählungen von Gemeinschaften stehen Kindern als Material zur Verfügung, das sich ihren Bedürfnissen anpassen lässt, wenn sie als „die Königin", „die Polizei" oder „Superman" durch Spielzimmer und Gärten wandern.

**Erzählungen von Gemeinschaften helfen beim Brückenschlag zur Literacy, weil sie häufig die ersten und vertrautesten schriftlichen Materialien sind, denen junge Kinder in der Form von traditionellen Reimen, Geschichtenbüchern, religiösen Texten und Märchen begegnen.**

## Persönliche Erzählungen

Der Wunsch, unsere Existenz zu vermerken und eine Spur in der Welt zu hinterlassen, steht im Mittelpunkt unserer persönlichen Erinnerungen und Tagträume, wie die Geschichten am Beginn dieses Kapitels deutlich machen. Die Gemeinschaft oder kulturelle Gruppe bietet uns ein paar hilfreiche Vorlagen (Hughes, 1995), wie wir gesehen haben, doch in individuellen Erzählungen geht es um persönliche Identität und um die Freuden und Schwierigkeiten bestimmter Beziehungen.

Seit einigen Jahren gibt es überzeugende Belege für die Behauptung, dass das Erzählen eine fundamentale geistige Funktion und das Ordnungsprinzip der Erinnerung darstellt (Hardy, 1977). Unser fortwährendes Geschichtenerzählen über nahezu alles wird nun als eine Art „Dichtung im Kopf" verstanden (Gregory, 1977), mit der eine ganze Palette von Möglichkeiten erschaffen und dann überdacht werden. Es ist, als würden wir viele mögliche Strategien und Szenarien in Geschichtenform planen, bevor wir handeln. Damit verhalten wir uns fast so wie Wissenschaftler, die für jedes Ereignis eine geschichtenähnliche Erklärung haben, nur nennen sie ihre „Kopfdichtungen" Hypothesen. Wir alle, junge Kinder wie Erwachsene, sind Schöpfer imaginärer Welten und Geschichten, die es uns ermöglichen, Alternativen auszuprobieren, Möglichkeiten vorherzusagen und Erfahrungen zu deuten.

Sehr junge Kinder befinden sich häufig in derselben Position wie ein Forscher: Sie begegnen ständig neuen Ereignissen und Situationen und müssen mit Hilfe irgendeiner Geschichte Vorhersagen treffen und Erklärungen finden, die es ihnen möglich macht zurechtzukommen. Das zeigt sich an ihrer außerordentlichen Fähigkeit, Geschichten-Hypothesen über ihre Beobachtungen zu erdenken, sei es der „Dampf" von den Farbpulvern (siehe oben) oder das Problem um Alter und Größe, wie Mollie es im Alter von zwei Jahren und elf Monaten erlebte:

> *„I'm not too big to reach that," she said, trying to hang up her jacket. „But my already birthday is going to come now. Then I can be big to reach it."*
>
> *(Paley, 1986, S. 4)*

Mollie erinnert uns daran, dass persönliche Erzählungen Möglichkeiten schaffen, über abstrakte und schwierige Ideen nachzudenken und Theorien zu formulieren, die sich im Lichte späterer Erfahrungen und Informationen ändern lassen. Diese Prozesse bezeichnet man normalerweise als Lernen.

Die persönlichen Erzählungen von jungen Kindern bieten spannende Einblicke in Lernvorgänge, während sie ablaufen. Sie sind gleichzeitig ein Akt der Selbstbehauptung und Identitätsfindung. Und wieder lassen sich diese Erzählungen mit den Anfängen der Sprachentwicklung und des Spurenzeichnens verknüpfen, denn sie sagen: „Ich bin hier, ich existiere, seht her". Die Entstehung der narrativen Kompetenz von Kindern lässt eine Entwicklung erkennen. So denken sich Eltern und andere Bezugspersonen kleine Geschichten über Aussehen und Persönlichkeit ihrer Babys aus, von ihrer Geburt an. Diese Geschichten erzählen sie den Kindern immer wieder. Ein zweijähriges Kind, das allein im Bett liegt, kann sich selbst die Geschichte seines Tages erzählen: Sie sprechen nicht nur über Ereignisse und Kontakte mit wichtigen Leuten, sondern probieren auch neue Wörter aus, üben sie und erfinden Nonsens-Reime (Nelson, 1989). Im dritten Lebensjahr übernehmen und gebrauchen Kinder die Erzählungen und literarischen Gepflogenheiten ihrer unmittelbaren Kultur. Hier ist Lem, ein schwarzer Zweijähriger in den USA, der sich das unerwartete Erklingen einer Glocke erklärt:

> *Way*
> *Far*
> *Now*
> *It a church bell*
> *Ringin'*
> *Dey singin'*
> *You hear it?*
> *I hear it*
> *Far*
> *Now*
> *(Heath, 1983, S. 170)*

Stil und Einfluss von denkwürdigen und intensiv begleiteten Besuchen in einer Gospel-Kirche sind in diesem kleinen Lied deutlich zu erkennen – ebenso deutlich wie die traditionelle Märchenbuchsprache in den einführenden Sätzen des dreieinhalbjährigen Adam:

> *Hey listen to me*
> *I'm going to tell a story*
> *Once upon a time there were three little crocodiles*
> *named Flopsy, Mopsy and Cotton Tail ...*
> *(Sheridan, 1979, S. 12)*

Diese Erzählung entwickelt sich zu einer Geschichte voller Wünsche, die in Erfüllung gehen und Katastrophen, die in letzter Minute abgewendet werden und die mehr mit Adams Sehnsüchten zu tun hat als mit den Abenteuern von Beatrix Potters berühmter Figur, Peter Hase. Es ist klar, dass Lem und Adam ihre Erfahrungen verarbeiten und über „ich" in der Welt nachdenken.

**Persönliche Erzählungen sind Brücken zur Literacy, weil junge Kinder dabei so denken und die Sprache benutzen, wie es echte Autoren tun. Sie formulieren geschichtenähnliche Hypothesen und Szenarien über ihr Leben und stützen sich beim Erzählen auf die mündlichen und literarischen Traditionen ihrer Kultur.**

## Die Wurzeln der Literatur

Der starke Drang alles zu erzählen macht es Kindern möglich, durch Selektieren, Ordnen, Bewerten und Vorhersagen etwas über die Welt zu lernen. Dieser Erzähldrang bereitet die Kinder auch auf die literarischen Formen ihrer Kultur vor, indem sie sich mit der Rolle des Geschichtenerzählers vertraut machen, der über sein Leben berichtet. Darüber hinaus lernen sie auch, Geschichten über sich selbst und ihre Familien so zu erzählen als seien sie Figuren in einem Buch:

> *[Wally:] Once there was a boy hunter. His little sister didn't like him, so he ran away. So he found a baby girl lion.*
>
> *(Paley, 1981, S. 29)*

Frühpädagoginnen und Frühpädagogen sind so vertraut mit dieser Art von mündlicher Erzählung, dass sie sich möglicherweise nicht mehr davon beeindrucken lassen. Doch was hier passiert, ist Literatur und Literacy in Reinformat. Der fünfjährige Wally ist geübt darin, wie ein Buch zu reden und sich und seine Belange zu fiktionalisieren. Die traditionellen Geschichten und Reime, die er im Kindergarten hört und die alltäglichen Gespräche und Erzählungen, an denen er zu Hause teilnimmt, haben diese Fähigkeiten unterstützt.

Die Literatur spiegelt die narrative Kompetenz von uns Menschen wider; sie wählt Ereignisse aus und ordnet sie, um über sie zu berichten, sie macht aus zufälligen Begebenheiten sinnvolle Bilder und spekuliert über die Wechselfälle des Lebens. Die Literatur führt uns auch an mehr Leute und Erfahrungen heran, als wir im Laufe eines Menschenlebens tatsächlich kennenlernen könnten, sie bereichert unser Leben unermesslich und erweitert die mögliche Bandbreite unserer Einstellungen, Werte und Reaktionsmuster. Die Literatur tut all das auch für sehr junge Kinder, wie jeder Erwachsene bestätigen kann, der *Noisy Nora* (Wells, 1973), *The Bear Under The Stairs* (Cooper, 1993) oder *Six Dinner Sid* (Moore, 1990) mit einem kleinen Kind gelesen hat.[10]

Die Literatur geht auch auf besondere Weise mit der Sprache um. Auswahl, Struktur und Ordnung sind in der Sprache von Geschichten und Gedichten sehr leicht nachvollziehbar und die Wirkung von Lauten, Reimen und Wiederholungen sind sorgfältig aufeinander abgestimmt. Diese besondere Sprache fesselt unsere Aufmerksamkeit, weckt den Wunsch nach Wiederhören und setzt sich im Gedächtnis fest. Gemeinsam mit unseren Kindern kennen wir „Humpty

---

[10]  vgl. Janosch, *Oh, wie schön ist Panama!*, 2004; Nordquist, *Armer Pettersson*, 1988; Maar, *In einem tiefen, dunklen Wald*, 2000; Holzwarth, *Vom kleinen Maulwurf, der wissen wollte, wer ihm auf den Kopf gemacht hat*, 1999.

Dumpty"[11] und „Hickory Dickory Dock" auswendig. Wir sind uns auch der Tatsache bewusst, dass diese gereimten Miniaturgeschichten etwas Spielerisches haben, das seltsam und zugleich bestürzend ist.

 ## Spiel mit Sprache

### Laute

Linguisten haben oft beobachtet, dass sehr junge Kinder großen Spaß daran haben, mit den lautlichen Möglichkeiten der Sprache zu spielen, die sie gerade lernen, selbst wenn niemand in der Nähe ist, der ihnen zuhört. Das folgende Beispiel aus den Einschlafmonologen des zweieinhalbjährigen Anthony erkundet Alliterationen und Reime, die sich im Englischen finden lassen:

> *bink*
> *let bobo bink*
> *bink ben bink*
> *blue kink*
> (Weir, 1962, S. 105)

Dieses entzückende Beispiel stammt aus einer berühmten Untersuchung, die viele nachfolgende Forscher inspiriert hat. Doch der „Vater" dieser Tradition, jungen Kindern bei ihren Sprachspielen zuzuhören, war Kornej Tschukowski.

### Nonsens und Wirklichkeit

Tschukowskis Untersuchungsergebnisse über zwei- bis fünfjährige russische Kinder stammen aus den 20er Jahren des letzten Jahrhunderts. Sie belegen, dass Kinder mit den Lauten einer Sprache nicht einfach nur Unfug treiben, sondern dass sie auch mit Ideen spielen und die Wirklichkeit auf den Kopf stellen. Die Erklärung für dieses „Kopfüber"-Spiel mit Ideen lautet, dass es eine Bestätigung des kindlichen Realitätsverständnisses darstellt. Witze und Nonsens lassen sich nur machen, wenn man weiß, wie es richtig geht. Das erklärt auf jeden Fall, warum Nonsensverse und Kinderreime so beliebt sind und warum Kinder sich mit solcher Entschlossenheit fantasievolle Frechheiten Wörtern, Gegenständen und Informationen gegenüber herausnehmen:

> *Erwachsener: „Ist denn nichts mehr zu essen im Schrank?"*
> *Kind: „Da liegt nur ein kleines Stück Kuchen, aber das ist mittleren Alters."*
> (Tschukowski, 1963, S. 3)

Eine britische Studie zum mündlichen Wortschatz Fünfjähriger zeigte, dass ihre Sprache einen überraschenden Anteil an poetischen oder Nonsenswörtern aufwies (Raban, 1988). Damals wurde die Tatsache eher beiläufig erwähnt, dass die Kinder häufig solche Sachen wie „oops-a-

---

[11] *Humpty Dumpty sat on a wall,*
*Humpty Dumpty had a great fall,*
*all the King's horses and all the King's men,*
*could not put Humpty together again.*

daisy", „rock-a-bye", „ding-a-dong" und „rat-a-tat-tat" sagten, obwohl ganz klar ist, dass dieses Material aus Kinderreimen und -liedern und Spielen mit Eltern oder anderen Bezugspersonen stammt.

### Phonologische Bewusstheit bei jungen Kindern

Es wird inzwischen immer deutlicher und ist auch gut dokumentiert, dass der Erfolg sehr junger Kinder beim Lesen zum Teil mit ihrer frühen Kenntnis von Kinderreimen und Kinderliedern und ihrer Empfänglichkeit für Reime und poetische Lautwiederholungen in ihrer Sprache zu tun hat (Bryant und Bradley, 1985; Goswami und Bryant, 1990). Diese Kenntnis bezeichnet man heutzutage als frühkindliche phonologische Bewusstheit. Wenn die Anfangslaute von aufeinander folgenden Wörtern gleich klingen, nennt man das eine Alliteration.[12] Sich wiederholende und ähnlich klingende Wortenden nennt man Reime. Bei vielen Grundschülern, die schlecht lesen können, fällt auf, dass sie kaum ein „Ohr" für Reime und Anfangslaute von Wörtern haben. Junge Kinder, die sich jedoch für die Laute und die Poesie der Sprache interessieren, haben ideale Voraussetzungen, gut lesen und schreiben zu lernen und auch mit der Rechtschreibung zurechtzukommen.

## ▶ Konsequenzen für Literacy

Wir müssen uns dieser Untersuchungsergebnisse bewusst sein und das Interesse junger Kinder an Sprache, Lauten, Nonsens und Wortspielen fördern. Daraus ergibt sich die Forderung nach einem Curriculum mit vielen unterschiedlichen Arten von Musik, Liedern, Gedichten, Sprechgesängen, Rätseln, Zungenbrechern und Witzen und dazu viel verbalen Nonsens, von „klopf, klopf"-Witzen und Rapgedichten über Schüttelreime, traditionellen und neueren Nonsensversen bis zu den Geschichten von Dr. Seuss.[13]

All das ist weit entfernt von althergebrachten Tabellen mit Laut-Buchstaben-Übereinstimmungen und der Aufgabe, „die Laute zu lernen". Inzwischen bestätigt die Wissenschaft die Bedeutung der poetischen, spielerischen und subversiven Elemente in einer Sprache und diese sollten in frühpädagogischen Einrichtungen und in Schulklassen mit Begeisterung aufgenommen werden. Mit etwas Hilfe können Kinder eigene Reime, Lieder, alliterative Sprechgesänge, Nonsens und kleine Geschichten erfinden und sie auf Kassetten, CDs und in selbst gebastelten Büchern festhalten. Sie können Alphabete mit ihren Namen oder Vorlieben und Abneigungen zusammenstellen oder Namen oder Nahrungsmittel auflisten, die mit demselben Laut beginnen. All das ist so viel spannender und kognitiv anspruchsvoller als kommerziell hergestellte Laut- und Buchstabentabellen, die an die Wand gehängt werden oder die Konzentration auf einen vollkommen willkürlich ausgewählten „Laut der Woche". Außerdem sollte der spielerische Umgang mit Sprache in allem vorkommen, was wir in frühpädagogischen Einrichtungen machen und Kinder unter acht Jahren sollten nicht zu einer täglichen Literacy-Erfahrung mit sehr künstlichen und theoretischen Laut-Buchstaben-Rastern vergattert werden, wie es in englischen Schulen heute der Fall ist.

---

[12] z.B. Mann und Maus, Kind und Kegel, Haus und Hof

[13] US-amerikanischer Kinderbuchautor und Cartoonzeichner. Seine Klassiker heißen „Cat in the Hat" oder „Fox in the Socks". Intelligenter Sprachwitz. In deutscher Sprache erschienen: Dr. Seuss, Der Kater mit Hut, 2004.

Eltern, andere Bezugspersonen und Frühpädagogen können Hoffnung schöpfen angesichts der durch neuere Untersuchungen untermauerten Zustimmung zu den Experimenten junger Kinder mit Schrift und lautgerechter Schreibweise. Mehr dazu finden Sie im nächsten Kapitel, doch wir können hier auf die wichtigen Erkenntnisse über die Beziehung zwischen den Lauten und den Schriftzeichen einer Sprache hinweisen, die Kinder gewinnen, wenn sie ihre eigenen Theorien über das Schreiben ausprobieren dürfen.

Eine Vorbedingung für Literacy stellt das mehr oder weniger ausgeprägte Bewusstsein des Lerners dar, dass Sprechen und Schreiben unterschiedliche Aktivitäten sind und dass man mit Schreiben die meisten Laute und den Rhythmus, die Betonungsmuster und die unterschiedlichen Arten, Gefühle und Ideen auszudrücken, wiedergeben kann, die in der gesprochenen Sprache möglich sind. Diese komplexen Erkenntnisse sind nicht zu anspruchsvoll für junge Kinder, die bereits ohne formalen Unterricht eine oder zwei Sprachen erlernt haben. Solche Einsichten lassen sich durch „Sprachsammlungen" und Gespräche über Sprache fördern – über unsere unterschiedlichen Sprachen, Akzente, Dialekte und Varietäten wie karibische Kreolsprachen und gereimter Slang. Das ist genau das, was professionelle Linguisten tun und sie nennen diese „Sprache über Sprache" Metalinguistik.

Die eingehende Beschäftigung mit der Sprache ist ein wesentlicher Bestandteil des Nationalen Lehrplans für Schulen[14], der Nationalen Literacy-Strategie und des Bildungsplans für den Elementarbereich (*Foundation Stage*) in England. Zu den „Zielen" in den Bereichen Kommunikation, Sprache und Literacy am Ende der Elementarstufe (QCA/DfEE, 2000) gehören Spaß an Erzählungen, Geschichten, Gedichten und Musik und das aktive Experimentieren mit Lauten, Wörtern und Texten. Diese Aktivitäten kann man auch als Spiele mit Lauten und Sinn und als die Anfänge einer Liebe zur Sprache bezeichnen.

Diese Diskussion sollte die große Bedeutung hervorgehoben haben, die Literatur in den ersten Lebensjahren spielt, vor allem die Literatur, die in den alten Erzähltraditionen verwurzelt ist (Abb. 3). Wir müssen jungen Kindern diese Geschichten erzählen und sie auch an die schriftliche Version heranführen. Das bedeutet viel Kontakt zu Volksmärchen und Sagen, Fabeln, Legenden, Kinderreimen und Balladen ebenso wie zu modernen Interpretationen traditioneller Themen und einer breit gefächerten Auswahl an zeitgenössischer Literatur.

*Abbildung 3*
*Ein Bild von Robin Hood (fünf Jahre, ein Monat),*
*Vorschulklasse, Südwales*

[14] *Auch in der deutschen Bildungsdebatte wird zunehmend die Bedeutung der Sprachförderung für alle Kinder betont, seit die PISA-Ergebnisse die Defizite in der Lesekompetenz der deutschen Schüler offenlegten. In den Rahmenplänen der Länder steht seit 2003 die sprachliche Bildung und Förderung an erster Stelle unter den Zielen der frühkindlichen Bildung. Auch in dem gemeinsamen Rahmen der frühen Bildung, der von den Jugend- und Kultusministern 2004 beschlossen wurde, steht der Bereich „Sprache, Schrift, Kommunikation" bei den Bildungsbereichen an erster Stelle.*

## Beobachtungen und Aufzeichnungen

Mit Hilfe von Stichworten wie den folgenden können wir unsere eigenen Kriterien zusammenstellen, was wir über die Sprach- und Literacy-Entwicklung von Kindern festhalten sollten:

- gesprochene Sprachen;
- Reaktionen in Form von Geschichten und Erzählungen;
- Belege für Sprachspiele;
- Vertrautheit mit Geschichten, Gedichten und Reimen;
- Sinn für Musik, Rhythmus und Wiederholung;
- Bewusstsein für Alliterationen und Reime;
- allgemeines Interesse für die Funktionsweise von Sprache und für Unterschiede auf Wort- und Lautebene (wie in Dialekten, Akzenten und Aussprache);
- Bereitschaft, Botschaften und Geschichten zu schreiben und zu malen und Schreibweisen zu erfinden;
- Kenntnis der Namen der Buchstaben im Alphabet und ihrer häufigsten Lautwerte;
- Kenntnis anderer Schriftsysteme und literarischer Traditionen;
- Interesse an Büchern und schriftlichen Materialien aller Art.

Diese Entwicklungsaspekte können zu Hinweisen für Beobachtungen zusammengestellt werden.[15] Für welche Art der Aufzeichnung Sie sich auch entscheiden, die folgenden Informationen müssen enthalten sein: das Datum, am besten auch die Uhrzeit, der Name des Kindes, das Alter in Jahren und Monaten, das Umfeld oder der Kontext, in dem das Verhalten oder die Reaktion des Kindes passierte. Es sollte auch Raum für Kommentare der pädagogischen Fachkraft über die Bedeutung des beschriebenen Ereignisses, der Reaktion oder des Verhaltens bleiben sowie für Planungsschritte, mit neuen Materialien und/oder anderen Strategien darauf zu reagieren.

## ▶ Literatur auswählen und einsetzen

In diesem Abschnitt finden Sie Hinweise zu der wichtigen Kunst des Geschichtenerzählens im Gegensatz zum Geschichtenlesen in frühpädagogischen Einrichtungen. Einige Kriterien für die Auswahl von Büchern für junge Kinder werden vorgestellt sowie Anregungen für die Gestaltung einer anregenden Umgebung, in der Kinder Spaß an Literatur entwickeln können. Das Kapitel schließt mit einer – sehr vorsichtigen – Liste von Titeln, mit denen sich eine Sammlung beginnen oder erweitern lässt.

---

[15] Siehe auch folgende Beobachtungsverfahren:
Ulich/Mayr, SISMIK, Sprachverhalten und Interesse an Sprache bei Migrantenkindern in Kindertageseinrichtungen, 2003.
Ulich/Mayr, SELDAK, Sprachentwicklung und Literacy bei deutschsprachig aufwachsenden Kindern, 2006.

## Geschichtenerzählen

Bei all meiner Liebe zu Büchern muss ich gestehen, dass es etwas besonders Zauberhaftes ist, eine Geschichte gut erzählt zu hören, weil keine Bücher oder Bilder zwischen die Zuhörer und die Geschichte treten. In Kindergärten und anderen frühpädagogischen Einrichtungen ist der Erzähler die Lebensader zwischen der Fantasie der jungen Zuhörer und der Geschichte, doch gutes Geschichtenerzählen ist eine Kunst, die sich vervollkommnen lässt. Die folgenden Hinweise können dabei helfen.

### Ein Sinn für die Geschichte

Dem Erzähler muss die Geschichte Spaß machen und er muss sie erzählenswert finden; ein Sinn für die Geschichte heißt, den Plot, also die Zusammenhänge der Begebenheiten zu verstehen, die die Geschichte ausmachen, ihre Wiederholungen und ihre Höhepunkte, ihr Ende und die Eigenarten der Figuren. Die Sprache stellt den Kern allen Erzählens dar und ihre Laute, Rhythmen und Wiederholungen müssen den Zuhörern Freude machen.

### Das Erzählen

Die Stimme des Erzählers muss den Plot, die Figuren und die moralischen und emotionalen Aussagen der Geschichte durch subtile Veränderungen in Tonhöhe, Lautstärke und Pausen übermitteln. Zur differenzierten Darstellung der Figuren braucht es oft unterschiedliche Erzählstile und Akzente. Blickkontakt mit den Zuhörern, Mimik, Gesten, Körperhaltung und ein bisschen Schauspielerei sind wichtig, um die Worte des Erzählers zu unterstützen und dem Zuhörer zu helfen, die Geschichte zu verstehen.

### Die Zuhörer

Nähe zum Erzähler und eine bequeme Sitzhaltung sind ganz wichtig und der traditionelle Kreis oder Halbkreis von Zuhörern um einen Erzähler ist wahrscheinlich die beste Methode, beides zu erreichen. Die Zuhörer sollten durch wiederholte Fragen, Antworten, gemeinsames Mitsprechen oder Refrains, die es sowohl in traditionellen Geschichten als auch in modernen gibt, am Erzählen beteiligt werden. Manchmal können Fragen und die Bitte um Rat von einer Figur direkt an das Publikum gerichtet werden, obwohl es besser ist, zu viele Unterbrechungen junger Zuhörer freundlich bis zum Ende der Geschichte zu verschieben (aber nicht zu vergessen!). Gegenstände vorzuzeigen, die mit der Geschichte zu tun haben, hilft den Zuhörern, sich zu konzentrieren (ein Zauberstein, der Hut einer Figur). Manche traditionellen Geschichtenerzähler sitzen immer in einem besonderen Stuhl oder tragen einen besonderen Hut oder Schal oder spielen zu Beginn und zum Schluss einer Geschichte ein einfaches Musikinstrument.

Von all diesen Techniken können wir lernen, doch das Geheimnis ist es, zu genießen. Wir müssen nicht jedes Wort der Geschichte auswendig kennen: Das Gerüst ist alles, was wir brauchen; die Zwischenräume füllen sich während des Erzählens. Wir sollten auch bedenken, dass sich Erzähler auch unter den Kindern selbst, ihren Eltern, ihrer Gemeinschaft (hier besonders bei den Älteren) und älteren Kindern finden lassen.

## Bücher auswählen

Bücher für junge Kinder auszuwählen ist eine große Verantwortung, weil wir einen direkten Einfluss auf die Einstellung ausüben, die sie zu Literatur, Büchern und Lesen entwickeln. Die unausgesprochene Frage lautet immer: Was bringt es für sie? Mit dieser Frage im Hinterkopf verweise ich lediglich auf einige Punkte, die Erwachsene bei ihrer Auswahl von Büchern für junge Kinder leiten können. Detaillierte Buchbesprechungen[16] von einer ganzen Reihe von Büchern für Kinder finden Sie in speziellen Zeitschriften und sollten von Frühpädagoginnen und Frühpädagogen zu Rate gezogen werden.

## Anspruchsvolle Bücher

Um sicherzustellen, dass Kinder mit anspruchsvoller Literatur zu tun haben, müssen wir uns die Sprache der Bücher, ihre Illustrationen und die Herausforderungen ansehen, die sie enthalten. Zu guter Sprache gehören interessante und ungewöhnliche Wörter, realistische Unterhaltungen, Humor und Mehrdeutigkeiten und unterschiedliche Stile.

Illustrationen sind nicht mehr nur Begleiter des Texts in Kinderbüchern: Sie können sogar eine andere Geschichte erzählen. Normalerweise unterstreichen sie die Textbedeutung und das Ansehen von Bilderbüchern ist inzwischen so gestiegen, dass die Bilder unabhängig vom Text als kleine Kunstwerke betrachtet werden können. Heute ist die Bedeutung der Bilder in einem Buch viel größer: Wir leben in einer Welt mit Fernsehen, Filmen und Computern, in der Kinder schon früh die Fähigkeit verfeinern, Bilder und Symbole zu lesen.

Gute Literatur bietet immer eine Reihe von sozialen, emotionalen und ethischen Herausforderungen und junge Leser müssen, gemeinsam mit einem interessierten Erwachsenen oder auch allein, erkunden, wie sie über die neuen Themen denken, denen sie in Büchern begegnen. Sie brauchen darüber hinaus auch die Hilfe und die Sicherheit vertrauter und geliebter Texte, die sie zu ihren eigenen gemacht haben.

## Chancengleichheit

Die Auswahl an Büchern, die wir unseren Kindern zur Verfügung stellen, sollte es ihnen allen möglich machen, sich in der Welt der Literatur zu Hause zu fühlen. Die Themen, Figuren, Sprache und Illustrationen von Büchern können auf eindrucksvolle Weise signalisieren, wer „unsichtbar", wer nicht kompetent ist oder wer nicht geschätzt wird. Bücher genießen in einer belesenen Gesellschaft ein hohes Ansehen und bestimmte Gruppen von Kindern oder ganze Gemeinschaften, deren Existenz in Büchern nicht angemessen widergespiegelt wird, können entwürdigt oder machtlos gemacht werden.

Bis zur anspruchsvollen Literatur, die alle Kinder gleichermaßen wertschätzt, ist es noch ein weiter Weg, doch es gibt einige Bücher, die das Leben von Kindern aus vielen ethnischen Gruppen würdigen. Außerdem gibt es Bücher mit entschlossenen und starken Frauen und nachdenklichen und fürsorglichen Männern, doch nur in wenigen Kinderbüchern stammt die Hauptfigur aus der Arbeiterschicht oder ist körperlich oder geistig behindert.

---

[16] *Umfassende Informationen zur Leseförderung und Empfehlungen für die Buchauswahl in der Kindertagesbetreuung bietet das Portal „Lesen in Deutschland", das vom Deutschen Bildungsserver und Bildung Plus in Auftrag der Bund-Länder-Kommission für Bildungsplanung und Forschungsförderung betrieben wird. Siehe: http://www.lesen-in-deutschland.de.*

## Kaufhaus-Bilderbücher und Wahlmöglichkeit

Kinderbücher bringt man nur selten mit Groschenheften und romantischem Schund in Verbindung, doch es gibt trotzdem eine ganze Menge schlecht gemachter, lieblos illustrierter Bücher mit vorhersehbaren und langweiligen Geschichten für Kinder. Man findet sie in Tante-Emma-Läden, an Tankstellen, in Ladenketten und Supermärkten, bisweilen auch in unmittelbarer Nachbarschaft von anerkannt guten Büchern. Zu diesen „trivialen" Büchern gehören oft solche, die einen erzieherischen Wert für sich in Anspruch nehmen, etwa sehr vorhersehbare „A für Apfel"-Alphabete, „Zähl"- und „Farben"- Bücher. Ich bin nicht unbedingt dafür, knappe Geldmittel für solche Materialien auszugeben, ich will sie aber auch nicht pauschal abtun, vor allem, wenn Eltern und andere Bezugspersonen sie mit den Kindern lesen und ihnen damit etwas über Zahlen und Buchstaben beibringen. Außerdem sollten Vorlieben der Kinder in Bezug auf Bücher respektiert und wahrgenommen werden, selbst wenn ihre Wahl nicht unserem eigenen Geschmack entspricht. Entscheidungen für bestimmte Arten von Literatur und eine Leidenschaft für das Lesen beruhen auf sehr breit gefächerten Erfahrungen mit Büchern und anderen Schriften und wir alle brauchen von Zeit zu Zeit ein bisschen „Schundliteratur". Was lesen Sie in Zügen oder Wartezimmern oder in den Ferien? Und wer kann ermessen, welche tiefgehenden psychologischen Bedürfnisse eines jungen Kindes von „Topsy und Tim" oder irgendeiner namenlosen Geschichte über ein flauschiges Häschen erfüllt werden?

## Sachbilderbücher

Viele gute Bilderbücher für junge Kinder haben große Sach- und Informationsanteile, die die aktuellen Interessen der Kinder aufgreifen und neue wecken. In den Familien kaufen oder leihen Eltern und andere Bezugspersonen Bücher über Dinosaurier, Roboter oder Züge, um der jeweils aktuellen Interessenlage ihrer jungen Kinder entgegenzukommen. Zudem gehen sie in Museen und Aquarien oder unternehmen Ausflüge mit echten Dampflokomotiven (Abb. 4). Gute Bilderbücher können das Fachwissen der Kinder fördern und ihnen Bücher als eine wichtige Informationsquelle nahe bringen, auf die sie auch im späteren Leben immer wieder zurückgreifen werden. Die Tatsache, dass Sachbücher Informationen mit einer guten Geschichte verbinden, ist dem Entwicklungsstand junger Kinder angemessen, weil sie keine klaren Grenzen zwischen Fakten und Fiktion ziehen und ihre Begegnungen mit Informationen in Büchern von frühester Kindheit an ein vergnügliches Erlebnis sein sollte (Mallett, 1999).

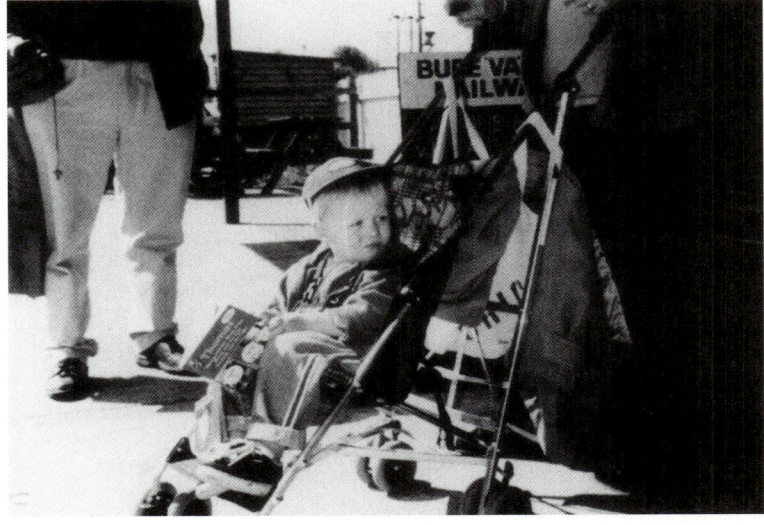

*Abbildung 4
Warten auf die Dampflok
– Dylan (20 Monate) mit
seinem „Thomas"-Buch*

## Die Einrichtung

Es reicht nicht aus, Bücher zur Verfügung zu stellen, sie mit den Kindern zu lesen und häufig Geschichten zu erzählen. Auch die Umgebung, in der die Kinder Geschichten hören und Bücher ansehen, sollte sorgfältig gestaltet werden.

Die richtige Umgebung kann jungen Kindern helfen sich wohl zu fühlen, wenn sie allein mit einem Buch dasitzen, Bücher mit ihren Freunden betrachten oder sich inmitten einer großen Gruppe hinsetzen und zuhören, wie ein Erwachsener ein Buch vorliest oder eine Geschichte erzählt. Vor allem sollte man darauf achten, eine Zone zu schaffen, die von anderen, möglicherweise mit Lärm und Dreck einhergehenden Aktivitäten abgeschirmt ist. Im Idealfall sollte sie mit Teppichen ausgelegt sein und Kissen, ein oder zwei Tische und Platz für ein paar Bilder, Pflanzen und Kuscheltiere haben. Natürliche Gegenstände wie Steine, Muscheln, Samen und Gewürze oder Knopf-, Schlüssel- oder Murmelsammlungen und sogar hübsche Flaschen machen die Ecke noch attraktiver.

Die Bücher sollten so auf Tischen und niedrigen Regalen ausliegen, dass die schönen Einbände oder interessante Illustrationen zu sehen sind. Eine umfangreiche, unsortierte Sammlung von Büchern kann die Kinder überfordern und ist nicht besonders ansprechend, vor allem, wenn die Bücher eng zusammengepackt in Metallständern oder schweren Kisten aufbewahrt werden. Eine Sammlung für junge Kinder sollte klein sein und die Bücher sollten oft gegen andere Titel ausgetauscht werden. Besonders beliebte Bücher sind jedoch ständig in Gebrauch und zerfallen schließlich in ihre Einzelteile – und das ist für jedes Buch ein gutes Ende.

Bücher sollten natürlich wandern, wenn sie in einer anderen Ecke des Raumes für eine Ausstellung, als Information für eine Aktivität oder als Anregung für ein neues Interesse gebraucht werden (Abb. 5) oder wenn sie einen jungen Leser einfach auf einem kleinen Spaziergang begleiten. Es sollte auch einen festgelegten Platz geben, an dem die Kinder die aktuellen Vorlesebücher finden können. Der Zugang zu bekannten Texten hilft Kindern, eine vertraute Abfolge von Bildern, Ereignissen oder Worten nachzuerzählen. Diese Aktivität ist ein weiterer wesentlicher Faktor für frühe Leseerfolge.

*Abbildung 5*
*In einem Kindergarten: Lesen als Vergnügen und zur Information*

## Eine Sammlung anlegen

Die folgenden Listen enthalten nichts weiter als eine persönliche Auswahl aus einem riesigen Angebot an Literatur und Ihre eigenen Favoriten fehlen womöglich. Wenn meine Liste Sie enttäuscht, sind Sie wahrscheinlich ein echter Büchernarr und vermitteln den Kindern in Ihrer Obhut bereits eine literarische Bildung.

Die Zusammenstellung ist in große Bereiche oder Gattungen unterteilt und enthält altbekannte Favoriten und einige neuere Bücher. Viele der Bücher ließen sich in mehreren Kategorien unterbringen: z. B. Geschichten in Reimform und Bilderbücher mit traditionellen Stoffen. Bilderbücher tauchen in allen Kategorien auf und bilden zusammen mit der traditionellen Literatur die größte Gruppe in dieser Zusammenstellung. Die Attraktivität dieser Art von Büchern für die ersten Lebensjahre sollte uns nicht vergessen lassen, dass sie auch für viel ältere Leser von großer Bedeutung sind. Ich habe ein paar moderne Neuerzählungen von traditionellen Themen in die Liste aufgenommen, die die alten Motive auf den Kopf stellen und sogar mit den Konventionen der Buchgestaltung brechen.

### *Traditionelle Literatur*

Alderson, Brian and Wegner, Fritz (1999) The Tale of the Turnip, Walker.

Briggs, Raymond (1970) Jim and the Beanstalk, Hamish Hamilton, Puffin.

Brown, Ruth (1981) A Dark, Dark Tale, Andersen.

Browne, Anthony (1989) The Tunnel, Julia Macrea, Walker.

Carter, Angela and Foreman, Michael (1982) Sleeping Beauty and Other Favourite Fairy Tales, Gollancz.

Causley, Charles and Foreman, Michael (1999) The Merrymaid of Zennor, Orchard Books.

Collington, Peter (1997) A Small Miracle, Red Fox.

Foreman, Michael (1999) The Little Red Hen, Andersen.

Jaffrey, Madhur (1985) Seasons of Splendour, Pavilion, Puffin.

McKissak, Patricia C. and Isadora, Rachel (1986) Flossie and the Fox, Kestrel, Puffin.

Ormerod, Jan (1985) The Story of Chicken Licken, Walker.

Patterson, Geoffrey (1986) The Goose that Laid the Golden Egg, Deutsch, Picture Piper.

Poole, Josephine (1993) Snow-White, Red Fox.

Rosen, Michael (1985) Hairy Tales and Nursery Crimes, Young Lions.

Ross, Tony (1976) Goldilocks and The Three Bears, Anderson, Sparrow.[17]

Scieszka, Jon (1992) The Stinky Cheese Man and Other Fairly Stupid Tales, Puffin.

Scieszka, Jon (1989) The True Story of the 3 Little Pigs, Puffin.

Steptoe, John (1987) Mufaro's Beautiful Daughters, Hamish Hamilton, Hodder and Stoughton.

Trivizas, Eugene (1993) The Three little Wolves and the Big Bad Pig, Heinemann.

### *Bilderbücher*

Ahlberg, Janet and Allan (1986) The Jolly Postman, Heinemann.

Bang, Molly (1983) Ten, Nine, Eight, Puffin.

Blake, Quentin (1989) Quentin Blake's ABC, Cape.

Blake, Quentin (1993) Cockatoos, Cape.

Burningham, John (1977) Come Away from the Water, Shirley, Cape, Picture Lions.[18]

Butterwoth, Nick (1992) Jasper's Beanstalk, Hodder and Stoughton.

---

[17] *Ross, Tony, Goldlöckchen und die drei Bären, Hanau, 1977.*
[18] *Burningham, John, Geh nicht zu nah ans Wasser, Eva, Düsseldorf, 1981.*

Carle, Eric (1999) Dream Snow, Hamish Hamilton.[19]
Castle, Caroline and Childs, Sam (1999) Gorgeous!, Random House.
Cooper, Helen (1993) The Bear Under the Stairs, Doubleday.[20]
Cooper, Helen (1996) The Baby Who Wouldn't Go To Bed, Doubleday.
Graham, Bob (2001) Max, Walker.[21]
Henderson, Kathy (1992) In the Middle of the Night, Walker.[22]
Hughes, Shirley (1981) Alfie Gets in First, Bodley Head, Picture Lions.
Kerr, Judith (1968) The Tiger Who Came to Tea, Collins.[23]
Kitamura, Saoshi (1986) When Sheep cannot Sleep, A. and C. Black, Beaver.
Lord, John Vernon (1972) The Giant Jam Sandwich, Cape.
Macaulay, David (1990) Black and White, Houghton Mifflin.
McKee, David (1980) Not Now, Bernard, Andersen, Arrow.[24]
Ormerod, Jan (1981) Sunshine, Kestrel, Puffin.[25]
Sendak, Maurice (1967) Where The Wild Things Are, Bodley Head, Puffin.[26]
Simmons, Jane (2000) Daisy and the Beastie, Orchard.
Vipont, Elfrida and Briggs Raymond (1969) The Elephant and the Bad Baby, Hamish Hamilton, Puffin.
Waddell, Martin and Firth, Barbara (1988) Can't You Sleep, Little Bear?, Walker.[27]
Walsh, Jill Payton and Northway, Jennifer (1981) Babylon, Deutsch.
Wormell, Chris (1999) Blue Rabbit and Friends, Cape.
Wormell, Chris (1999) Blue Rabbit and The Runaway Wheel, Cape.

### Gedichte und Reime

Aardema, Verna and Vidal, Beatriz (1981) Bringing the Rain to Kapiti Plain, Macmillan.
Agard, John and Gretz, Susanna (1983) I Din Do Nuttin, Bodley Head.
Agard, John and Nichols, Grace (eds.) (1994) A Caribbean Dozen, Walker.
Ahlberg, Allan (1983) Please, Mrs. Butler, Kestrel, Puffin.
Ahlberg, Janet and Allan (1978) Each Peach Pear Plum, Kestrel, Picture Lions.
Blake, Quentin (1995) Quentin Blake's Nursery Rhyme Book, Cape.
Burningham, John (2000) Husherbye, Cape.
Cope, Wendy (ed.) (1993) The Orchard Book of Funny Poems, Orchard.
Matterson, Elizabeth (ed.) (1969) This Little Puffin, Puffin.
Opie, Iona (ed.) (1996) My Very First Mother Goose, Walker.
Opie, Iona and Peter (eds.) (1992) I Saw Esau. The Schoolchild's Pocket Book, Walker.
Rosen, Michael (1983) Quick, Let's Get Out of Here, Deutsch, Puffin.
Rosen, Michael and Oxenbury, Helen (1989) We're Going On A Bear Hunt, Walker.[28]
Stevenson, Robert Louis and Foreman, Michael, (1998) A Child's Garden of Verses, Gollancz.

---

[19] *Carle, Eric, Traumschnee, Hildesheim, 2001.*
[20] *Cooper, Helen, Der Bär unter der Treppe, Berlin, 1998.*
[21] *Graham, Bob, Max, Hamburg, 2000.*
[22] *Henderson, Kathy und Jennifer Eachus, Mitten in der Nacht, Düsseldorf, 1993.*
[23] *Kerr, Judith, Ein Tiger kommt zum Tee, Ravensburg, 1991.*
[24] *McKee, David, Jetzt nicht, Jonathan, Düsseldorf, 2005.*
[25] *Ormerod, Jan, Morgensonne, Erlangen, 1987.*
[26] *Sendak, Maurice, Wo die wilden Kerle wohnen, Zürich, 1992.*
[27] *Waddell, Matrin und Firth, Barbara, Kannst du nicht schlafen, kleiner Bär?, Wien, 1992.*
[28] *Rosen, Michael und Oxenbury, Helen, Wir gehen auf Bärenjagd, Düsseldorf, 2003.*

## Familien

Breinburg, Petronella and Lyonel, Errol (1973), My Brother Sean, Bodley Head, Puffin.

Browne, Andrew (1983) Gorilla, Julia Macrae, Little Mammoth.

Browne, Andrew (1986) Piggybook, Julia Macrae, Magnet.

Burningham, John (1982) Avocado Baby, Cape, Picture Lions.[29]

Edwards, Hazel (1980) There's a Hippopotamus on our Roof Eating Cake, Picture Knight.

Foreman, Michael (1993) Grandfather´s Pencil and the Room of Stories, Andersen.

Gary, Nigel and Foreman, Michael (1985) I'll Take You to Mrs. Cole, Picturemac.

Hayes, Sarah and Ormerod, Jan (1988) Ear Up, Gemma, Walker.

Heap, Sue (1998) Cowboy Baby, Walker.[30]

Hoban, Russell and Lillian (1964) Bread and Jam for Frances, Penguin.

Hoffman, Mary and Binch, Caroline (1991) Amazing Grace, Frances Lincoln.

Hughes, Shirley (1977) Dogger, Bodley Head.

Hughes, Shirley (1999) Abel's Moon, Bodley Head.

Hutchins, Pat (1971) Titch, Puffin.

Murphy, Jill (1986) Five Minutes' Peace, Walker.[31]

Ormerod, Jan (1998) Who's Who in our Street? Bodley Head.

Wells, Rosemary (1973) Noisy Nora, Collins, Picture Lions.

## Tiere

Barber, Antonia and Bayley, Nicola (1990), The Mousehole Cat, Walker.

Burningham, John (1994) Courtney, Cape, Puffin.

Cooper, Helen (1998) Pumpkin Soup, Doubleday.

Felix, Monique (1981) Another Story of ... The Little Mouse Trapped in a Book, Methuen.[32]

Geraghty, Paul (1991) Slobcat, Hutchinson.

Graham, Amanda (1984) Arthur, Puffin.[33]

Hutchins, Pat (1968) Rosie's Walk, Bodley Head, Puffin.

King-Smith, Dick (1983) The Sheep-Pig, Gollancz, Puffin.

Kitamura, Satoshi (1999) Me and My Cat, Andersen.

McKee, David (1989) Elmer, Random House. [34]

Moore, Inga (1990) Six Dinner Sid, Simon and Schuster Young Books.

Simmonds, Posy (1987) Fred, Cape, Puffin.[35]

Simmonds, Posy (1995) F-Freezing ABC, Cape.

Waddell, Martin and Oxenbury, Helen (1991) Farmer Duck, Walker.

## Schlüsselthemen

Ahlberg, Janet and Allan (1988) Starting School, Viking Kestrel.

Allan, Nicholas (2000) You're All Animals, Hutchinson.

Baker, Jeannie (1988) Window, Walker.

Browne, Anthony (1992) Zoo, Julia Macrea, Red Fox.[36]

Burningham, John (1984) Granpa, Cape, Puffin.

---

[29] Burningham, John, Das Avocado-Baby, Düsseldorf, 1982.
[30] Heap, Sue, High Moon, kleiner Cowboy. Eine Gutenachtgeschichte, Freiburg, 1998.
[31] Murphy, Jill, Nur fünf Minuten Ruh', Wien, 1987.
[32] Felix, Monique, In diesem Buch steckt eine Maus, Wien, 1980.
[33] Graham, Amanda, Arthur, Köln. 1987.
[34] McKee, Elmar, Stuttgart, 1989.
[35] Simmonds, Posy, Fred, Zürich, 2002.
[36] Browne, Anthony, Zoo, Oldenburg, 2002.

Burningham, John (1991) Aldo, Cape, Puffin.

Foreman, Michael (1996) Seal Surfer, Andersen.

Keats, Ezra Jack (1969) Goggles, Bodley Head, Puffin.

Patten, Brian (1999) The Blue and Green Ark, Scholastic.

Seuss, Dr. (1961) The Sneetchers and Other Stories, Collins.

Stewart, Pauline and Maland, Nick (2000) Sunshine, Showers and Four O'Clock Flowers, Bodley Head.

Varley, Susan (1984) Badger's Parting Gifts, Andersen, Picture Lions.[37]

Wagner, Jenny and Brooks, Ron (1977) John Brown, Rose and the Midnight Cat, Kestrel, Puffin.

Wells, Rosemary (1973) Benjamin and Tulip, Kestrel, Puffin.

### *Längere Geschichten, Serien und Sammlungen*

Boston, Lucy (1965) The Castle of Yew, Bodley Head.

Brown, Jeff (1968) Flat Stanley, Methuen, Mammoth.

Dahl, Roald (1982) The B.F.G., Puffin.

Dahl, Roald (1961) James and the Giant Peach, Puffin.

Dahl, Roald (1970) Fantastic Mr. Fox, Viking, Puffin.

Edwards, Dorothy (1952) My Naughty Little Sister, Methuen, Puffin.

Gavin, Jamila (1994) Grandpa Chatterji, Mammoth.

Hughes, Ted (1968) The Iron Man, Faber.

Jarman, Julia (1994) The Jessame Stories, Heinemann.

Leaf, Munro (1937) The Story of Ferdinand, Hamish Hamilton, Puffin.

Mark, Jan (1977; 1980) Nothing To Be Afraid Of, Kestrel, Puffin.

Norton, Mary (1952) The Borrowers, Dent, Puffin.[38]

Storr, Catherine (1955) Clever Polly and the Stupid Wolf, Faber, Puffin.

Tomlinson, Jill (1968) The Owl who was Afraid of the Dark, Menthuen, Puffin.[39]

Williams, Ursula Moray (1994) Adventures of the Little Wooden Horse, Penguin.

Willis, Jeanne (1988) Dr. Xargle's Book of Earthlets; (1993) Dr. Xargle's Book of Earth Relations, etc., Andersen, Red Fox.

### *Sachbilderbücher*

Awdry, W. (1997) Meet Thomas and His Friends, Reed International.

Blathwayt, Benedict (1999) Blue Tractor, Julia Macrae.

Campbell, Rod (1982) Dear Zoo, MacMillan.

Carmine, Mary and Baynton, Martin (1990) Daniel's Dinosaur, Scholastic.

Davies, Nicola and Maland, Nick (1977) Big Blue Whale, Walker.

French, Vivian and Voake, Charlotte (1993) Caterpillar, Caterpillar, Walker.

Griffin, Andrew (1999) Shark-Mad Stanley, Ticktock Publishing.

Hooper, Meredith and Coady, Chris (1996) The Pebble in my Pocket, Frances Lincoln.

Lia, Simone (2000) Billy Bean's Dream, David and Charles.

Sheldon, Dyan and Blyth, Gary (1993) The Garden, Red Fox.

Whybrow, Ian and Reynolds, Adrian (1999) Harry and the Bucketful of Dinosaurs, David and Charles.

Whybrow, Ian and Reynolds, Adrian (2000) Harry and the Robots, David and Charles. [40]

---

[37] *Varley, Susan, Oskar und die Mitternachtskatze, Düsseldorf, 1990.*

[38] *Norton, Mary, Die Borger, Frankfurt/M., 1995.*

[39] *Tomlinson, Die kleine Eule, Ravensburg, 1997.*

[40] *Whybrow, Ian und Reynolds, Adrian, Harry und die Roboter, Buchverlag Junge Welt, 2002.*

# 4 Literacy: Die Jahre 0 bis 6

Literacy ist ein komplexes Thema und aus Gründen der Übersichtlichkeit teile ich die Zeit von der Geburt bis zum achten Lebensjahr in eine frühe und eine spätere Phase auf. Es ist jedoch wichtig festzuhalten, dass die beiden nachfolgenden Kapitel von einer Kontinuität der Literacy-Entwicklung und -Erfahrungen ausgehen. Zwei positive Aspekte ergeben sich aus dieser pragmatischen Vorgehensweise: Die Entwicklung der Literacy von Geburt an wird angemessen behandelt und das Lernen und Unterrichten von Literacy zwischen dem sechsten und achten Lebensjahr werden noch in einem frühpädagogischen Rahmen gesehen. Diese Unterteilung in zwei Kapitel spiegelt ansatzweise auch den Bildungsplan für den Elementarbereich (*Foundation Stage*) in England wider, der die Jahre zwischen drei und fünf/sechs betrifft.[41]

## ▶ Literacy: Eine Definition

Die meisten Definitionen von Literacy nennen vor allem die Fähigkeit, mit Hilfe des konventionellen Schriftzeichensystems einer bestimmten Sprache zu lesen und zu schreiben, und selbstverständlich können Menschen auch mehr als eine Sprache erwerben, lesen und schreiben. Moderne Definitionen fassen den Begriff der Literacy weiter und verstehen darunter auch einen Kompetenzgrad, der es dem lese- und schreibkundigen Individuum möglich macht, sich unabhängig und flexibel innerhalb einer Gesellschaft zu bewegen. Wir könnten diese Interpretation des Begriffes als emanzipatorische Literacy bezeichnen (Freire und Macedo, 1987) oder als die Literacy, die der Zugehörigkeit zu einer Demokratie angemessen ist. Diese weiter gefasste Definition erinnert einmal mehr daran, dass Literacy nicht nur eine schulische Angelegenheit ist, sondern zum Leben und zur Alltagsbewältigung in einer Gemeinschaft gehört. Daher ist die Behauptung vollkommen gerechtfertigt, dass sehr junge Kinder lange vor ihrer Begegnung mit der Schule Schrift für sich entdecken und an den Literacy-Ereignissen ihrer Gemeinschaft teilhaben. Die meisten Bildungseinrichtungen verwenden den Begriff Literacy an Stelle von „Lesen und Schreiben", um jede Andeutung zu vermeiden, dass es sich dabei um getrennte Aktivitäten handelt und sich unsere Reaktionen auf Schrift eindeutig voneinander unterscheiden, je nachdem ob wir Schrift produzieren oder Schrift lesen. Die Verbindung zwischen dem Produzieren und dem Lesen von Schrift wird in diesem und dem nächsten Kapitel offenkundig werden.

---

[41] *Auch im englischen Rahmenkonzept für die Arbeit mit unter Dreijährigen – Birth to Three Matters –, das für Kitas, Tagespflege und Spielgruppen in Deutschland übersetzt und adaptiert wurde (Bertelsmann Stiftung und Staatsinstitut für Frühpädagogik (Hrsg.), Wach, neugierig, klug – Kinder unter 3, 2006), nimmt die Sprach- und Literacy-Entwicklung bereits im frühesten Alter einen breiten Raum ein.*

## Literacy außerhalb der Schule

Es ist hilfreich, sich Literacy als ein Kulturwerkzeug vorzustellen, das das Denken und Handeln einer Sprachgruppe verändert. So bedeutet die Tatsache, dass schriftliche Aufzeichnungen existieren, dass wenig vergessen wird, doch es ist keinem von uns möglich, die Masse an Schrift vollständig zu kennen. Ebenso können Kinder nicht alles lesen und erinnern, doch sie sollten wissen, wie sie an Sachen herankommen. Vergessen Sie nicht, dass echte Leser das Recht haben auszuwählen, was sie lesen möchten und was sie brauchen (Pennac, 1994) und dass sie auch das Recht haben, irrelevanten und unattraktiven Lesestoff zu „überspringen".

Kulturen, die des Lesens und Schreibens kundig sind, entwickeln eine auf Dokumenten basierende Vorstellung von Geschichte, doch dieses Beweismaterial erweist sich oft genug als unzuverlässig und gibt Anlass zu Skepsis und Zweifeln. Im Gegensatz dazu war in den mündlich tradierten alten Balladen und Geschichten völlig klar, wer was tat, wer uneingeschränkt gut und wer uneingeschränkt böse war und es gab keine schriftlichen Belege, die alles durcheinander bringen konnten. Literacy bringt Kinder unweigerlich mit Verschiedenartigkeit, Vielfalt und Gegensätzlichkeit in Kontakt und macht es nötig, dass sie unterschiedliche Standpunkte einnehmen.

Gesellschaften, die des Lesens und Schreibens kundig sind, weisen nie einen einheitlichen Erwerb und Einsatz von Literacy auf: Es gibt sehr große Unterschiede in den Literacy-Fertigkeiten und -Traditionen von Individuen und Gruppen einer jeden Gesellschaft. Diese unterschiedlichen Leistungen im Bereich Literacy unterteilen Gesellschaften, je nachdem, wer was tun kann: Individuen und Gruppen werden danach beurteilt und eingeordnet, was und wie viel sie lesen und schreiben. Eltern und Gemeinschaften betrachten Literacy als den Schlüssel zu Überleben und Erfolg ihrer Kinder, und zwar zu Recht. Doch diese Tatsache kann Frühpädagoginnen und Frühpädagogen unter unerträglichen Druck setzten, kleine Kinder in unangemessene Lese- und Schreibübungen zu zwingen.

Mit Literacy assoziiert man typische Denkweisen, insbesondere die Fähigkeit innezuhalten und Ideen und Begebenheiten zu reflektieren, wenn sie schriftlich festgehalten sind. Literacy fördert auch das „dekontextualisierte" Denken. Das ist ein Denken, das von spezifischen Kontexten losgelöst und daher in hohem Maße theoretisch ist. Es ist die Art, über Denken nachzudenken, wie wir sie in Logik, Philosophie und Literaturtheorie antreffen. Diese reflektiven und abstrakten Denkweisen werden in den späteren Jahren der Schulbildung hoch geschätzt, doch wenn sich Kinder in diese Richtung entwickeln sollen, brauchen sie in ihren ersten Lebensjahren Zeit nachzudenken und über Sachen zu grübeln und sich auf unterschiedliche Erfahrungen einzulassen. Sie brauchen viele Gelegenheiten, sinnvolle Literacy zu genießen und zu erkunden.

## Zwei Missverständnisse

Es gibt viele Missverständnisse in Bezug auf die ersten Lebensjahre eines Kindes. Dazu gehört die weit verbreitete Annahme, dass kleine Kinder kleine Gehirne haben, trotz der modernen Untersuchungsergebnisse, die aufzeigen, dass das Potential des Gehirns zu großen Teilen in den ersten Jahren des Lebens angelegt wird (Carnegie, 1994; Gopnik, Meltzoff und Kuhl, 1999). Wir wissen inzwischen, dass Tausende wichtiger Verbindungen in dieser Phase im Gehirn geknüpft werden, ausgelöst durch anregende Erfahrungen, wie Spiele mit Materialien, Gegenständen und vor allem mit liebevollen Bezugspersonen. Babys werden dadurch „schlau", dass sie leben, spielen und kommunizieren, und zwar in ganz gewöhnlichen Familien und in Tageseinrichtungen mit hohem Standard, in denen sie Zeit haben, Spaß und Sinn in alltäglichen Aktivitäten zu entdecken. Diese neuen wissenschaftlichen Erkenntnisse sind kein Rezept, wie Sie Ihr Baby hochzüchten und ihm vor seinem zweiten Geburtstag das Lesen beibringen. Davon abgesehen gibt es aber zwei Missverständnisse, die Literacy in der „frühen" Phase der frühen Jahre unterminieren können: die Idee von einer Vorstufe der Literacy und die Vorstellung von vorbereitenden oder grundlegenden Fähigkeiten.

Wenn junge Kinder anfangen, Schrift zu erkunden und schriftliche Symbole zu verwenden, hat das nichts mit einer Vorstufe von Literacy zu tun – es ist Literacy selbst. Es sind die frühesten Stadien der Literacy und sie enthalten richtiges Schreiben und richtiges Lesen. Es ist viel hilfreicher, sich die Entwicklung von Literacy als einen lebenslangen Prozess vorzustellen (Hall, 1987) – wir können unser ganzes Leben lang auf unterschiedliche Weise damit beschäftigt sein. Meine eigenen Bemühungen, dieses Buch zu schreiben, sind auf ihre Art nicht anders als die Anstrengungen meiner achtjährigen Enkelin, eine Gespenstergeschichte zu verfassen und sie auf einer Burg spielen zu lassen, die sie besichtigt hat oder Versuche meines fünfjährigen Enkels, mir eine Postkarte zu schreiben.

Mit der Idee einer Vorstufe von Literacy ist die irreführende Vorstellung verknüpft, dass Kinder zunächst so genannte Grundfertigkeiten erlernen, üben und erinnern müssen, bevor sie auf richtiges Lesen und Schreiben losgelassen werden. Das ist so dumm und unnötig wie der Vorschlag, Babys sollten ein Training in Stimmbildung und Syntax absolvieren, bevor sie versuchen dürfen zu sprechen! Sehr komplexe Fertigkeiten sind nicht so leicht zu verstehen und lassen sich schon gar nicht in einfache Häppchen zerlegen, die eingeübt und zum späteren Gebrauch wieder zusammengesetzt werden. Irregeleitete Versuche, bei Kindern so vorzugehen, führen oft dazu, dass Erwachsene sich ausschließlich auf die oberflächlichen Aspekte konzentrieren (wie die „richtige" Schreibweise von Buchstaben und das Hersagen des Alphabets) und dabei die tatsächlichen Grundlagen von Literacy übergehen. Der Druck, der gegenwärtig in englischen Schulen besteht, Grundlagen für Literacy durch tägliche intensive Übungsstunden zu schaffen führt zu einer wenig hilfreichen Konzentration auf die oberflächlichen Aspekte wie Zeichensetzung, Lautlehre, Wörterlisten und Vorlesen in Gruppen. Die echten Grundlagen der Literacy müssen Absichten, Motive und Verstehen beinhalten. Kinder erwerben Literacy-Fertigkeiten, während sie das Lesen und Schreiben für ihre eigenen Zwecke anwenden; ebenso wie der Spaß und die Vorteile des Kommunizierens sie zum Sprechen gebracht haben.

## ▶ Die Wurzeln der Literacy

Wir können die Wurzeln der Literacy bis zum Alter von sechs Jahren nur aufdecken, wenn wir uns der Tatsache bewusst sind, dass Literacy eine komplexe und hoch entwickelte Erweiterung kommunikativer Fertigkeiten und gesprochener Sprache ist. Die vorangegangenen Kapitel über Kommunikation, Sprache, Sprechen und Geschichten stellen den unentbehrlichen Unterbau für diese These. Doch in dieser bunten Mischung aus Sprache und sozialem Lernen in den ersten Jahren können wir zumindest zwei Aspekte der frühkindlichen Entwicklung ausmachen, die die Wurzeln der Literacy bilden:

- Sachen verstehen;
- Symbole, Repräsentationen und Spuren zeichnen.

## Sachen verstehen

Wir sind uns wahrscheinlich einig, dass alles Lernen dem Drang entspringt, uns selbst und unsere Umgebung zu verstehen und zu lenken. Das bringt kleine Kinder dazu, alle Gegenstände, Ereignisse und Leute, die ihnen über den Weg laufen, zu erkunden und mit ihnen zu spielen: von Topfdeckeln bis zum „Kuckuck"-Spiel mit einem Verkäufer im Geschäft und von einer Regenpfütze zum Joghurtbecher. Ein typisches Merkmal des modernen Lebens, das Kindern über den Weg läuft und danach schreit, erkundet zu werden, ist die Schrift, die im wahrsten Sinn des Wortes, jeden Aspekt unserer Umgebung bedeckt. Schrift ist überall, auf Kleidern und Schuhen, auf allen Lebensmittelpackungen, auf Fahrzeugen und Haushaltsgeräten, auf Gebäuden, Verkehrszeichen und Straßenschildern, in Autowerkstätten und Supermärkten und auf Spielsachen und Babyausstattungen. Nichts davon gehört zu den konventionellen Quellen von Schrift, wie Bücher, Zeitungen, Zeitschriften und Briefe, doch wenn wir diese traditionellen Formen von Literacy zu der endlosen Liste dessen hinzuzählen, was bisweilen als „Schrift in der Umgebung" bezeichnet wird, können wir feststellen, dass unsere Kultur uns tatsächlich mit Schrift überschwemmt.

Nichts davon entgeht sehr jungen Kindern und es gibt viele Belege dafür, dass Zwei-, Drei- und Vierjährige Schrift wahrnehmen, Fragen dazu stellen und sogar versuchen, sie selbst zu produzieren (Bissex, 1980; Ferreiro und Teberosky, 1982; Newkirk, 1984; Payton, 1984). Diese jungen Kinder, die man überall auf der Welt in ihrem häuslichen Umfeld und in Gruppeneinrichtungen beobachtet hat, stellten schon Fragen zu Schrift, Schreiben und Lesen, die für die Literacy von Bedeutung sind. Fragen wie „Was ist das?", „Was steht da?", „Wie wird mein Name geschrieben?" oder „Kannst du das lesen?" sind den meisten Eltern und Frühpädagogen vertraut. Sie tauchen in vielen Variationen auf, doch wir können diesen Drang, Schrift zu verstehen, unter zwei großen Fragen zusammenfassen: „Wozu ist das da?" und „Was kommt für mich dabei heraus?" Ähnliche Fragen bilden den Hintergrund für alles Denken, Untersuchen und Spielen von sehr kleinen Kindern, angefangen von Versuchen, Gegenstände wie Tannenzapfen und Holzklötze zu schmecken und in den Mund zu stecken oder Stöcke und Steine in Gullydeckeln verschwinden zu lassen, bis zu der Erkenntnis, dass kräftiges Schütteln eine Packung Cornflakes in ein Musikinstrument verwandelt.

Schrift in der Umgebung und Bücher können sich für Kinder als ausgesprochen lohnende Elemente ihrer Untersuchungen der Welt erweisen, vor allem, wenn liebevolle und interessierte Erwachsene die Entdeckungen der Kinder mit Begeisterung zur Kenntnis nehmen und ihnen weitere Verwendungsmöglichkeiten für Bücher und die allgegenwärtige Schrift zeigen.

## Symbole, Repräsentationen und Spuren zeichnen

### Symbole

Im vorangegangenen Abschnitt ging es darum, wie Aspekte des kindlichen Denkens durch ihre Begegnungen mit ihrer sozialen und physischen Umgebung erweitert werden. Doch der kindliche Geist ist kein leeres Gefäß, das einfach darauf wartet, gefüllt zu werden, selbst im Hinblick auf Schrift und die wichtigen sinngebenden Strategien, die wir bereits behandelt haben. Der kindliche Geist ist von Beginn an ein fein abgestimmtes Denkwerkzeug (Gardner, 1991). Das wird in den ersten nonverbalen Kommunikationen zwischen Babys und Bezugspersonen deutlich (Kapitel 1), in den oben erwähnten Spielen und Erkundungen, in den Erzählungen junger Kinder und ihren Reaktionen auf Geschichten (Kapitel 3) und in ihren ersten Zeichenspuren mit Stiften, Farbe und anderen Materialien. All diese Aktivitäten sind „Teil einer Gruppe von untereinander verbundenen Repräsentationen und Versuchen, sich auszudrücken" (Matthews, 1994a, S. 31). Diese Repräsentationen machen es uns möglich, unsere emotional, intellektuell und kulturell bedeutungsvollen Ideen auszuwählen, festzuhalten, zu verstehen und mitzuteilen. Sie scheinen sich in der Kindheit in vielen unterschiedlichen Kulturen herauszubilden und sind möglicherweise, wie das Sprachpotenzial, ein typisches Merkmal des menschlichen Geistes (Matthews, 1994b). Der Fachbegriff für diese Aktivitäten lautet „Symbolisieren", und alle haben mit der Repräsentation zu tun.

Wir alle „schwimmen in einem Meer aus Symbolen" (Gardner, 1991), Symbolen, die es uns ermöglichen, mit anderen zu kommunizieren, Teil einer kulturellen Gruppe zu werden und auch unsere persönlichen und einzigartigen inneren Welten und Gedanken auszudrücken. Zu den Symbolen zählen alle Systeme einer Kultur wie Sprache, Zahlen und Schrift, Bilder, Icons, Kleidervorschriften und Verkehrszeichen, Spiele, Gebäude, religiöse Rituale und Regeln für gesellschaftliche Anlässe und persönliche Kontakte. Symbole können auch sehr persönlicher Art sein, angefangen von Träumen und Gesten bis hin zu starker Zuneigung zu Kuscheltieren, Decken, Liedern und Musikstücken, Fahrzeugen und sogar Orten. Was ist diesen endlosen und unendlich variierbaren Listen gemeinsam? Was macht sie zu Symbolen und nicht einfach zu Mauern, Stofffetzen oder zufälligen Geräuschen und Zeichen? Die schlichte Antwort lautet, dass sie ein Brennpunkt für Gefühle sind und für ganze Aneinanderreihungen von menschlichen Emotionen, Gedanken, Erfahrungen und kulturellen Überzeugungen stehen oder sie repräsentieren.

### Repräsentationen
Symbole funktionieren durch Repräsentationen; sie sind verallgemeinerte Gedanken über Leben und Erfahrungen und ermöglichen alle Formen der Kommunikation. Es ist weithin akzeptiert, dass Säuglinge mit der Fähigkeit zur Welt kommen, Handlungen und Gegenstände und andere Menschen zu verstehen, und sie behandeln diese Gruppen unterschiedlich (Kapitel 1). Alle späteren Repräsentationen leiten sich aus dieser wichtigen „Grundausrüstung" zum Denken ab. Der Ablauf dieser Entwicklungen ist komplex und lässt sich nicht leicht beschreiben, doch man nimmt an, dass die ersten Erfahrungen mit Handlungen, Bewegungen und Bildern im Gehirn eines kleinen Kindes festgehalten oder internalisiert werden und so Gruppen von allgemeinen Erwartungen an Erfahrung bilden. Wir können sie als Gedanken oder Repräsentationen über Leute und Dinge bezeichnen. Dieses Repräsentationsdenken ist voll funktionsfähig, wenn ein Kind eine Katze „erkennt" oder im wahrsten Wortsinn „wieder denkt", die auf dem Etikett einer Katzenfutterdose abgebildet ist. Es zeigt vielleicht darauf, benennt die abgebildete Figur, sagt „Miau" oder setzt sich in Bewegung, um die Familienkatze, eine Spielzeugkatze oder ein Bild von einer Katze in einem Buch zu suchen. Dieses Beispiel zeigt, dass Repräsentationen es uns ermöglichen, über Sachen oder Leute in ihrer Abwesenheit nachzudenken, sich an sie zu erinnern und Verbindungen zwischen ähnlichen Begebenheiten, Bildern oder Gegenständen herzustellen. Doch Repräsentationen eignen sich auch zum Spielen und zur Erweiterung unseres Denkens. Ein 18 Monate altes Kind muss nicht beim „Miau"-Sagen aufhören – es klettert vielleicht in den Katzenkorb, tut, als würde es die Mutter oder den Vater kratzen oder versucht sogar, aus dem Katzennapf zu essen. Was für unsere Überlegungen von Bedeutung ist, ist die Tatsache, dass dieses kleine Kind auch seine eigenen Zeichen auf Papier oder anderen Oberflächen machen und sie als „Katze" bezeichnen kann. Untersuchungen zu den Zeichen- und Klebeaktivitäten, an denen so viele junge Kinder in vielen Kindergärten ihren Spaß haben (Pahl, 1999), haben ergeben, dass diese Aktivität ebenfalls ein Beispiel für das Repräsentationsdenken von Kindern ist und die Endergebnisse ständigen „Transformationen"

unterworfen sind: Ein Vogelnest aus Papier kann sich in einen Einkaufskorb verwandeln, der wiederum zum Hut wird. Diese Veränderungen spiegeln wider, dass ein Kind dynamisch denkt und Materialien erkundet.

### Spuren zeichnen

Zum Spurenzeichnen gehören Kreativität, Kommunikation und ein gewisser Grad an Beständigkeit, und dies sind wichtige Komponenten von Literacy. Wir sprechen ohne viele Hintergedanken davon, dass jemand der Welt seinen Stempel aufdrückt oder Spuren hinterlässt und vergessen dabei, dass dies eine Metapher für das einfache Kreuz ist, mit dem ein Mensch, der nicht lesen und schreiben kann, seine Unterschrift leistet. Und diese Spur ist im Wesentlichen wie die erste Spur, die ein Kind erzeugt, wenn es mit einem Schokoladefinger über die Wand oder die Tischplatte fährt. Eine Spur, die es vorher in der Welt nicht gab, ist entstanden, sie bleibt als Beleg für eine Handlung und vermittelt die Botschaft, dass jemand hier war. Hinter der Spur des erwachsenen Analphabeten steht eine Absicht, doch auch sie symbolisiert persönliche Existenz und zeigt das Erfassen einer Transaktion an. Die ersten Spuren eines kleinen Kindes mögen als Unfälle beginnen, doch sie sind ebenfalls Aufzeichnungen einer Existenz und stellen den Anfang eines langen Prozesses dar, bei dem der glückliche Unfall mit der Schokoladenspur oder einer Saftlache viele Wiederholungen mit den unterschiedlichsten Instrumenten und Materialien anregt (Matthews, 1994a). Die Aktivität des Spurenzeichnens folgt einem eigenen inneren Drang oder Entwicklungsprogramm, wird jedoch gefördert durch die gleichzeitig stattfindenden Begegnungen mit Schriftsystemen des unmittelbaren kulturellen Umfeldes und der überwältigenden Bewunderung fürsorglicher und interessierter Erwachsener. Zu der Repräsentation von Bewegung, Raum, Form und Emotionen, die wir Zeichnen nennen, gehört in diesen sehr frühen Anfängen der Literacy auch das Zeichnen von Spuren, die Ähnlichkeit mit Buchstaben und Ziffern haben. Dies ist ein wichtiger Hinweis darauf, dass sich das Schreiben aus dem Zeichnen entwickelt (Abb. 6), dass es häufig durch das Zeichnen angeregt wird und durch die Schulzeit hindurch – und weit darüber hinaus – durch das Zeichnen in Gang gehalten werden kann.

Abbildung 6
Schreiben
entwickelt
sich aus dem
Spurenzeich-
nen und dem
Zeichnen

## ▶ Zum Schreiber werden

In den ersten Jahren besteht Literacy aus dem Versuch, sich wie ein Leser und ein Schreiber zu verhalten und dabei das So-tun-als-ob immer weiter an die „richtige" Literacy anzunähern. Spiele und Erkundungen stellen daher sehr wichtige Aktivitäten für junge Leser und Schreiber dar. Wir wollen dem Weg folgen, den viele junge Kinder auf der ganzen Welt gegangen sind und beginnen mit dem Schreiben.

### Schrift erkunden

Alle Erkundungen gehen mit genauer Beobachtung einher. Die kleine Cushla ist von dem Kalender in der Küche ihrer Großmutter fasziniert:

> *... wenn man sie ganz festhielt, strengte sie sich an, um die großen schwarzen Zahlen unter dem bunten Bild genau in Augenschein nehmen zu können. Dann schien es, als würde sie sie „überfliegen". Der gesamte Vorgang dauerte einige Minuten.*
>
> *(Butler, 1979, S. 26)*

Cushla war zu diesem Zeitpunkt acht Monate alt. Außerdem war sie so zierlich und hatte solche genetischen Schäden, dass man sie als schwer geistig behindert hätte einstufen können, ein hoffnungsloser Fall. Dass sie sich erfolgreich entwickelt hat und diese Entwicklung durch das gemeinsame Betrachten und Lesen von Büchern möglich wurde, ist eine ganz besondere Geschichte – sie macht aber einmal mehr deutlich, dass wir die Faszination möglicherweise unterschätzen, die Schrift auf junge Kinder ausübt (Abb. 7). Die Wahrscheinlichkeit wächst, dass sie Schrift erkunden und etwas darüber lernen, wenn drei wichtige Bedingungen erfüllt sind:

- die Schrift ist echt,
- die Situation ist ein Spiel,
- die Methode ist wissenschaftlich.

*Abbildung 7: Dylan (11 Monate) findet Zeitungen faszinierend*

Das mag sich für die Jahre vor dem sechsten Geburtstag recht abgehoben anhören, basiert aber auf überzeugenden Informationen darüber, wie junge Kinder eine erfolgreiche Beziehung zu Schrift aufbauen.

**„Die Schrift ist echt"** ist ein Hinweis darauf, dass Kinder nur dann von einem Küchenkalender, von Zeitungen im Zeitungsständer oder von dem großen schwarzen Buchstaben „b" in einem bebilderten Alphabetbuch verzaubert werden können, wenn sie solchen Sachen begegnen und sich ihrer Vorliebe für sie hingeben dürfen. Authentische Schrift findet sich überall, und wir müssen unsere jungen Kinder gar nicht mit eigens hergestellten und mit allerlei technischen „Mätzchen" ausgestatteten Materialien versorgen. Ich kenne mehrere zwei- und dreijährige Sammler von Katalogen, Urlaubsbroschüren und beschriebenen Grußkarten, die diese Materialien als ihre „Bücher" bezeichnen. Ich kenne außerdem einige sehr junge „Schreiber", die bei einem Besuch ihrer örtlichen Bank oder Postfiliale die ausliegenden Formulare und Faltblätter

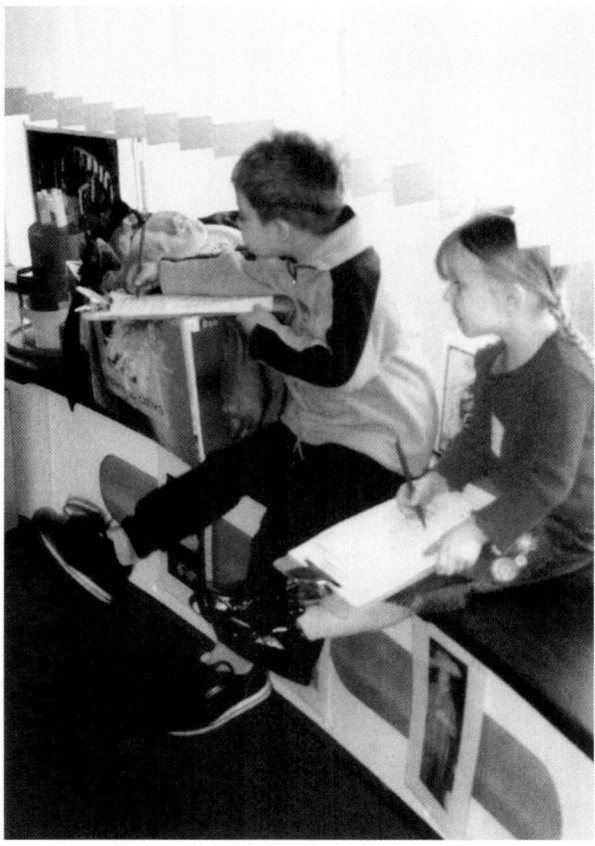

mit unglaublicher Geschwindigkeit aus ihren Ständern räumen und genau die richtigen Abschnitte ausfüllen! Diese Kinder teilen uns mit, dass sie auch in den Literacy-Club aufgenommen werden wollen (Smith, 1988), und sie sind entschlossen, herauszufinden, wozu all diese Schrift gut ist (Abb. 8). Sie können allerdings nicht fragen, wozu Schrift gut ist, wenn wir sie in regelmäßigen Abständen anregen, sich mit Schrift zu beschäftigen, die für nichts und niemanden gut ist, außer zum „frühkindlichen Lernen". Ausgefeilte Computerprogramme, die versprechen, Ihren Kindern im Alter zwischen drei und fünf das Alphabet, Laut-Buchstaben-Tabellen und Vorläuferfähigkeiten für Lesen und Rechtschreibung beizubringen, sollte man kritisch sehen. Es kann leicht passieren, dass sie die Kinder von all den Aktivitäten und Erkundungen mit authentischer Schrift in ihrer Gemeinschaft entfernen, die sie aber brauchen, um Buchstaben, Laute und die Schreibweise von Wörtern zu verstehen.

*Abbildung 8*
*Formulare ausfüllen und auf Klemmbretter schreiben: Aktivitäten im Kindergarten*

**„Die Situation ist ein Spiel"** ist ein wichtiger Punkt, wenn es darum geht, wie junge Kinder Schrift erkunden. Er zeigt an, welche Einstellungen und welche Atmosphäre vorherrschen sollten, wenn sehr junge Kinder sich mit Schrift beschäftigen und eigene Spuren zeichnen. Bei ihren Erkundungen schlüpfen sie in die Rolle von Lesern und Schreibern und brauchen eine Umgebung, in der sie Lesen und Schreiben spielen können und sie brauchen Bezugspersonen, die ihre

Aktivitäten begrüßen. Es bedeutet, das ernst zu nehmen, was Kinder machen und wonach sie fragen und nie anzudeuten, dass ihre Fehler, Missverständnisse und konfusen Erfindungen schwere Vergehen darstellen, für die sie verspottet oder bestraft werden. Was die Kinder tun ist ein Spiel, denn sie tun es um seiner selbst willen, die Aktivitäten erfüllen keinen weiteren Zweck. Es sind spielerische Aktivitäten, weil sie einen geschützten Status haben: Sie sind vor der Forderung sicher, Programmen entsprechen zu müssen, die Leute außerhalb des Spiels aufstellen. Im Fall von Literacy oder auch bei anderen Gegenständen, Situationen oder Materialien, die sich die Kinder zum Spielen aussuchen, gibt es Beschränkungen, die von den Materialien selbst ausgehen. Diese immanenten Anforderungen und die Motivation sie auszuloten, machen das Spielen zu einer wichtigen Lernmethode.

**„Die Methode ist wissenschaftlich"** bezieht sich darauf, wie junge Kinder lernen und zeigt auf, wie sie Schrift erkunden und welche Hilfen sie brauchen. Wenn Kinder mit etwas konfrontiert werden, das neu, aber nicht zu bedrohlich ist, verhalten sie sich wie Wissenschaftler und denken sich eine Geschichte, eine Hypothese aus, die erklärt, worum es sich handelt und was es bedeutet. „Da steht Smarties", sagt ein Vierjähriger zu mir und zeigt dabei auf Logo und Bild auf der Vorderseite eines Kartons, obwohl er diese Süßigkeiten normalerweise in einer handlichen Röhre bekommt. In diesem Fall ist seine erklärende Geschichte richtig, er hat die richtigen Verbindungen zu einer früheren Erfahrung hergestellt und mein Feedback bestätigt seine Vermutung. Ein Feedback, das Auskunft darüber gibt, wie gut eine Hypothese funktioniert, ist für junge wie alte Forscher ganz wesentlich, doch wenn Kinder sich wie Leser und Schreiber verhalten sollen, brauchen sie auch Vorbilder zum Nachahmen und Anleitungen, wie es geht. Das muss sie nicht einschüchtern, sie brauchen auch keinen formalen Lese- und Schreibunterricht; es bedeutet einfach, dass wir Kinder an den Lese- und Schreibaufgaben beteiligen, die wir sowieso erledigen müssen. Kleine Kinder können ihre Zeichen auf Einkaufszettel setzen, Küsschen und „Nachrichten" auf Briefe oder Karten schreiben, ihre Besitztümer mit ihrem

*Abbildung 9: Ein Briefumschlag, adressiert an Oma und Opa (vier Jahre, fünf Monate)*

Namen versehen, überzählige Formulare aus Geschäften, Katalogen und Büros ausfüllen und Briefe schreiben, die in gebrauchte Briefumschläge gesteckt werden (Abb. 9). Kinder an alltäglicher Literacy teilhaben zu lassen bringt auch den Erwachsenen etwas: Es macht Spaß und lässt sich auf Aktivitäten ausdehnen, die nicht unmittelbar mit Lesen und Schreiben zu tun haben. Kinder lassen sich leicht dazu ermuntern, selbst gemachte Kekse und Kuchen mit ihren Spuren zu verzieren, auf trockenen Oberflächen kann man mit nassen Händen oder Pinseln Spuren zeichnen, feuchter Sand ist unwiderstehlich für Spurenzeichner jeden Alters und das Schreiben und Zeichnen auf trockener Erde hat in vielen Kulturen eine lange Geschichte. Kinder wollen Spuren zeichnen, wie jeder Betreuer bestätigen kann, doch sie müssen auch die Leute um sich herum beobachten können, wenn sie diese bedeutungsvollen Spuren zeichnen, die wir Schrift nennen.

## Strategien der Kinder

Neuere Erkenntnisse zur frühen Kindheit heben hervor, dass kleine Kinder aktiv und experimentierfreudig sind (Bruner und Haste, 1987; Bennet, 1993) und dass sich diese Merkmale vor allem im Spracherwerb und in der Entwicklung der frühen Literacy zeigen (Hall, 1987; Hall und Robinson, 1995; Marsh und Hallett, 1999; Barratt-Pugh und Rohl, 2000). Kinder scheinen Strategien zu entwickeln um herauszufinden, wie Literacy funktioniert und um sich das System anzueignen. Die im Folgenden dargestellten Strategien sind ein Versuch, einige kreative Ansätze junger Kinder zu veranschaulichen; *sie sind keine Checkliste, um kleine Kinder zu testen*. Im Gegenteil: Sie sind ein Ausgangspunkt für Pädagoginnen und Pädagogen im Elementarbereich, um ihr eigenes Verständnis frühkindlicher Literacy zu beobachten und ihre eigene Fähigkeit abzuschätzen, angemessen auf die Aktivitäten der Kinder zu reagieren.

### Fragen stellen
Die offensichtlichste Art, wie Kinder Schrift erkunden, haben wir bereits erwähnt – sie stellen Fragen:

> *Was steht da?*
> *Wie schreibt man „D" für Daniel?*

Wenn diese Strategie das Wissen der Kinder fördern soll, brauchen und verdienen sie direkte Antworten von Erwachsenen oder älteren Kindern und man muss ihnen vormachen, wie es geht.

### Andere beobachten
Die Beobachtung dessen, was andere Leute tun, wurde ebenfalls bereits erwähnt, doch es gibt Belege dafür, dass sehr junge Kinder, die wild zu kritzeln scheinen, häufig die Geschwindigkeit und die ununterbrochene Bewegung der Schreibschrift nachahmen, wie sie sie bei Erwachsenen beobachten (Whitehead, 1985). Sie geben auch das „spitz-runde" Schriftbild, die Anordnung in Zeilen und die Schreibrichtung wieder. Die Kritzelschrift der Kinder spiegelt die Merkmale der Kultur oder Kulturen wider, in der sie Schrift und Schreiben beobachten. Außerdem nehmen Kinder einige der besonderen Funktionen von Schrift in ihren Kulturen wahr und probieren sie aus. Ich füge ein Beispiel an, bei dem das Beobachten anderer eine Vierjährige, die ihre Mutter zu einer Vorlesung begleitete, dazu brachte, ein DIN-A4-Blatt mit „Vorlesungsnotizen" zu füllen. Die Notizen enthalten ein Wort in Standardschrift, etwa auf der Hälfte der Seite – den Vornamen des Kindes (Abb. 10).

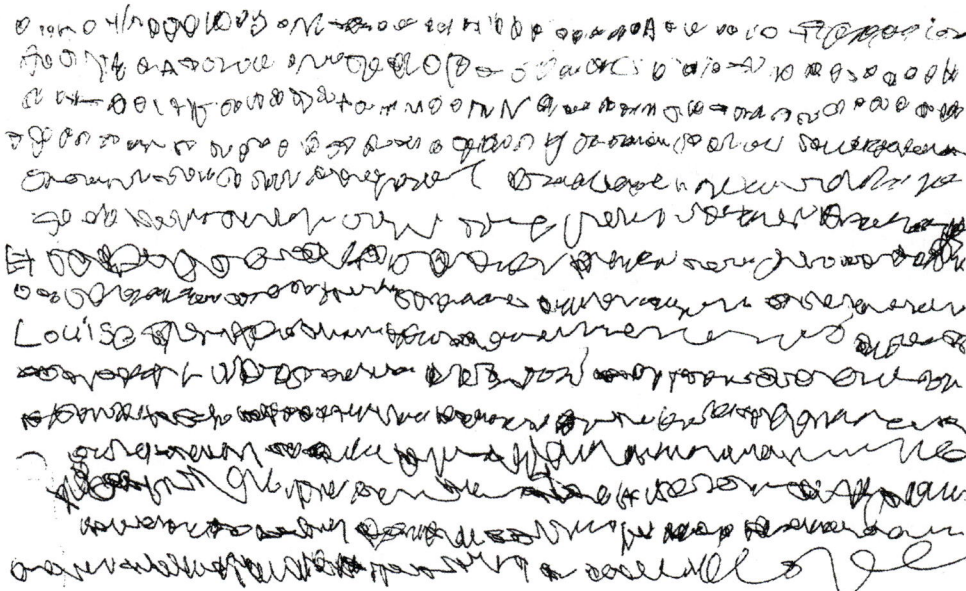

*Abbildung 10: Vorlesungsnotizen im College: die vierjährige Louise*

### Den eigenen Namen verwenden

Unser Name ist voller Bedeutung für uns. Er spiegelt unser Selbstwertgefühl wider und unser Gefühl für unseren Platz in der Welt. Für kleine Kinder ist der Name häufig das Erste, das sie mit Hilfe eines Erwachsenen schreiben, doch er erlangt schon bald einen Stellenwert in der frühkindlichen Literacy, der über die wichtige Funktion des ‚Ich"-Etiketts hinausgeht. Vorna-men sind die ersten bekannten Laut- und Symbolfolgen, mit denen sich die Kinder vollkom-men vertraut fühlen. Dadurch erhalten sie einige sehr aufschlussreiche Einblicke in das Wesen der Schriftsprache.

Die Anfangsbuchstaben von Namen werden sehr interessant:

> *Ich fange mit C an*
> *(Payton, 1984, S. 85)*

> *Das ist „D" für Daniel*
> *(zeigt auf ein Poster mit Dinosauriern)*

> *Da steht Dylan*
> *(wann und wo auch immer ein großes D zu sehen ist)*

Junge Kinder beginnen auch, andere Buchstaben in ihrem Namen wahrzunehmen:

> *Ich habe einen davon in meinem Namen*
> *(Kindergartenkind zeigt auf den „M"-Anhänger an einer Kette um meinen Hals)*

Viele Forscher und Leute, die mit kleinen Kindern zu tun haben, haben ein ähnliches Erkennen von Buchstaben beobachtet, wenn sie mit den Kindern einkaufen gehen und sie ermuntern, sich die Aufschriften auf Verpackungen genau anzusehen. Bei eingehender Betrachtung von Kinderzeichnungen, Kinderbildern und -notizen erkennt man auch hier Initialen und Namen.

Diese spezielle Kenntnis einiger wichtiger Buchstaben und der Laute, für die sie stehen, bedeutet einen Meilenstein in der Entwicklung von Literacy mit ihrem System der Entsprechungen von Zeichen (Graphemen) und Lauten (Phonemen). Zu wissen, wie man seinen Namen schreibt, kann auch in anderer Hinsicht nützlich sein.

### Vorhandenes Wissen ausschöpfen

Für die Kleinen und Machtlosen, die in den Literacy-Club aufgenommen werden wollen, ist dies eine sehr wichtige Strategie. Den eigenen Namen schreiben zu können, kommt für viele junge Schreiber schon einer sehr nützlichen Botschaft gleich: Man kann damit „Hier bin ich" oder „Hallo" oder „Das gehört mir" sagen. Viele junge Kinder beginnen ihre Karriere als Buchstabenschreiber, indem sie ihren Namen auf ein Blatt Papier schreiben und das restliche Blatt mit „Küsschen" und buchstabenähnlichen Formen ausfüllen (Abb. 11). Man kann die Theorie „Schöpfe dein vorhandenes Wissen aus", nach der viele junge Schreibanfänger verfahren, folgendermaßen zusammenfassen: Benutze, was du weißt und versuche es bei den unbekannten Sachen vorübergehend mit „So-tun-als-ob". Diese Theorie ist ausgesprochen wirksam, weil sie es Kindern ermöglicht, sich das System mehr und mehr anzueignen, während sie gleichzeitig kommunizieren.

*Abbildung 11: Der Name eines Kindes und erstes Schreiben (drei Jahre, sechs Monate)*

### Alphabete und Laute benutzen

Junge Kinder können sich mit großem Vergnügen mit den Alphabeten beschäftigen, die in schreibenden und lesenden Kulturen traditionell als Teil des Literacy-Lernens angesehen werden (Heath, 1983) und stellen sich bisweilen auch ihre eigenen „A für Apfel"-Listen zusammen (Abb. 12). Dieses Interesse an Buchstaben und Lauten lässt sich auch mit der scheinbar instinktiven Freude der Kinder an Sprachspielen und Nonsens verbinden (Tschukowski, 1963; Whitehead, 1995).

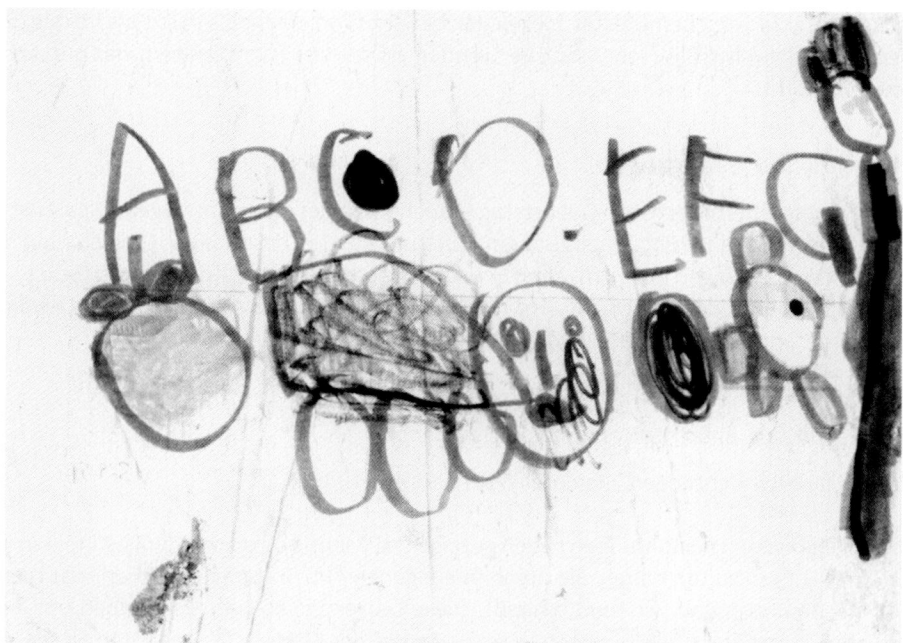

*Abbildung 12: Ein ABC, gemalt von einem jungen Zweisprachler (vier Jahre, sechs Monate)*

Begegnungen mit Reimen, Liedern, Gedichten, Sprechgesängen, Rapgedichten und Alphabeten können Kinder schon früh in die Lage versetzen zu spekulieren und ansatzweise zu verstehen, wie geschriebene Zeichen einige der Laute der gesprochenen Sprache repräsentieren. Dieser Durchbruch kann recht dramatisch sein, wie bei meinem Enkel Daniel (vier Jahre, neun Monate), der begann, auf Gegenstände im Raum und auf Körperteile zu zeigen und dabei fragte: „Womit fängt das an?" All diese Anfangsbuchstaben wurden notiert und als die Liste länger wurde, bekam ich den Auftrag, „sie zu lesen". Es war ein schwieriges und bald auch ein richtig komisches Unterfangen, als absurde Lautkombinationen und ein paar zufällige Beinahe-Wörter und einige eher derbe Geräusche dabei herauskamen! Unser Spiel mit Sprachlauten und der Identifizierung von Anfangslauten war für Daniel viel aufschlussreicher als Unterricht mit „Lauttabellen" oder Arbeitsblätter zu Buchstaben und Lauten es jemals sein könnten. Tatsächlich verkündete Daniel der ganzen Familie voller Stolz, dass wir eine Sprache erfunden hätten – und damit hatte er gar nicht mal so unrecht.

Kinder, denen es Spaß macht, mit Sprache und Schrift zu experimentieren und Unfug damit zu treiben, beginnen zu erkennen, dass der ununterbrochene Strom von gesprochenen Lauten in einzelne Wörter zerlegt werden muss und dass ähnlich klingende Wörter, oder Reime, einander in gewisser Weise ähneln, wenn man sie aufschreibt.

Viele junge Kinder entdecken, dass die Buchstabennamen auf Sprachlaute und Silben hindeuten und fangen an, ihre eigenen Botschaften in einem halbphonetischen Code festzuhalten: RUDF (are you deaf) (Bissex, 1980, S. 3). Dasselbe Kind stellte eine weitere, in den ersten Jahren weit verbreitete Theorie zur Literacy auf: Wörter lassen sich auch dann noch erfolgreich kommunizieren, wenn nur die Konsonanten aufgeschrieben werden, wie in DSTRB (disturb) oder NMBR (number). Bei britischen Kindern findet man auch Beispiele wie FTBL (football) und TBL (table). Die wichtige Entdeckung ist hier, dass die leicht herauszuhörenden Konsonanten und ihre charakteristischen Muster hilfreicher bei der Worterkennung sind als Vokale. Einige moderne Sprachen wie das Hebräische verwenden ein solches Schriftsystem, das nur aus Konsonanten besteht.

## Materialien und Erfahrungen

In den Jahren vor ihrem sechsten Geburtstag brauchen Kinder die ganze Angebotspalette eines entwicklungsgemäßen frühpädagogischen Curriculums, das besonderes Gewicht auf Spiel, Sprache und Erkundungen in einem durch Erwachsene unterstützten Kontext legt (Bruce, 1987; Athey, 1990; Edgington, 1998; Nutbrown, 1999). Frühkindliche Literacy-Entwicklung wird durch einen so breit angelegten Ansatz gefördert und braucht:

- andere Leute, die lesen und schreiben;
- Materialien zum Spurenzeichnen und Schreiben;
- Orte in Tageseinrichtungen, die dafür reserviert sind.

Die vorangegangenen Ausführungen haben gezeigt, wie wichtig es ist, dass junge Kinder in ihrem Umfeld mit Leuten zu tun haben, die durch ihre eigenen Aktivitäten vormachen, was man mit Schrift machen kann und wie man schreibt. Diese Leute, die lesen und schreiben um ihre eigenes Leben zu regeln, sind die ersten Literacy-Lehrer der Kinder. Dazu gehören Eltern, andere Bezugspersonen, Geschwister, ausgebildete Erzieherinnen und Erzieher, Lehrerinnen und Lehrer und andere, die mit Kindern arbeiten. Zu Hause und in Gruppeneinrichtungen sind diese wichtigen Leute die Vorleser und Sekretäre für junge Kinder und machen sie mit der Art und Weise vertraut, wie man in ihrer Familie, in ihrer Gemeinschaft und der weiteren Gesellschaft mit Worten umgeht. Es ist wichtig, dass die Leute im Umfeld sehr junger Kinder Literacy in all ihren unterschiedlichen Funktionen und Stilrichtungen verwenden und ihr Vergnügen daran mit den Kindern teilen.

**Wir müssen eine klare Botschaft übermitteln: Schreiben erfüllt echte Funktionen, die für Leute wichtig sind und es kommuniziert wichtige Mitteilungen.**

Materialien zum Spurenzeichnen und Schreiben als notwendige Ausstattungsgegenstände zur Verfügung zu stellen versteht sich eigentlich von selbst, doch es kann nicht schaden, diesen Punkt noch einmal zu wiederholen. Nicht nur, weil die Kinder ohne diese Materialien keine Möglichkeit haben, ihr Interesse an Spuren, Zeichen und Buchstaben zu entwickeln und ihre Kenntnisse zu erweitern. Ich erwähne diesen Punkt auch, weil die Bandbreite unterschiedlicher Materialien die Kinder zu neuen Experimenten mit Bewegungen, verschiedenen Stiften, Abständen zwischen Zeichen, Strichrichtungen usw. und zu allen möglichen gebräuchlichen Funktionen von Schreiben wie Einkaufslisten und Briefen anregt (Matthews, 1994a). Das bedeutet, dass eine Vielzahl von Materialien und Stiften notwendig ist. Junge Kinder haben sicher ihren Spaß an breiten Pinseln, dicken Wachsmalstiften und Zeichenkohle (Abb. 13) und an Filzstiften mit breiter Spitze, doch sie zeichnen und schreiben auch gern mit Kugelschreibern und dünnen Bleistiften, Filzstiften und Pinseln. Ebenso brauchen sie Gelegenheit, mit Papier und Pappe in unterschiedlichen Größen, Farben und Oberflächen und all den Materialien umzugehen, die mit Literacy im „wirklichen Leben" zu tun haben wie Briefpapier mit Briefkopf, Tagebücher, Einladungen, Grußkarten, Kalender, Computerausdrucke, Kochrezepte, Speisekarten, Kassenzettel und Programme aller Art. Die Schrift auf diesen Materialien stellt selbst eine weitere Anregung dar, Schrift und ihre Funktion zu erkunden und bietet zusätzliche Vorlagen zur Nachahmung.

Abbildung 13: Zeichnen mit Zeichenkohle: Martha das Schwein (fünf Jahre, Londoner Vorschulklasse)

Abbildung 14
Ein spezieller Platz
zum Schreiben
und Spurenzeichnen

Es ist wichtig, dass es in Tageseinrichtungen einen besonderen Platz zum Schreiben gibt (Abb. 14), auch wenn ich davon ausgehe, dass Literacy in jeder Ecke und auch im Außengelände eines Kindergartens, einer Spielgruppe oder einer anderen frühpädagogischen Einrichtung allgegenwärtig ist.

Wichtige Hilfsmittel für familienbezogenes Rollenspiel sind Notizblöcke für Einkaufszettel, Blöcke für telefonische Nachrichten (Abb. 15), Kalender, Zeitschriften und Zeitungen, Rezeptblöcke, Vorlagen für Fieberkurven und Patientenbögen in einem Krankenhaus, Schildchen für Pflanzen im Garten, Rezepte und Lebensmittelpackungen oder einen Sitzplan für die Kinder und „beschriftete" Namenskärtchen für Mahlzeiten. Ein spezieller Schreibplatz kann eine Ecke, eine Tischgruppe, ein Tisch und ein niedriges Regal oder sonst etwas sein. Er sollte abseits von Wegen mit viel „Durchgangsverkehr" und Türen liegen und nicht zu dicht an der Bauecke oder einer interessanten Rollenspielecke, obwohl auch am Schreibplatz geredet und vorgelesen werden kann. Die Schreibzone signalisiert den Kindern und allen, die in der Einrichtung arbeiten, sowie Besuchern und Familien, dass das Erkunden und Ausprobieren von Schrift in den ersten Lebensjahren eine wichtige Stellung einnimmt – es ist etwas, das darauf wartet, beim Eintritt in die Grundschule unterrichtet zu werden. Die Betonung muss darauf liegen, dass die Kinder aktiv teilnehmen und Spaß an der Sache haben und nicht auf durchgeplante „Lektionen" mit Abschreiben, Buchstabenüben und eng gefassten Lernzielen wie Namen, schreiben zu lernen. Kinder machen diese Sachen sowieso und zwar während sie mit weitaus spannenderen Vorhaben beschäftigt sind, wenn sie etwa eine Liste mit ihren Lieblingsfiguren aus dem Märchen aufstellen oder ihre Besitztümer mit ihrem Namen versehen. Wer sich über die richtige Schreibweise von Buchstaben Gedanken macht, sollte vor allem dafür sorgen, dass die Kinder ausreichend Gelegenheit bekommen, in Sand und Schlamm und mit Fingerfarben zu zeichnen, zu malen, zu modellieren, zu bauen und Spuren zu zeichnen. Die Schreibecke kann nahe der Bücherecke angesiedelt werden, deren traditionelle Ausstattung dadurch um zusätzliche Beispiele für Schrift wie Landkarten, Straßenverzeichnisse, Zeitschriften und Comics erweitert wird. Buchstabenstempel, Schreibmaschinen und Materialien, aus denen sich einfache Faltbücher herstellen lassen, können jungen Schreibanfängern bei ihren Erkundungen helfen. Man sollte auch Computer mit unkomplizierten Schreibprogrammen und einfachen Wort-Bild-Masken für die Tastatur in Betracht ziehen. Viele Kinder kennen PCs von zu Hause und sind mit e-Mails, Online-Bestellungen und Internetsurfen mit älteren Geschwistern und Bezugspersonen vertraut. Kinder finden es oft besonders spannend, wenn Schrift und Bilder auf dem Bildschirm auftauchen und es passiert oft, dass sie auf diese Weise bekannte Buchstaben und Wörter identifizieren (Campbell, 1999), ähnlich wie bei der Entdeckung vertrauter Schriftzüge in Straßen und Geschäften.

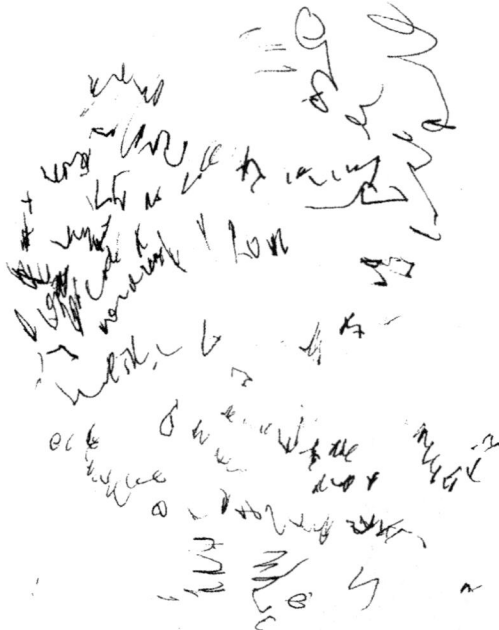

*Abbildung 15:*
*Eine Nachricht hinterlassen: Vierjährige in der „Zuhause"-Ecke eines Kindergartens*

## ▶ Zum Leser werden

Junge Kinder, die Schrift erkunden und zu schreiben beginnen, lernen eine Menge über das Lesen, wie die Ausführungen über ihre aufkeimenden Kenntnisse des Alphabets gezeigt haben. Die Absicht dieses Abschnittes ist es, einige Ansätze vorzustellen, wie man Leseanfänger zu Hause und in Tageseinrichtungen unterstützen kann. Diese Ansätze lassen sich folgendermaßen zusammenfassen:

- man ist nie zu jung;
- gemeinsam Spaß haben;
- Bücher, Kassetten, Geschichtenzubehör und Büchersäcke.

### „Man ist nie zu jung"

Diese Behauptung bezieht sich auf das Alter des kindlichen Lesers, doch parallel dazu gibt es einen Leitsatz für Eltern oder andere Bezugspersonen: „Sie müssen Ihrem Kind nicht das Lesen beibringen." Diese Ideen stützen sich auf zahlreiche ältere und neuere Untersuchungen zu frühkindlichen Leseerfolgen (White, 1954; Clark, 1979; Butler, 1979; Payton, 1984; Cochran-Smith, 1984) und beziehen auch die Beweise von Projekten mit ein, bei denen Eltern und andere Bezugspersonen ihre Kinder bei frühen Leseversuchen gefördert haben (Weinberger, Hannon und Nutbrown, 1990; Wade und Moore, 1993a; 2000). Einige der Kinder in diesen Studien waren Säuglinge wie beim Bookstart-Projekt (Wade und Moore, 1993a) (siehe Kapitel 6) und die Unterrichtsmethode bestand lediglich aus dem gemeinsamen Betrachten von Bilderbüchern, wenn die Kinder wach waren und Bereitschaft zu Spiel und Gesellligkeit zeigten. Die scheinbare Schlichtheit dieser Methode ist allerdings irreführend: Es erfordert großes Einfühlungsvermögen für die Bedürfnisse und Stimmungen des Babys und man muss bereit sein, sich von seinen Interessen und Reaktionen leiten zu lassen und sich seinem Tempo anzupassen. Babys und Kleinkinder reagieren auf unterschiedliche Weise auf Bilder und Schrift in Büchern, zunächst mit Blicken, Lächeln, Gurgel- und Quiekgeräuschen, Kratzen auf dem Papier, Zeigen und begeistertem Hopsen. Nach und nach beginnen sie, Sachen und Figuren in den Bildern zu benennen, Wörter mitzusprechen, Seiten umzublättern und richtige Gespräche über Figuren, Motive und Begebenheiten in Büchern anzustoßen. Auch Bemerkungen oder Fragen nach Buchstaben, Lauten und Schreibregeln tauchen auf. Die Atmosphäre, in der so etwas stattfinden kann, muss vertraut, liebevoll, angenehm und entspannt sein.

### Lesevergnügen miteinander

Lesen in den ersten Lebensjahren ist eine Partnerschaft, an der alle Beteiligten Spaß haben. Es bedeutet, dass der ältere und weisere Partner so viel wie nötig von der Aufgabe auf sich nimmt und dabei dem jüngeren und weniger erfahrenen Partner, dem Kind, immer wieder Gelegenheit gibt, etwas beizutragen: vielleicht die Seite zu berühren, zu lächeln, ein passendes Geräusch einzufügen, eine Figur zu benennen oder einen Refrain mitzusprechen.

Die Bilder in einem Buch zu lesen und vorauszusagen, was wahrscheinlich passiert, kann einen großen Fortschritt für ein Kind bedeuten. Es hilft, wenn ein Erwachsener zu genauer Betrachtung der Bilder ermuntert, indem er über sie spricht und kleine Fragen stellt wie „Wo ist das Boot jetzt?", „Versucht der kleine Bär einzuschlafen?" oder „Was isst Gemma da?" Natürlich sollte das nur ein feinfühlig und sparsam dosiertes Mittel sein, keine Befragung, bei der Seite um Seite abgearbeitet wird. Nach und nach beginnt der junge Leser, die Bedeutungsschichten und die zusätzlichen Informationen zu erschließen, die die Bilder in einem vertrauten Buch ihm mitteilen. Vertrautheit ist hier ein wichtiger Punkt, denn befriedigendes Bilder-Lesen beruht darauf, dass ein Buch immer wieder gelesen wird, wie ich häufig feststelle, wenn ich Bücher mit kleinen Experten ansehe, die sich an winzigste Bilddetails oder Handlungsaspekte erinnern.

Zu hören, wie Schrift durch eine vertraute Stimme zum Leben erweckt wird, spielt ebenfalls eine wichtige Rolle beim Lesenlernen und fördert das Bewusstsein junger Kinder für das Lautsystem der Sprache und seine Beziehung zu den geschriebenen Zeichen. Das Kind kuschelt sich an einen liebevollen Erwachsenen oder sitzt auf seinem Schoß und kann einen Namen sehen wie „Fat Cat" (Kent, 1972), der ihm etwas sagt, hört ihn ausgesprochen und greift seine lustigen reimenden Laute auf. Dies ist ein Beispiel für die Wurzeln frühkindlicher phonologischer Bewusstheit aus Kapitel 3, gefördert durch all die Kinderlieder, Nonsensgedichte, Zungenbrecher, Gedichte und Lieder, die wir mit kleinen Kindern gemeinsam singen und aufsagen. Im Laufe dieser vergnüglichen Aktivitäten helfen wir Kindern, etwas über Anfangslaute, Reime am Ende eines Wortes und mögliche Lautersetzungen zu lernen, die bekannte Wörter in neue Wörter verwandeln. Eine Wortreihe wie „fat, cat, mat, hat, sat, pat" kann verrückt, amüsant und lehrreich sein, wie die Bücher von Dr. Seuss gezeigt haben. Mit viel Musik und Tanz wird die Freude eines Kindes an Rhythmus und Lauten noch zusätzlich gefördert. Eine zweite Sprache regelmäßig zu hören oder selbst zu sprechen hilft ihm, ein allgemeines Bewusstsein für Sprache und Klang zu entwickeln.

Das eingehende Betrachten von Schrift stellt einen wesentlichen Teil des gemeinsamen Bücherlesens in den ersten Jahren eines Kindes dar. Dass manche Kinder fett gedruckte Buchstaben faszinierend finden, habe ich bereits erwähnt (Butler, 1979). Es hat sich auch gezeigt, dass viele Drei- und Vierjährige die Bedeutung von Schrift in einem Buch verstehen (Hall, 1987; Scrivens, 1995). Ich bin jedoch überzeugt, dass dieses Interesse an Formen von Schrift durch gemeinsames Lesen und andere Aktivitäten behutsam gefördert werden muss. Daher ist es so wichtig, frühpädagogische Einrichtungen mit so viel Schrift wie möglich auszustatten und alle nur erdenklichen Funktionen von Schrift in ihrer ganzen Fülle auszuschöpfen. In Spielecken sollte passendes schriftliches Material ausliegen, so dass die Kinder die Literacy von Geschäften, Büros, Arztpraxen, Gärten und Wohnhäusern kennen lernen und auch etwas von der Literacy erleben, die z. B. mit der Organisation einer Kindertageseinrichtung zusammenhängt. Sammlungen von Schrift in der Umgebung machen es Kindern möglich, all die Beispiele für Schrift zu untersuchen, auszuschneiden und abzuzeichnen, mit denen sie vertraut sind. Außerdem bieten sich auf ganz normalen Spaziergängen und bei Einkäufen zahlreiche Möglichkeiten, Verpackungen, Straßenschilder und Werbung zu studieren.

In Sitzungen mit einzelnen Kindern oder kleinen Gruppen kann man in Büchern auf wichtige Wörter wie die Namen von Figuren oder auf emotional bedeutsame Wörter wie gern haben, küssen, traurig und böse hinweisen. Man kann die Aufmerksamkeit der Kinder auf Anfangsbuchstaben und -laute lenken, vor allem auf die, die sich auch in ihrem Namen finden oder im Namen von Bezugspersonen, Haustieren, Lieblingstieren oder Figuren aus Film und Fernsehen. Wörter, die häufig wiederholt werden, kann man den Kindern zeigen, so dass sie anfangen, sie wahrzunehmen und zu lesen. Hier wird einmal mehr deutlich, dass lustige Refrains und die Wiederholung von Kernsätzen in Kinderbüchern Hilfestellung beim Erkennen von Wörtern leisten und außerdem ein schönes Stilmittel sind. Die sinnlose Wiederholung von Sätzen wie „see,

John, see", wie strukturierte Lesetexte sie vorsehen, ist unnötig, wenn wir mit „Rumpeta, Rumpeta" (Vipont und Briggs, 1969) oder „Can't you sleep, Little Bear?" (Wadell und Firth, 1988)[42] unseren Spaß haben können.

Ein vertrautes und geliebtes Buch bereitet beiden Lesepartnern, Erwachsenen wie Kindern, großes Vergnügen und ist ein wichtiges Hilfsmittel für den Leseanfänger. Viele Bezugspersonen und Frühpädagogen neigen dazu, es entschuldigend anzumerken, wenn ein Kind den Text eines Buches auswendig kennt, als wäre das eine Art zu schummeln und könnte keinesfalls als Lesen durchgehen. Tatsächlich sollte man diese Leistung als einen weiteren Meilenstein beim Lesenlernen werten. Das kleine Kind, das jede Seite eines Spot-Buches[43] (Hill) kennt und „liest", hat eine Vorstellung von dem Buch verinnerlicht und beginnt, die Geschichte und die Wörter im Kopf mit den Seiten des Buches zu verbinden. Diese Fähigkeit wird es ihm möglich machen, ähnliche Bücher zu lesen, etwa weitere Abenteuer von Spot oder andere Bücher mit Klappen zum Hochheben, und allmählich die Muster und Merkmale der gedruckten Wörter herauszufiltern, weil es schon weiß, welche Bedeutung sie haben. Diese These ist dadurch zusätzlich bestätigt worden (Campbell, 1999), dass häufiges Wiederlesen von beliebten Büchern dort festgestellt wurde, wo Kinder schon früh zu Hause mit Eltern/Bezugspersonen lesen gelernt haben und trotzdem wird diese wichtige Literacy-Strategie in den meisten frühpädagogischen Einrichtungen vernachlässigt.

## Bücher, Kassetten, Geschichtenzubehör und Büchersäcke

Man kann nicht genug betonen, wie wichtig es ist, jungen Kindern Bücher zur Verfügung zu stellen und im vorangegangenen Kapitel und in großen Teilen dieses Kapitels wurde dieser Punkt immer wieder hervorgehoben. Zwei weitere Aspekte der Versorgung mit Büchern sollen jedoch nicht unerwähnt bleiben: die Herstellung einfacher Bücher mit den Kindern und das Vorlesen von „großen" Büchern. Heutzutage gibt es viele großformatige Ausgaben der beliebtesten Kinderbücher. Dahinter steht die Idee, dass sich eine Gruppe von Kindern beim gemeinsamen Lesen eines Buches über ihre Literacy-Kenntnisse austauschen kann und die Erfahrung des gemeinschaftlich erlebten Vergnügens motivierende Wirkung hat. Große Bücher sind als Bücher für Gruppen gedacht (Holdaway, 1979) und durch ihr Format kann jedes Kind die Bilder und die Schrift sehen. Das bedeutet, dass der Erwachsene, der mit mehreren Kindern zusammen das Buch betrachtet, ihre Aufmerksamkeit auf Einzelheiten in der Schrift und auf den Bildern lenken kann, so wie es mit einem einzelnen Kind bei einem konventionell gestalteten Buch möglich ist (siehe Kapitel 5).

Viele Kinder entdecken von ganz allein, wie man ein Buch selbst herstellt: Sie falten ein oder zwei Blätter auf die Hälfte, schreiben und malen auf die Seiten und nennen es ihr Buch. Hier zeigt sich, was es bedeutet, ein junger Autor zu sein und ein einzigartiges Buch zu haben. Viele Pädagoginnen und Pädagogen integrieren die Herstellung von Büchern in den Alltag mit Kindern verschiedenen Alters (Smith, 1994). Auf diese Aktivität möchte ich in Kapitel 5 noch einmal zurückkommen; man sollte aber auf jeden Fall vor dem sechsten Lebensjahr damit anfangen, denn durch die Herstellung von Büchern lernen Kinder, wie Bücher funktionieren: die Bilder und die Schrift, die Gestaltung der Seiten, die Sprache von Büchern und die spezielle

---

[42]  *Auch in deutscher Sprache erschienen: Wadell, Kannst du nicht schlafen, kleiner Bär?, 1989.*
[43]  *Siehe unter http://www.funwithspot.com/*

Sprache über Bücher (Autor, Einband, Seiten, Wörter). Mit Fotos lässt sich ein Buch über ein Kind, eine Gruppe von Kindern, einen Ausflug oder eine besondere Einrichtung ganz individuell gestalten. Das Buch kann einfach aus gefalteten Blättern bestehen, es kann mit Hilfe einer Präsentationsmappe hergestellt werden, wie man sie im Schreibwarengeschäft bekommt oder aus dünner Pappe, zum Leporello gefaltet, beschriftet und mit Bildern beklebt werden.

Kassetten mit besonders beliebten Geschichten sind heutzutage weit verbreitet und die meisten Kinder sind davon völlig gefesselt. Der Grund dafür liegt in der Tatsache, dass sie einen weiteren Lesepartner bieten und zwar einen, der nie müde wird und den es nicht langweilt, wenn er ein und dieselbe Geschichte wieder und wieder erzählt. Bei Kassetten können Kinder die gesprochenen Laute den Wörtern auf der Seite zuordnen. Eltern und Erzieher können auf diese sehr motivierende Erfahrung aufbauen und Geschichten, Bücher, Reime, Lieder und Gedichte für Kinder auf Band vorlesen oder erzählen. Es ist etwas ganz Besonderes, wenn man eine vertraute Stimme auf einer Kassette lesen oder singen hört.

Über Zubehör zur Unterstützung von Büchern und Geschichten ist außerhalb von frühpädagogischen Kreisen kaum etwas bekannt, doch sie entwickeln sich allmählich zu einem wichtigen Brennpunkt des Interesses auf dem Gebiet frühkindlicher Literacy. Mit Geschichtenzubehör sind Sachen gemeint, die die Erzählungen in Büchern unterstützen und jungen Kindern helfen, sie zu erinnern, wiederzugeben und zu erweitern. Das kann eine Bandaufnahme eines Buches sein, wie oben erwähnt, in den meisten Fällen wird es sich dabei aber um einfache Zeichnungen handeln, die einige der Figuren aus dem Buch zeigen. Auf ihrer Rückseite wird Klettband oder ein Magnetband befestigt, so dass man sie auf metallenen oder mit Stoff bezogenen Tafeln hin- und herbewegen kann. Durch das Spiel mit diesen Bildern können die Kinder den Ablauf und die Sprache der Geschichte rekonstruieren. Manchmal kann auch ein Kuscheltier zum Geschichtenzubehör werden und die Hauptfigur darstellen, etwa ein Spot-Figur, ein Teddy oder ein „Lollopy"-Hase (Dunbar, 1991). Ein solches Tier ist eine besonders interessante Art von Zubehör, weil das Kind die Geschichte auch dem Kuscheltier erzählen kann und dabei in die Rolle des besser informierten Teils der Lesepartnerschaft schlüpft (Abb. 16). Eine andere Zubehörart zur Darstellung und Erweiterung von Geschichten sind Gegenstände, die Ähnlichkeit mit denen haben, die in den Büchern und Geschichten vorkommen, z. B. Holzlöffel und Schalen (*Goldilock and the Three Bears*), ein Einkaufskorb (*The Shopping Basket* – Burningham, 1980), ein paar Wärmflaschen (*Phoebe and the Hot Water Bottles* – Furchgott und Dawson, 1977) oder eine Schmusedecke (*Geraldine's Blanket* – Keller, 1984).

Büchersäcke sind eine Methode, Kindern regelmäßigen Zugang zu Geschichtenzubehör zu verschaffen und ihre Erfahrungen mit beliebten Büchern zu bereichern. Sie sind außerdem hervorragend geeignet, die aktive Beteiligung der Eltern an der Literacy-Entwicklung ihrer Kinder zu verstärken. „Ein Büchersack ist eine große Stofftasche mit einem guten Kinderbilderbuch und Zusatzmaterialien zur Anregung von Leseaktivitäten" (Griffith, 1997, S. 2). Der Sack ist normalerweise aus einem geeigneten hübschen Stoff gefertigt und enthält Stofftiere, Puppen oder andere Figuren, die die Hauptakteure im Buch verkörpern, vielleicht einige Gegenstände, die in der Geschichte vorkommen, ein Sachbuch, das in irgendeiner Weise an das Thema der Geschichte anknüpft und eine Hörversion des Buches. Ein Büchersack wird häufig durch ein Sprachspiel ergänzt, das auf dem Buch basiert und durch eine Karte mit Vorschlägen, mit deren Hilfe die Eltern einige Hör-, Lese- und Schreibaktivitäten um das Buch entwickeln können (siehe Kapitel 6). Dieser Ansatz lässt sich sehr gut auch auf Bücher für ältere Kinder und Gedichtbände anpassen.

*Abbildung 16*
*Einem Freund und*
*einem Kuscheltier*
*vorlesen*

Das Geschichtenzubehör fungiert als „Haken", an dem die Kinder die Wiedergabe der Geschichten in ihren Büchern aufhängen können: Sie eröffnen vergnügliche Spielmöglichkeiten mit Büchern und geben den Kindern Gelegenheit, die Erzählungen zu übernehmen.

## Der Blick nach vorn

Nicht alle Kinder haben die Möglichkeit, eine Tageseinrichtung zu besuchen und dort Literacy-Erfahrungen zu sammeln. Nicht selten werden diese Kinder in England bereits mit vier Jahren eingeschult. In diesem Fall finden sie sich mit einem überladenen formalen Curriculum konfrontiert und haben keine Gelegenheit, den engen und vertrauten Kontakt zu ausgebildeten Erwachsenen zu genießen, der eine Grundlage für erfolgreiche Literacy-Partnerschaften bildet. Diese Situation ist keineswegs ungewöhnlich und sie gefährdet die Literacy-Entwicklung junger Kinder und begrenzt ihre Lernmöglichkeiten. Die Ansätze, die in diesem Kapitel beschrieben werden, sollten allen jungen Kindern zugänglich gemacht werden. Wir machen uns etwas vor und entziehen unseren Vier- und Fünfjährigen die nötige Unterstützung, wenn wir sie allzu hastig in das Schulsystem eingliedern, in der Hoffnung, ihnen damit einen guten Start zu ermöglichen (EYCG, 1995). Eine frühpädagogische Einrichtung sollte eine Werkstatt sein, in der junge Kinder und Erwachsene denken, reden und ihre Erfahrungen auf die unterschiedlichste Weise darstellen: durch Reden, Tanzen, Geschichtenerzählen, Malen, Klettern, Kochen, Bauen, Singen, Rollenspiele und Zählen. Bei all diesen wichtigen Aktivitäten machen Kinder umfassende Literacy-Erfahrungen; ohne solche Möglichkeiten machen sie wenige Literacy-Erfahrungen.

In England steht die frühkindliche Erziehung und Bildung am Anfang einer neuen Ära. Sie wird durch den Bildungsplan für den Elementarbereich (2000) geprägt, der sich in sechs Lernbereiche gliedert: personale, soziale und emotionale Entwicklung; Kommunikation, Sprache und Literacy; mathematische Entwicklung; Kenntnis und Verständnis der Welt; körperliche Entwicklung und kreative Entwicklung. Es wird genau beschrieben, welche Leistungen Kinder erwartungsgemäß in jedem der sechs Bereiche vorweisen können, wenn sie im Alter von fünf oder sechs Jahren das Ende der vom Bildungsplan erfassten Phase erreicht haben. Die Erläuterungen zum Bildungsplan für den Elementarbereich nennen auch „Meilensteine" der Entwicklung in Richtung auf die Lernziele. Sie beziehen sich auf beobachtbare Fähigkeiten, Kenntnisse, Einstellungen und Einsichten der Kinder, die pädagogische Fachkräfte bei ihrer Arbeit mit den jungen Lernern wahrnehmen können. Die Baseline Assessment (Basisbeurteilung) der Kinder, die in England in den ersten sieben Wochen ihrer Grundschulzeit stattfindet (zu diesem Zeitpunkt sind die Kinder vier und fünf Jahre alt), soll bald durch ein Foundation Stage Profile Assessment Scheme (Frühpädagogisches Beurteilungsprofil) abgelöst werden, das sich auf Beobachtungen und kontinuierliche Beurteilungen eines jeden Kindes in allen sechs Bereichen des Bildungsplans stützt und erst am Ende des Vorschuljahres abgeschlossen wird.[44]

Die neue Betonung von Kommunikation als Grundlage für Sprache und Literacy und der Beobachtung der Lernstrategien eines Kindes über einen längeren Zeitraum ist ein Schritt in die richtige Richtung und der entsprechende Abschnitt der Erläuterungen enthält im Vorwort einige wertvolle Hinweise zu effektivem Lernen und Unterrichten. Diese heben vor allem die folgenden Punkte hervor: den Respekt für Kommunikation in jedem Bereich des Curriculums, das Eintauchen in ein Umfeld, das viele Arten und Funktionen von Schrift bereithält, Wertschätzung und Planung von Sprechen und Zuhören und die Vorbildfunktion der Erzieher, die den Einsatz von Sprache als Denkinstrument und die Einsatzmöglichkeiten von Lesen und Schreiben demonstrieren. Dies sind „gute Sachen" und sie sind zu begrüßen. Es gibt jedoch weiterhin einige eng gefasste Vorstellungen von Literacy und vor allem von ihrer Beurteilung.

- Die Eingangsklassen der Primarschule leiden nach wie vor unter dem Druck, die Kinder auf eine Reihe von formalen Tests vorbereiten zu müssen. Dazu gehören die *National Assessment Tasks and Tests* am Ende der *Key Stage 1* (2. Jahr, Alter: sieben Jahre). Außerdem besteht weiterhin die Weisung, die Kinder auf die Literacy- und Numeracy-Stunden (Lese-, Schreib- und Rechenstunden) vorzubereiten, was in einem auf spielerische Erfahrungen abzielenden Curriculum sicherlich fehl am Platze ist. All diese Zwänge führen zu Verzerrungen in der letzten Phase des Bildungsplans für den Elementarbereich.

- Obwohl die Erläuterungen einen Abschnitt über „Kinder mit Englisch als zusätzlicher Sprache" enthalten, gibt es kaum Hinweise auf die Tatsache, dass das Sprechen und Schreiben der englischen Sprache für viele Kinder nicht notwendigerweise die erste und nächstliegende Leistung ist. Im Alter von vier Jahren schrieb meine Enkelin ihren Namen in einem israelischen Kindergarten von rechts nach links in modernem Hebräisch und unterschrieb die Briefe ihrer Mutter an mich in englischer Schrift von links nach rechts.

---

[44] *Das kompetenzorientierte Grundstufenprofil (Foundation Stage Profile) löste 2003 die Baseline Assessment ab. Das Einschätzverfahren ist obligatorisch und wird im letzten Drittel des ersten Schuljahrs (d. h. in der Regel mit 5 Jahren) eingesetzt.*

- Die Lernziele unterschätzen weiterhin die sozialen, kognitiven und sprachlichen Fähigkeiten junger Kinder und formulieren auf dem Gebiet der Literacy Erwartungen auf niedrigem Niveau und eng gefasste Ziele: einfache, regelmäßige Wörter mit Hilfe der Kenntnisse von Laut-Buchstaben-Entsprechungen schreiben oder Buchstaben sprechen und benennen oder Buchstaben groß und klein schreiben. Diese Beispiele widersprechen den Untersuchungen, die belegen, dass einfache, regelmäßige Wörter gar nicht so einfach zu lesen und zu schreiben sind und wenig mit den Interessen und Leidenschaften der Kinder zu tun haben.

- Dieser eng gefasste Ansatz, der auch in so unterschiedlichen Gesellschaften wie Australien, Südafrika und den USA zu finden ist, führt zu einem Unterricht, der sich am „kleinsten gemeinsamen Nenner" ausrichtet und ein begrenztes Maß an Unterweisung mit dem Ziel einer elementaren, aber keineswegs befreienden Literacy bietet, vor allem, wenn das Personal schlecht ausgebildet ist und wenig Unterstützung erhält. Es könnte gut sein, dass Gruppenunterricht mit Themen wie „Wie ich einen Stift richtig halte", „Wie ich Buchstaben richtig schreibe", „Wir üben unseren Namen schreiben" und „Welcher Buchstabe gehört zu welchem Laut?" in Zukunft zunimmt.

Einige dieser Aktivitäten haben natürlich ihre Berechtigung, wenn es darum geht, die Literacy von Gruppen und Individuen zu fördern, doch sie können nur in Zusammenhängen Erfolg zeigen, die für die Kinder persönlich und sprachlich Sinn machen.

# 5 Literacy: Die Jahre 6 bis 8

Die ersten schulpflichtigen Jahre sind in England und Wales immer noch in drei Phasen unterteilt: Eingangsklasse, Key Stage 1 (Altersstufe 1) und der Beginn von Key Stage 2 (Altersstufe 2) der im Nationalen Lehrplan ausgewiesenen Leistungsstufen. Die Diskrepanz zwischen dieser Mischung von Altersstufen und der gängigen internationalen Definition, die die frühkindliche Zeitspanne von der Geburt oder vom dritten Lebensjahr bis zum achten Lebensjahr sieht, bedeutet nicht zwangsläufig eine Einschränkung dessen, was mit und von Sechs- bis Achtjährigen erreicht werden kann. Die Situation stellt uns alle vor die Aufgabe, unser Verständnis der allgemeinen Grundsätze zu demonstrieren, die in Kapitel 4 erörtert wurden, und zu zeigen, dass wir fähig und entschlossen sind, sie in die Praxis umzusetzen. Alle Frühpädagoginnen, Frühpädagogen und Bezugspersonen von jungen Kindern haben die Möglichkeit, im Bereich Literacy zu arbeiten:

- Eltern und andere Bezugspersonen sollten für ihre Kinder angemessene Erfahrungen und Aktivitäten in Sprache und Literacy fordern.

- Lehrerinnen und Lehrer, Erzieherinnen und Erzieher und andere, die mit jungen Kindern arbeiten, sollten das Sprachcurriculum so planen, dass es dem Alter und den Entwicklungsstadien der Kinder entspricht und den bekannten Forschungsstand über Sprache und Denken berücksichtigt, während sie gleichzeitig die Forderungen der Nationalen Bildungspläne und die „Empfehlungen" der Nationalen Literacy-Strategie (NLS) in ihre Überlegungen einbeziehen.

## Die Literacy-Stunde in England

Die Nationale Literacy-Strategie (DfEE, 1998) wird in England ausdrücklich empfohlen, stellt aber kein Pflichtprogramm dar, und nur wenigen Grundschulen ist es gelungen, ihre Umsetzung zu umgehen. Das Hauptmerkmal der Strategie ist eine Stunde am Tag, in der Literacy-Unterricht für die ganze Klasse abgehalten wird. Der Unterricht orientiert sich an den Lernzielen für jedes einzelne Trimester, von der Eingangsklasse bis zum sechsten Jahr der Grundschule, wenn die Kinder zehn oder elf Jahre alt sind. Die Literacy-Stunde ist streng gegliedert:

- Arbeit mit der ganzen Klasse an einem gemeinsamen Text: 15 Minuten

- Arbeit mit der ganzen Klasse auf Wortebene: 15 Minuten

- Lese- und Schreibaufgaben in Kleingruppen: 20 Minuten

- Reflexion und Zusammenfassung der Stunde mit der ganzen Klasse: 10 Minuten

Leider zeigt die NLS keinerlei Bemühungen, frühkindliche Literacy in dem zu verankern, was die Kinder mitbringen: ihre Literacy-Erfahrungen aus dem häuslichen Umfeld, ihre persönlichen Interessen, ihre Kompetenzen als Kommunikatoren und ihren Erkundungen von Sprache und Literacy. Der NLS-Ansatz wird Kindern wie Lehrern aufgezwungen; es geht dabei um Kontrolle und Unterweisung und weniger um emanzipatorische Literacy und Bildung. Dass es den Vorgaben der NLS an Verständnis des frühkindlichen Literacy-Erwerbs mangelt, lässt sich an der empfohlenen Vorgehensweise erkennen:

- junge Kinder werden in der ganzen Klasse unterrichtet;

- lange Phasen passiven Zuhörens für die Kinder;

- Bezeichnungen für linguistische Kategorien werden gelernt;

- soziale Erfahrungen und Interessen der Kinder werden ignoriert;

- „erzählen" und unterrichten werden miteinander verwechselt;

- eine stark vereinfachende Überzeugung, dass klar definierte Ziele das Niveau anheben und dass sich das Literacy-Lernen in einfache Schritte zergliedern lässt (Whitehead, 1999a).

Bei Literacy in den ersten Grundschuljahren geht es immer noch darum, auf den beachtlichen Fähigkeiten der Kinder als Kommunikatoren, Sprecher, Zuhörer, Schreiber und Leser aufzubauen, sie zu fördern und zu erweitern. Die Wahrscheinlichkeit ist groß, dass wir das Potenzial der Kinder als Sprachlerner unterschätzen und ihre Entwicklung hemmen, wenn wir uns für die frühkindliche Phase die Umsetzung eines Sprachcurriculums zum Ziel setzen, das nicht auf den Prinzipien und Anliegen beruht, wie sie in diesem Buch dargestellt werden, nämlich:

- Sprechen, Geschichten und Erzählungen;

- Erfahrungen deuten;

- Symbole und Repräsentationen verstehen.

Diese Prinzipien enthalten nichts, was notwendigerweise in Konflikt mit den Zielen des Nationalen Lehrplans für Schulen geraten muss, obwohl die enger gefassten Forderungen der Nationalen Literacy-Strategie problematisch sind. Diese Prinzipien stellen nichts weiter als die Grundlagen von Sprache und Spracherwerb dar; sie nicht zu berücksichtigen führt mit Sicherheit dazu, dass die Kenntnisse, die am Ende von Key Stage 1 und 2 gefordert werden, kaum zu vermitteln sind. Effektiver Literacy-Unterricht in den ersten Grundschuljahren ist nur möglich, wenn man diese elementaren Prinzipien versteht und sie zur Grundlage des Unterrichtsgeschehens macht. In diesem Kapitel geht es darum, welche Prioritäten gesetzt werden und welche Auswirkungen sich daraus für unsere Arbeit mit jungen Kindern ergeben. Zunächst gibt es eine Checkliste für Lehrerinnen und Lehrer sowie andere Erwachsene, die im schulischen Bereich tätig sind, dann folgen Ausführungen zur Gestaltung eines Literacy-Workshops als Teil des Unterrichts. Überlegungen zur Rolle des „Literacy-Lehrers" schließen das Kapitel ab.

## ▶ Checkliste für Pädagoginnen und Pädagogen

Alle Pädagoginnen und Pädagogen, die mit jungen Kindern arbeiten, sind zugleich „Sprach-Lehrerinnen und -Lehrer"[45] und diese Liste mit Fragen ist lediglich als Anstoß gedacht, der die Aufmerksamkeit auf die wesentlichen Punkte von Sprache und Literacy in den ersten Grundschulklassen lenken will. Es ist nicht die Art von Checkliste, wie sie Kindern in der Schule häufig vorgelegt wird und bei der man einfach Kästchen ankreuzen muss: So gradlinig ist Literacy nicht.

### Die Lernumgebung

- Vermittelt Ihr Raum oder Ihre Einrichtung durch ihr Erscheinungsbild, die allgemeine Gestaltung, die Art der Materialien und die angebotenen Aktivitäten die Botschaft, dass Sie eine Gemeinschaft von Sprechern und Zuhörern, Lesern und Schreibern fördern und unterstützen?

### Sprechen und zuhören

- Gibt es in der Einrichtung reichlich Gelegenheit und Material, das zum Sprechen und Zuhören anregt und es fördert?

- Haben die Kinder die Möglichkeit, Geschichten und Gedichte auf Tonträgern anzuhören, in Gruppen oder allein mit Kopfhörer?

- Geben Sie bisweilen Anleitungen, Erläuterungen und Aufgaben auf Kassetten?

- Hören Sie in Ihrem Raum oder Ihrer Einrichtung regelmäßig Musik, auf Tonträgern oder live?

- Singen Sie und die Kinder oft und sagen Sie und die Kinder Gedichte und Reime auf?

- Unternehmen Sie mit den Kindern „Lauschausflüge" mit dem Kassettenrecorder, bei denen Sie interessante alltägliche Geräusche aufnehmen und verwenden Sie die Geräusche in der Klasse als Erkennungsspiele und als Inspiration für Lieder, Gedichte, Geschichten, Bilder, Modelle und Tänze?

- Machen Sie die Kinder mit Spielen bekannt, bei denen es um Sprechen und Zuhören geht?

- Geben Sie den Kindern Anregungen und auch Raum für Rollenspiele?

- Schätzen und verwenden Sie das Theaterspielen als wesentliche Lernform im Unterricht?

- Bekommen die Kinder Hilfe beim Herstellen von einfachen Handpuppen oder Marionetten und Puppentheatern als Möglichkeit, ihre Sprachregister zu erweitern?

- Schätzen und verwenden Sie das Erzählen von Geschichten, eigenen und denen der Kinder?

- Stellen Sie Geschichtenzubehör als Unterstützung her, wenn Sie entweder selbst Geschichten erzählen oder die Kinder Geschichten aus ihren Lieblingsbüchern nacherzählen?

---

[45] Die Einsicht, dass Sprachförderung eine ganzheitliche Aufgabe ist, die über den expliziten Sprachunterricht hinausgeht und in allen Fächern und bei allen Aktivitäten stattfinden sollte, ist auch in Deutschland in der Praxis angekommen (Kindergarten heute – spezial: Sprachförderung und Sprachentwicklung, 2005). Leider dominiert auch hier noch die monolinguale Perspektive: es geht um die deutsche Sprache.

Geben Sie den Kindern die Möglichkeit, Zubehör für selbst erfundene Geschichten zu basteln?

- Planen Sie Zeit für regelmäßige tägliche Diskussionen und für freundliches Geplauder ein, für die Besprechung von Spiel- und Arbeitsvorhaben von und mit den Kindern, für die Nachlese und Bewertung von Aktivitäten und Erfahrungen der Kinder?

- Haben die Kinder gelernt, wie sie Interviews mit Beschäftigten in der Einrichtung, mit Besuchern, ihren Familien und anderen Kindern aufnehmen können? Haben sie Gelegenheit, sich mit vielen unterschiedlichen Leuten zu unterhalten?

## Literatur

- Haben Sie eine ansprechende und gemütliche Leseecke oder -zone eingerichtet? Ist die Bücherecke lebhaft und interessant gestaltet, mit Pflanzen, Gegenständen, Bildern und Büchern?

- Lassen Sie dort meist das Geschichtenerzählen und Lesen mit den Kindern stattfinden?

- Laden Sie regelmäßig traditionelle Geschichtenerzähler ein, einen Tag in Ihrer Klasse/Einrichtung zu verbringen?

- Behandeln Sie bisweilen einen thematischen Buchschwerpunkt wie Tiere, Märchen, Lieblingsautoren/-illustratoren, Nachschlagewerke oder Gedichte?

- Haben Sie angefangen, eine Sammlung oder „Bücherei" aus Büchersäcken aufzubauen, die von der Schule und der Nachbarschaft der Schule zusammengestellt werden?

- Liegen Bücher in anderen Bereichen des Raumes oder der Einrichtung aus, nicht weit von wichtigem Anschauungsmaterial, interessanten Gegenständen, Sammlungen oder anderen Bereichen des Curriculums?

- Haben Sie einige Sachbücher und Nachschlagewerke mit Bedacht ausgesucht und den Kindern zur Verfügung gestellt? Werden sie benutzt und in die Arbeit und die Interessen der Kinder eingebunden? Haben Sie begonnen, den Kindern Lerntechniken beizubringen wie Sachen in einem Inhaltsverzeichnis und einem Stichwortverzeichnis nachschlagen oder Diagramme, Pläne und Listen lesen lernen?

## Literacy

- Gibt es viele Beispiele für spontanes Zeichnen und Schreiben, Lesen, Blättern und gemeinsames Betrachten von Büchern?

- Benutzen Sie und die Kinder Geschichtenzubehör, Bücher und Kassetten gemeinsam?

- Ist das Herstellen von Büchern ein wichtiger Schwerpunkt Ihres Literacy-Unterrichts und des Literacy-Lernens der Kinder?

- Wie können Sie mehr Literacy in anderen Bereichen des Curriculums und Aktivitätsecken einführen? Gibt es z. B. Zeitungen, Comics, Zeitschriften, Notizbücher, Schreibblöcke, Papier für Listen, Bleistifte, Malstifte und Filzer; Ankündigungen, Erläuterungen und Anweisungen an Orten wie einer Mathematikecke, einer naturwissenschaftlichen Ecke, einer Rollenspielecke oder einer Bauecke?

- Regen Bildungsbereiche wie Naturwissenschaften, Sport, Musik und Religion zum Lesen und Schreiben an?

- Wie vielfältig sind die Möglichkeiten zum Zeichnen und Schreiben in Ihrem Raum? Haben Sie ein Schwarzes Brett für die Klasse und können die Kinder und ihre Familien es benutzen? Werden andere Sprachen außer Englisch benutzt und gern gesehen? Gibt es für die jüngsten Kinder eine gut positionierte Tafel oder Flipchart, auf der sie Spuren zeichnen und großflächig kritzeln können?

- Haben Sie eine ansprechende Schreibzone, einen Tisch oder eine Ecke, die gut instand gehalten wird und mit Stiften, Papier, Radiergummis usw. ausgestattet ist?

- Haben Sie eine Computerecke und haben Mädchen und Jungen die Möglichkeit, unter bestimmten Bedingungen dort zu arbeiten? Haben Sie die Bedingungen mit ihnen abgesprochen, sind sie fair und verständlich für die Kinder?

- Zeigen Sie in regelmäßigen Abständen Beispiele für Schriften aus unterschiedlichen Kulturen, schriftliche Nachrichten und Informationen in anderen Sprachen, bemalte und verzierte Buchstaben, verschiedene Alphabete, unterschiedliche Schreibmuster und -stile?

- Helfen Sie den Kindern, Schrift aus der Umgebung zu sammeln und aufzukleben und stellen Sie Fotos von Schildern und bekannten Logos zur Verfügung?

- Haben Sie eine anregende Sammlung von Briefen, Zeitungen, Postkarten, Rezepten, Grußkarten, Einladungen, Formularen und Verpackungen, die die Kinder lesen, benutzen, oder ausschneiden und wieder verwenden können?

- Welche Wortquellen gibt es im Raum und in der Einrichtung? Gibt es Listen von Wörtern und Wortgruppen, die die Kinder regelmäßig benutzen? Gibt es Wortsammlungen zu Anschauungsmaterialien und anderen Sachen? Haben Sie informative Etiketten und Namenskärtchen im Raum verteilt? Beteiligen Sie die Kinder an der Herstellung solcher Karten und an Überlegungen, wo sie platziert und wie sie verwendet werden?

- Gibt es Körbe für die Aufbewahrung unfertiger Schreib- und Zeichenarbeiten oder für Computerausdrucke, die noch bearbeitet werden müssen? Haben die Kinder Zugang zu Markierstiften, die ihnen bei Durchsicht und Korrektur helfen?

- Spielen Sie jeden Tag Spiele, bei denen es um Laute, Reime, Zungenbrecher und Nonsens geht?

- Helfen Sie den Kindern, selbst Alphabete herzustellen und spielerisch Wortfamilien zu bilden (sun, fun, run usw. – Matte, Latte, Watte)?

- Planen Sie häufige Gelegenheiten zum gemeinsamen Lesen und Schreiben in großen und kleinen Gruppen ein, wie es gerade angemessen ist?

- Machen Sie und andere Erwachsene sich im Bereich der Literacy so nützlich wie möglich für die Kinder? Helfen Sie den Kindern als Sekretäre, Schreiber, Computer- und Maschinenschreiber, Redakteure, Autoren, Verleger und Briefpartner aus?

- Fangen Sie an, grundlegende Kenntnisse im Umgang mit der Maus und der Computertastatur zu vermitteln, z. B. dass die Finger auf die Buchstabentasten und die Daumen auf die Leertaste kommen?

Der Rest dieses Kapitels beschäftigt sich mit einigen der Themen, die die Checkliste für Sprach-Lehrerinnen und -Lehrer anspricht.

# ▶ Die Literacy-Werkstatt

Eine Grundschulklasse oder eine frühpädagogische Einrichtung, die wie eine Literacy-Werkstatt arbeitet, weist zwei wichtige Merkmale auf: das eine betrifft die „praktische" Seite, während das andere mit eher mit „Philosophie und Motivation" zu tun hat.

Was die praktische Seite einer Werkstatt betrifft, so geht es im Wesentlichen um die Verfügbarkeit und den Zugang zu den notwendigen Werkzeugen, die man für die Arbeit braucht, deshalb die Fragen nach der Verfügbarkeit von klar abgegrenzten Schreib- und Leseecken, Computern und Papier- und Stiftvorräten in der Checkliste. Ein unproblematischer Zugang zu diesen Materialien und Werkzeugen ist für junge Literacy-Lerner ebenfalls sehr wichtig, daher sollte man darauf achten, dass sie so platziert werden, dass die Kinder ohne Schwierigkeiten heranreichen und sie auch wieder zurücklegen können. Der alte Spruch „Ein Platz für alles und alles an seinem Platz" ist wichtig in einer Werkstatt, in der emsig gearbeitet wird und man kann junge Kinder in ihrer Literacy-Entwicklung unterstützen, indem man informative Aufschriften an Kisten, Regalen, Körben, Schranktüren und anderen Oberflächen anbringt. Die Aufschriften sollten auf jeden Fall Wörter enthalten – schließlich geht es hier um Literacy –, doch sie können ihre Botschaft zusätzlich durch Fotos, Bilder und Umrisse der entsprechenden Gegenstände signalisieren, so dass es einfacher wird, alles dort einzuräumen, wo es hingehört.

Wenn die Werkstatt ausgerüstet und das Praktische erledigt ist, beginnen die Kinder von dem Element der Einrichtung zu profitieren, das ich recht unbeholfen unter dem Stichwort „Philosophie und Motivation" zusammengefasst habe. Die Kinder sind in der Lage, wie selbstständige Arbeiter zu handeln, die selbst wissen, wo sie die Werkzeuge für Literacy finden. Zugleich können sie aber auch ihr Wissen mit anderen Kindern teilen und Erwachsene in ihre Untersuchungen und ihr Lernen einbeziehen. Diese Kontrolle über die Werkzeuge und die Motive für Literacy bedeutet große Eigenständigkeit für Erwachsene und Kinder und bringt den Wunsch und die Mittel für Literacy zusammen. Eine Literacy-Werkstatt ist voll von guten Gründen für das Lesen und Schreiben und bietet jede Menge Werkzeuge, mit denen man beides machen kann.

Eine Werkstatt ist unabhängig von der Arbeit, die dort verrichtet wird, ein Ort, an dem Leute über das reden, was erledigt werden muss und sie erzählen sich Geschichten über das Leben, über Gefühle und über das, was Romanautoren gerne die *condition humaine* nennen. Literacy-Werkstätten in Schulen und anderen frühpädagogischen Einrichtungen sollten genauso sein: Kinder und Erwachsene müssen über ihr Leben und ihre Gefühle reden und über Bücher, Gedichte, Geschichten, Wörtern, Alphabete, Namen, Buchstaben, Stifte, Farben, Bilder, Bildschirme – und was es sonst noch so gibt. Das ist der Grund, weshalb in einem der vorangegangenen Kapitel die Verbindung zwischen Sprache und Denken beschrieben wurde und warum die Checkliste für Sprachlehrer einen Abschnitt zu Sprechen und Zuhören enthält. In einer Literacy-Werkstatt sind die Verbindungen zwischen Denken, Sprechen, und Literacy eng und offenkundig.

Die Vorgaben des Nationalen Lehrplans für Schulen in den Altersstufen 1 und 2 setzen eine große Bandbreite an Gelegenheiten zum Sprechen voraus, vom Geschichtenerzählen über das Theaterspielen und das Abklären von Vorstellungen bis zum Planen und Vorhersagen von Resultaten. Es gibt keinerlei Hinweise darauf, dass sich diese wichtige Voraussetzung für Literacy übergehen lässt oder dass schweigende Kinder, die Wörter abschreiben und Arbeitsblätter ausfüllen, die Lernziele des Nationalen Lehrplans erfüllen. Außerdem haben Untersuchungen gezeigt, dass der Werkstattansatz für Literacy auch für ältere Kinder geeignet ist (Harste, Woodward, Burke, 1984; Calkins, 1986; MacKenzie, 1992).

Nur in einer Einrichtung, in der nach der Werkstattmethode verfahren wird, lässt sich Literacy in der Bandbreite, Vielfalt, Flexibilität und auf dem Niveau verwirklichen, das für Kinder Sinn macht.

## Gemeinsame Literacy-Aktivitäten

Unter der Idee von „Gemeinsamen Literacy-Aktivitäten" verstehe ich nicht die wohlgemeinte, aber unstrukturierte Vorgehensweise, bei der Erwachsene sich gelegentlich Bücher mit Kindern ansehen und ihnen helfen, ein paar Wörter zu buchstabieren. Gemeinsames Lesen und gemeinsames Schreiben sowohl mit kleinen als auch mit großen Gruppen von Kindern (also mit der ganzen Klasse) sind ein wesentliches Element guter Arbeit in der Literacy-Werkstatt.

## Gemeinsames Lesen

Das lässt sich mit ein paar Kindern, einem Lehrer und der Standardausgabe eines Buches durchführen, doch viele Kinderbücher auf hohem literarischen und künstlerischen Niveau sind heute als Großformate erhältlich, so dass eine große Gruppe von Kindern sowohl die Schrift als auch die Illustrationen ohne Schwierigkeiten sehen kann. Beim gemeinsamen Lesen bringen Erwachsene die Kompetenzen und Kenntnisse eines erfahrenen Lesers in die Situation ein und machen sie selbst den Kindern aktiv vor.

In der Praxis bedeutet dies, dass die Lehrkraft den Kindern den Text laut vorliest und zwar zunächst als ununterbrochene Lesung, so dass der Ablauf der Geschichte und der Erzählstil deutlich werden und die Kinder die Illustrationen ausgiebig betrachten können. Die zweite und dritte Lesung beschäftigen sich stärker mit dem Text selbst und der Vorlesende weist darauf hin, dass die Wörter im gedruckten Text von links nach rechts gelesen werden und hebt interessante Elemente der Buchgestaltung wie den Bucheinband, die Namen von Autor und Illustrator und bibliographische Einzelheiten hervor. Gespräche über den Ablauf der Geschichte, die Figuren und die Geschichten, die die Bilder erzählen, schulen die Fähigkeiten der Kinder als kritische Leser, die genau hinschauen. Ebenso sorgt der Erwachsene dafür, dass sich die Kinder mehr und mehr auf die Schrift konzentrieren, indem er ihre Aufmerksamkeit auf häufig wiederkehrende Namen, Wortgruppen oder Reime lenkt und auf Wörter, die die Kinder vielleicht schon aus vorangegangenen Lesungen, von Wörtersammlungen und Namensschildchen in der Klasse oder durch Schrift in der Umgebung außerhalb der Schule kennen. Gemeinsam über diese Wörter zu reden, die in einem sinnvollen Kontext stehen, stellt sicherlich eine angemessene Form der Förderung phonologischer und alphabetischer Bewusstheit dar – man könnte es als „Laut-Buchstaben-Lehre in Aktion" bezeichnen. Kombinationen von Anfangsbuchstaben wie „ch", „th" und „st", häufige Endungen und Reime, geläufige Muster im Englischen wie „qu", „ou" und all die Doppelvokallaute wie sie in Wörtern wie „sleep", „moo" und „baa" vorkommen, machen es den Kindern möglich, Wörter in „Familien" zu erkennen und sie zusammenzustellen und den Schlüssel zum geschriebenen Englisch zu verstehen. Diese genaue Betrachtung von Schrift ermöglicht es Lehrer und Kindern außerdem, über das Wesen und die Funktionen der Zeichensetzung zu sprechen, wenn sie Großbuchstaben, dem Punkt am Satzende, Kommata und Gänsefüßchen begegnen und so aufregenden Sachen wie Gedankenstrichen, Fragezeichen und Ausrufungszeichen, wie sie in Texten zu sehen sind.

## Gemeinsames Schreiben[46]

Das gemeinsame Schreiben stellt ebenfalls eine sehr spezielle didaktische Methode dar. Die Gepflogenheiten der Schriftsprache werden durch eine Partnerschaft vermittelt, bei der Kinder und Erwachsene gemeinsam echte und sinnvolle schriftliche Kommunikation betreiben. Als Werkzeuge benötigen Sie für diese Aktivität, die mit kleinen oder großen Gruppen von Kindern durchgeführt werden kann, einen dicken Filzstift und ein Flipchart, eine Tafel oder ein paar große Bögen Papier auf einer kleinen Staffelei. Das Schreibthema wird im Gruppengespräch festgelegt und sollte sich ohne Schwierigkeiten aus den vielen gemeinsamen Interessen, Aktivitäten und Projekten ergeben, die es in jeder Klasse gibt. Bei manchen Gelegenheiten mag es angemessen sein, etwas zu schreiben, das auf dem Wunsch eines einzelnen Kindes beruht, über eine persönliche Erfahrung zu berichten. Die schriftliche Botschaft kann aus nur einem Satz mit einem halben Dutzend Wörtern oder aus einem ganzen „Kapitel" einer Fortsetzungsgeschichte der gesamten Gruppe oder Klasse bestehen. Die Länge hängt zum Teil vom Alter der Kinder und von ihrer gemeinsamen Vergangenheit als Schreibgruppe ab. Wichtig sind die Häufigkeit der gemeinsamen Schreibsitzungen und die Qualität der damit verbundenen Überlegungen zu Literacy, nicht die Anzahl der Wörter.

Der Erwachsene, der Lehrer und Schreiber in einer Person ist, schreibt auf, was die Kinder diktieren, begleitet aber sein Tun und das der Kinder mit Erläuterungen und lenkt die Aufmerksamkeit der Kinder auf die kleinsten Details. Zunächst bedeutet das, die Überlegungen und Satzfragmente, die die Gruppe anbietet, zu passenden Beiträgen für den Text zu machen. Auf dieser Ebene helfen Sie den Kindern, den wichtigen und komplexen Schritt vom Sprechen zum Schreiben zu machen: In einem ganz realistischen Kontext stellen die Kinder fest, dass Schreiben etwas anderes ist als Sprechen. Während sie mit der entsprechenden Unterstützung beginnen, Äußerungen zu Sätzen zu machen, erfahren sie, dass das Schreiben nicht vom unmittelbaren Kontakt, von Gesten und Tonlage lebt, sondern autark und aussagefähig ist und sich auf linguistische Elemente und Gepflogenheiten wie Zeichensetzung stützt, um seine Botschaft zu übermitteln. Die Gepflogenheiten, die es beim Schreiben zu beachten gilt, lernen die Kinder kennen, wenn sie im Gespräch auf Entscheidungsfragen aufmerksam gemacht werden, z. B.:

● Wo auf dem Papier fange ich an?

● Benutze ich einen Großbuchstaben?

● Wie schreibe ich das?

● Mit welchem Buchstaben beginnt es?

● Kenne ich ein solches Wort schon?

● Habe ich dieses Wort schon einmal benutzt?

● Ist dieser Abschnitt hier zu Ende?

● Setze ich hier einen Punkt?

● Wie zeige ich an, dass dies eine Frage ist?

---

[46] *Hinweise über Pilotprojekte in Deutschland und Erfahrungen mit der Schriftsprache in der Elementarbildung finden Sie auf dem deutschen Bildungsserver. Siehe: http://www.bildungsserver.de/zeigen.html?seite=3370 Zinke/Bostelmann/Metze (Hrsg.), Vom Zeichen zur Schrift, Begegnungen mit Schreiben und Lesen im Kindergarten, 2005.*
*Schriftspracherwerb durch Computerunterstützung: www.schlaumaeuse.de*

Der Lehrer kann auch die Kinder bitten, ihm zu sagen, was er tun und worauf er achten sollte. Auf jeden Fall führen die Fragen dazu, dass der entstehende Text immer wieder gelesen und an manchen Stellen neu geschrieben wird, dass viel über Sprache gesprochen wird und dass echte Literacy-Probleme tatkräftig gelöst werden (Geekie und Raban, 1993, S. 20).

Die Methode, bei der Kinder Literacy gemeinsam erleben und erarbeiten, macht es ihnen möglich, sich von Beginn an wie richtige Leser und Schreiber zu verhalten. Zudem werden sich diese Strategien als wichtige Hilfsmittel erweisen, wenn sie allein schreiben.

## Bücher herstellen

Es gibt eine weitere Aktivität in der Literacy-Werkstatt, die den Kindern hilft, all die Verfahren und Kompetenzen zu erlernen, die mit Lesen und Schreiben zu tun haben: das Herstellen von Büchern. Diese Tatsache wurde im vorangegangenen Kapitel kurz erwähnt; es ist jedoch ganz wichtig, dass diese Methode auch in der Grundschule fortgesetzt und erweitert wird. Als Literacy-Strategie bezieht es alle Vorgänge ein, die in den oben angeführten Überlegungen zu Literacy als gemeinsame Aktivität geschildert werden. Darüber hinaus ermöglicht das Herstellen von eigenen Büchern dem einzelnen Kind oder einer Gruppe von zwei oder drei Partnern, zu Autoren und Illustratoren zu werden und ihre Arbeiten regelmäßig veröffentlicht zu sehen, die sie dann im Unterricht oder zu Hause verwenden. Im Mittelpunkt dieser Methode steht ein erfahrener Erwachsener, der als Schreiber tätig ist, und ein Kind, das eine Geschichte zu erzählen hat. Diese Partnerschaft bringt einen Text hervor, der auf unterschiedliche Weise für die „Veröffentlichung" bearbeitet werden kann: Illustrationen oder Fotos werden hinzugefügt, der Text wird auf der Maschine oder mit Hilfe eines Schreib- und Grafikprogrammes auf dem Computer geschrieben, gestaltet und schließlich ausgedruckt und das Buch schließlich mit traditionellen Buchbindetechniken hergestellt. Das fertige Produkt herzustellen sollte kein technisches Problem werden; der Wert des Buches liegt vor allem in der Schreiberfahrung und dem Erschaffen eines Lesetextes. Das Buch sollte so schön wie möglich aussehen, sollte aber nicht an professionellen Maßstäben gemessen werden. Für viel beschäftigte Lehrerinnen und Lehrer und andere Leute, die mit Kindern zu tun haben, gibt es einige praktische Hinweise zur Herstellung von Büchern (Johnson, 1991).

Inzwischen gibt es eine groß angelegte Untersuchung zu dieser Methode und dort wird vor allem das Dreiecksverhältnis zwischen Autor/Leser, Schreiber/guter Zuhörer und dem Text hervorgehoben, der geschrieben, gelesen und bearbeitet wird (Smith, 1994). Dieser Autor gibt darüber hinaus detaillierte Ratschläge, wie man Bücher schreibt, Bücher liest und anderen Erwachsenen, Eltern und älteren Kindern beibringt, als Schreiber und Zuhörer zu fungieren.

Wir dürfen nicht vergessen, dass Kinder sich in einem Klassenzimmer, wo Material und Hilfe bei der Herstellung von Büchern immer zur Verfügung stehen, gegenseitig helfen. Auf diese Weise haben sie noch mehr Möglichkeiten, Sprecher und Zuhörer zu sein, beim Umformen gesprochener Sprache zu Schriftsprache zu helfen und als Schreiber, Leser, Redakteure, Illustratoren und Buchdesigner zu arbeiten. Diese Partnerschaften in Literacy erweitern zudem den technischen Wortschatz der Kinder, so dass sie über Literacy und Bücher sprechen und dabei über Sätze, Absätze, Zeichensetzung, Doppelseiten, Vorsatzpapier und Überschriften diskutieren können – die Möglichkeiten sind endlos!

## Redaktionsarbeiten

Ein weiterer großer Vorteil der regelmäßigen Eigenherstellung von Büchern in der Literacy-Werkstatt liegt darin, dass die Kinder viel über das Bearbeiten, Korrigieren und Umschreiben von Texten erfahren. Diesem Thema sollte man sich in den ersten Grundschuljahren behutsam nähern: Eine pauschale Aufforderung wie „Schreib das noch einmal und zwar in deiner besten Handschrift!" kann entmutigend auf einen jungen Schreibanfänger wirken, der viel Zeit und Energie auf seinen ersten Text verwendet hat. Der junge Schreiber und Verfasser, der beginnt, flüssig zu schreiben und große Mengen an Text produziert, ist wahrscheinlich bereit, über die Standardisierung der Zeichensetzung und der Schreibweise mancher Wörter zu diskutieren – aber nicht alles auf einmal. Der Rat an die Kinder, ihren Text einem Freund vorzulesen oder ihn von jemandem vorlesen zu lassen, ist ausgesprochen hilfreich, wenn es um die Zeichensetzung geht. Wenn sie den Rhythmus des eigenen Textes gesprochen hören, können die jungen Autorinnen und Autoren leicht die sinngebenden Pausen und Betonungen durch Zeichensetzung markieren.

## Mit Computern arbeiten – IKT-Literacy[47]

Den meisten Kindern fällt der erste Entwurf eines Textes leichter, wenn sie dabei ein Textverarbeitungsprogramm zu Hilfe nehmen. Auch das Korrigieren und Umschreiben eines Textes wird einfacher. Die jüngeren Kinder können mit einer Tastatur arbeiten, die mit Bild-Wort-Tasten ausgestattet ist (Smith, 1994) und so einen Text produzieren, der lesbar ist und „schön" aussieht. Die Verwendung von Computern empfinden Kinder als sehr motivierend: Die Mühen des Schreibvorgangs, die sonst den kreativ-kompositorischen Prozess belasten, werden verringert, das Endprodukt sieht professionell aus und die Kinder haben das Gefühl, tatsächlich zu schreiben, wenn sie sich der Technologien ihres Kulturkreises bedienen. Auch Lehrerinnen und Lehrer sowie Erzieherinnen und Erzieher beginnen, die Lektionen in Literacy zu schätzen, die Computer vermitteln können: die Notwendigkeit, ein Leerzeichen zwischen die Wörter zu setzen, die Kenntnis des Alphabets, unterschiedliche Schriftarten, Konventionen im Einsatz von Groß- und Kleinbuchstaben, Zeichensetzung, das Layout der Seiten und so weiter. Schreibprogramme können die wichtigste Botschaft des Literacy-Unterrichts verstärken: Leser und Schreiber müssen ständig Entscheidungen treffen, Probleme lösen und das Gefühl haben, dass sie ihren Text beherrschen. Computer im Klassenzimmer schaffen weit mehr Möglichkeiten für Kinder und Lehrkräfte als das bloße Ausdrucken von Geschriebenem, was sowieso eine sehr enge Definition von Literacy wäre. Man kann mit ihnen malen und zeichnen, kann Spiele spielen, Rätsel und Aufgaben lösen, mit interaktiven CD-Roms arbeiten, elektronisch kommunizieren (E-Mail) und das Internet zur Informationsbeschaffung und für Nachforschungen einsetzen (Wild, 2000). Solche überwältigenden Möglichkeiten, Teil des globalen Dorfes der Lerner zu sein, sollten allen jungen Kindern offenstehen, obwohl die Computertechnologie, wie die auf konventioneller Schrift basierende Literacy nicht besser und nicht schlechter ist als die Absichten, die Menschen mit ihnen verfolgen. Es ist deshalb wichtig, im Laufe der Schuljahre eine kritische Literacy im Umgang mit den Informations- und Kommunikationstechnologien (IKT) zu entwickeln.

---

[47] *Informations- und Kommunikationstechnologien*

## Handschrift

Viele Leute haben immer schon eine seltsame Tendenz gezeigt, die Handschrift auf einer Stufe mit der Sauberkeit zu sehen – und die kommt gleich nach der Frömmigkeit! Sie wird wie das Lesen immer als einer der Prüfsteine von schulischem Erfolg oder Misserfolg betrachtet und viele Eltern sind der Ansicht, dass ein Lehrer, der über das Schreiben spricht, damit die Handschrift meint. Aus dieser Grundeinstellung ergeben sich viele Missverständnisse und wir müssen klar unterscheiden, wann wir über das Schreiben und wann wir über Handschrift reden.

Schreiben ist ein Hauptthema dieses Buches. Es handelt sich dabei um einen kulturellen und kreativen intellektuellen Vorgang, der es uns ermöglicht, die konventionellen Schriftsymbole einer Sprache anzuwenden, um unsere Ideen, Gefühle und Mitteilungen über Zeit und Raum hinweg in einer recht beständigen Form zu kommunizieren.

Die Handschrift ist eine manuelle Technik und eine Fertigkeit mit künstlerischen Dimensionen. Dabei geht es ausschließlich um die Abbildung der Schriftsymbole, die eine Kultur verwendet und sie sollte in dieser Funktion leserlich und schön anzusehen sein. Die Handschrift ist jedoch eng verbunden mit kulturellen Einstellungen und den Vorstellungen, die wir uns von einer Person machen und kann heftige Gefühle auslösen (Sassoon, 1995).

Die Werkstattmethode der frühkindlichen Literacy kann durch die entsprechenden Materialien und Beispiele eine gute Grundlage für Übungen mit der Schrift schaffen. Lehrerinnen und Lehrer werden Zeit einplanen müssen, um über Handschrift zu sprechen und die wesentlichen Striche und Schwünge zu demonstrieren, nicht indem sie das Alphabet durchackern, sondern indem sie sich Gruppen von Buchstaben vornehmen, die ähnlich gebildet werden. Meine eigenen Ansichten über die Handschrift haben sich durch die Untersuchungen und Veröffentlichungen von Rosemary Sassoon radikal gewandelt und ich möchte ihr beipflichten, wenn sie für Schreibanfänger individuelle Unterweisung empfiehlt, und zwar „wenig und oft" (Sassoon, 1993, S. 193). Das Spannende an Sassoons Ansatz ist, dass sie die Handschrift als sichtbare Spur einer Handbewegung sieht, eine Verbindung zwischen anderen motorischen und künstlerischen Aktivitäten feststellt (Davies, 1995), die Suche nach einem unkomplizierten und flüssigen persönlichen Schreibstil unterstützt und sich für die frühe Einführung von Endstrichen an den Buchstaben einsetzt, um den Schritt zur Schreibschrift zu erleichtern. Von dieser Expertin gibt es wenig Unterstützung für Bestrebungen, einer ganzen Schule (oder einer ganzen Nation) eine Einheitsschrift aufzuzwingen oder für die Vorgabe, dass alle jungen Kinder zu allen Zeiten auf Linien zu schreiben haben: eine Flexibilität der Methoden ist allemal die beste Richtschnur.

## Literatur

Die Literaturerfahrungen von Kindern zu bereichern und zu erweitern muss ein wesentliches Anliegen bei der Literacy-Vermittlung sein. Die ersten Grundschuljahre können die Basis für das Verständnis von Literatur legen und Kindern einen hervorragenden Grund aufzeigen, warum es sich lohnt lesen und schreiben zu lernen. Junge Kinder brauchen täglich die Erfahrung, Literatur zu hören, selbst Literatur zu lesen, auf Literatur zu reagieren und diese Reaktionen zu entwickeln. In England wird inzwischen ein großer Teil der Unterrichtszeit auf Literacy- und Rechenstunden verwendet, so dass den Kindern während des Schultages möglicherweise wenig Zeit bleibt, zum Spaß zu lesen oder in einer gut sortierten Büchersammlung oder in der Schulbücherei zu stöbern. Dabei sind dies elementare Literacy-Aktivitäten, die durch eine Stunde mit Unterweisungen in Literacy nicht wettgemacht werden. Sie müssen in das Unterrichtsgeschehen in der Grundschule eingebunden werden, sowohl in den ersten als auch in den höheren Klassen. Und wir leben in einer Zeit herausragender Kinderbücher und -autoren, so dass wir wirklich keine Ausrede dafür haben, das vergnügliche Literaturlesen zu vernachlässigen. Der immense Erfolg von gut geschriebenen Geschichten über Harry Potter (J. K. Rowling), die Redwall-Saga (Brian Jacques) und die Pullman-Trilogie (Philip Pullman)[48] sollte im Unterricht seinen Widerhall finden, vor allem weil diese Bücher auf bewährten literarischen Formen der Vergangenheit aufbauen und spannende ethische Probleme aufgreifen. Es sind lange Geschichten und es macht Kindern Spaß, sie in Fortsetzungsfolgen vorgelesen zu bekommen, sie auf Kassetten zu hören oder den Versuch zu unternehmen, immer mehr Kapitel selbst zu lesen.

Es ist wichtig, dass die Erwachsenen im Umfeld nicht aufhören, Kindern vorzulesen, wenn sie gerade so weit sind, dass sie selbst lesen können. Die menschliche Wärme und die Nähe, das gute Vorbild und das pure Vergnügen eines geübten Vorlesers sollten nicht plötzlich entzogen werden, so dass der Leseanfänger allein da steht und sich mühsam seinen Weg durch die Schrift bahnen muss. Viele junge Leser, die noch nicht firm im Lesen sind, geben an diesem Punkt entmutigt auf; außerdem sollten wir nicht vergessen, dass auch die versiertesten Leser ihren Spaß daran haben, Geschichten, Romane und Gedichte im Radio oder auf Kassetten vorgelesen zu hören.

Die Hörerfahrungen der Kinder können dadurch erweitert und bereichert werden, indem Geschichten über eine zentrale Figur oder längere Bücher kapitelweise über mehrere Tage verteilt vorgelesen werden. Abwechslung bringen auch Bücher wie Autobiographien (After the War Was Over – Foreman, 1995), mit einem informativen Element (The Whales' Song – Sheldon und Blythe, 1990) oder einer historischen Ebene (Goodnight, Mister Tom – Magorian, 1981).[49]

### Die Klassiker
Etwa im achten Lebensjahr profitieren Kinder von der Begegnung mit den anerkannten „Klassikern" der Kinderliteratur – Bücher wie *Alice in Wonderland*, *Peter Pan and Wendy*, *Black Beauty*, *The Secret Garden* und *The Wind in the Willows*.[50] Ich erwähne diese Bücher besonders, weil sie von bekannten modernen Künstlern neu illustriert wurden, die für ihre eigenen Bilderbücher gleichermaßen berühmt sind. Diese und andere Klassiker verdienen auf jeden Fall einen Platz in einer Klasse von heute.

### Mythen und Legenden
Die meisten Lehrer erster Grundschulklassen machen die Kinder mit einer großen Bandbreite an traditionellen Sagen und Märchen bekannt und dieser Lesestoff findet sich auch in einigen der bekanntesten Lesepläne. Wir sollen jedoch den Reichtum und die Vielfalt von Mythen und Legenden (in hervorragenden modernen Ausgaben erhältlich) so unterschiedlicher Kulturen wie dem antiken Griechenland, Indien, Skandinavien, der keltischen Welt, Afrika und der afro-karibischen Tradition nicht übergehen.

### Lyrik
Dieses Buch hat die Bedeutung von Lyrik und Reimen für die frühe Kindheit bereits mehrfach hervorgehoben: Bildungseinrichtungen sollten wunderbare Orte sein für Sprachspiele und für das Lesen und Sammeln von Gedichten und das Reden über sie. Viele Pädagoginnen und Pä-

---

[48] z. B. Funke, *Herr der Diebe*, 2000; Funke, *Tintenherz*, 2003; Boie, *Skogland*, 2005.
[49] z. B. Frank, *Die Tagebücher der Anne Frank*, 2005.
[50] z. B. Twain, *Die Abenteuer des Tom Sawyer*, 2002; Goscinny/Sempe, *Neues vom kleinen Nick*, 2005; Kästner, *Emil und die Detektive*, 2000; Lindgren, *Pippi Langstrumpf*, 1987; Lindgren, *Kalle Blomquist*, 1996; Nöstlinger, *Konrad oder das Kind aus der Konservenbüchse*, 2006.

dagogen finden es hilfreich, Lyrik und Reimen einen besonderen Platz einzuräumen und in der Klasse eine Lyrikecke einzurichten. Dort steht ein Tisch oder ein niedriges Regal mit veröffentlichten Sammlungen von Lieblingsgedichten, von der Klasse zusammengestellte Anthologien, Gedicht- und Reimkarten, die die Kinder (von Hand oder auf dem Computer) geschrieben und bemalt haben, jede Menge aufregende Wörter, Rätsel, und Zungenbrecher. Solche Sammlungen müssen durch enthusiastische Gespräche über Lyrik, über gemeinsame alte Favoriten und neue Entdeckungen lebendig gehalten werden. Und die Kinder brauchen Hilfe und Ermutigung, um selbst in lyrischem Stil zu schreiben und mit Gedichtformen zu experimentieren. In der Sammlung The Poetry Book for Primary Schools (Wilson and Hughes, 1998)[51] finden sich anregende Ideen, wie die Begegnungen der Kinder mit Lyrik und Sprachspielen ausgedehnt und intensiviert werden können.

### Eindrücke über Literatur zum Ausdruck bringen

Eindrücke über Literatur darzustellen ist eine komplexe Angelegenheit, egal auf welcher Altersstufe, doch das befreit uns nicht von der Verantwortung, Reaktionen auf Literatur bereits früh zu fördern. Zumindest sollten wir im Alltag Zeit schaffen für so wichtige Aktivitäten wie Gespräche über Literatur, und viele Pädagoginnen und Pädagogen beginnen mit Methoden zu experimentieren, wie sich so etwas am besten durchführen lässt (Robinson und King, 1995).

Einige dieser Ansätze stammen ursprünglich aus der Arbeit mit älteren Schülern, doch in den frühen Jahren bringen Kinder ihre Reaktionen auf Literatur oft noch auf spielerische Weise zum Ausdruck, vor allem in Rollenspielen, beim Verkleiden, in Bildern oder beim Modellieren und Bauen und wir brauchen Vertrauen und Geduld, um ihnen auf die Spur zu kommen. Selbst die oben erwähnte Herstellung von Büchern stellt eine Form der Reaktion auf Literatur dar, wenn Kinder eine berühmte Vorlage nehmen und sie umarbeiten, wie in selbst gestalteten Versionen von Where's Spot? (Hill, 1980)[52] oder den Dr.-Xargle-Büchern (Willis und Ross). Wenn Kinder die Möglichkeit haben, literarische Situationen und Figuren und die fiktionalen Welten, die Welt der Mythen und der Geschichte nachzuspielen, sind sie sicherlich in der Lage, ihr Verständnis von Literatur auszudrücken und auszuloten. Lehrer in den ersten Grundschulklassen sollten überlegen, ob sie eine aktivere Rolle beim Theaterspielen mit Kindern übernehmen und die „Lehrerin-der-Rolle"-Technik verwenden, die die meisten Englisch- und Theaterlehrerinnen und -lehrer der Sekundarstufe kennen. Einfach ausgedrückt bedeutet das, dass der Lehrer in die Rolle einer der Figuren im Stück schlüpft und die Kinder leitet, unterstützt und anregt – von einer Insiderposition aus. Ein Forschungsprojekt in Schweden hat in Kindergärten interessante Ergebnisse erzielt, als mit Hilfe dieser Technik die Qualität des Spiels und das literarische Bewusstsein bei Kindern und Erziehern gesteigert wurden (Lindqvist, 1995). Manche Lehrer wenden eine Technik an, die im Schauspielunterricht üblich ist: Dabei übernimmt ein Lehrer oder ein Schüler die Rolle einer literarischen Figur, die auf den „heißen Stuhl" gesetzt und vom Rest der Gruppe über ihr Verhalten, ihre Motive und Gefühle befragt wird. Diese Methode hilft Kindern, ihre Reaktionen auf literarische Figuren und Situationen zu vertiefen und darüber zu sprechen.

### Buchkritiken

Schriftliche Reaktionen auf Literatur haben auch ihre Berechtigung und etwa ab sieben oder acht Jahren können Kinder erste Kritiken zu Büchern und Gedichten schreiben, Lesetagebücher

---

[51] Vgl. Kinderlyrik in: Thiele/Kallenbach (Hrsg.), Handbuch Kinderliteratur,
   2003, S. 157 ff.; Michl, Marabu und Känguru – die schönsten Tiergedichte, 2006.
[52] Vgl. Pop-up-Bücher, z. B. Beer, Kleiner Eisbär, komm bald wieder! 1995.

führen „Buchempfehlungen" in der Klassenzeitung und an Anschlagbrettern veröffentlichen und kurze Buchkritiken für jüngere Kinder in der Schule verfassen.

Judith Crampton, die Lehrerin, die den Vordruck in den Abbildungen 17 und 18 entworfen hat, erläutert:

> „… wir stellten fest, dass die Kinder viel Zeit damit zubrachten, die Geschichte nachzuerzählen, während wir etwas über ihre Gefühle, Ansichten usw. erfahren wollten. Natürlich hätten sie diese Aufgabe in einem normalen Schulheft erledigen können, doch die Struktur scheint sie irgendwie wichtig für sie zu machen und hilft ihnen, ihre Arbeit zu konstruieren. Normalerweise füllen sie einen Vordruck pro Woche aus, obwohl manche Kinder auch zwei oder drei Wochen an einem Buch sitzen. Manche Kinder planen ihre Arbeit zu Hause und bringen sogar stichwortartige Notizen mit! Selbstverständlich können sie immer wieder auf die Bücher zurückgreifen, doch es ist auch schon vorgekommen, dass Kinder mit ihrer Arbeit nicht zufrieden waren und sie zu Hause noch einmal geschrieben haben. Diese Kinder sind inzwischen sieben oder acht Jahre alt und haben diese Vordrucke seit fast einem Jahr einmal in der Woche ausgefüllt. Die Mappen mit den Kritiken geben einen guten Überblick über die Entwicklung beim Schreiben, Lesen und Denken."

**Buchkritik**

Name: _____
Datum: _____
_____

Titel: _____
Autor: _____
Illustrator: _____

Hauptfiguren: _____
_____
_____
_____

Gattung – welche Art von Buch oder Geschichte ist es?
_____
_____
_____

Kritik – Beschreibe kurz, was in der Geschichte passiert

_____
_____
_____

Deine Gedanken und Gefühle – Was ist deine Meinung: wie hast du dich beim Lesen des Buches gefühlt? Was könnte es deiner Meinung nach bei anderen bewirken?

_____
_____
_____

*Abbildung 17: Der Entwurf zur Buchkritik von Judith Crampton*

### ▶ „Literacy-Lehrer" sein

Literacy in all seinen Formen zu unterstützen ist komplex und stellt hohe Anforderungen an die Verantwortlichen, und alle Überlegungen in diesem Buch haben damit zu tun. Der Zweck dieses Abschnittes ist es, einige Kernaufgaben genauer unter die Lupe zu nehmen. Wir beginnen mit der Beschreibung, wie die Rolle des Literacy-Lehrers aussieht.

#### Die Rolle: Experte und Erweiterer

In zwei Bereichen, Linguistik und Literacy, ist der Literacy-Lehrer ein Experte – oder muss es werden. Pädagoginnen und Pädagogen mit Verantwortung für die Literacy-Entwicklung junger Kinder müssen außerdem Experten auf dem Gebiet der frühkindlichen Entwicklung und des Lernens in den frühen Jahren sein. Die ersten beiden Kapitel dieses Buches haben sich mit dem linguistischen Hintergrundwissen beschäftigt, das Lehrerinnen und Lehrer sowie Erzieherinnen und Erzieher brauchen, wenn sie mit jungen Kindern arbeiten. Wer frühkindliche Literacy-Entwicklung auf effektive Weise unterstützt, ist ein Kenner des Wesens und der Vielfalt von Sprache, der Bedeutung von Gesprächen und Erzählungen, der Unterschiede zwischen gesprochener und geschriebener Sprache und der Bandbreite verschiedener Arten von Literacy innerhalb und außerhalb der Schule.

Das Fachwissen des Lehrers baut auf dieser linguistischen Grundlage auf und umfasst Kenntnisse der frühen Stadien der symbolischen Repräsentationen, des Spurenzeichnens und Schreibexperimente (Kapitel 4). Zu seinem Fachwissen gehören darüber hinaus auch die Didaktik des Lesens und Schreibens, die genaue Kenntnis von Schriftsprachsystemen unter Einbeziehung der Regeln der Rechtschreibung, der Syntax und der Zeichensetzung. Außerdem muss er die Literacy-Kompetenzen und das Literacy-Verständnis der Kinder genau beobachten und beurteilen. Diese Aspekte werden im Folgenden besprochen.

Die Vorstellung vom Literacy-Lehrer als jemandem, der die Literacy der Kinder erweitert, stellt den Kern seiner Rolle dar und ist zugleich ein wichtiges Argument gegen die irrige Annahme unter Nicht-Experten, dass Lehrer keine Literacy mehr unterrichten. Lehrmethoden für gemeinsames Lesen, Schreiben und Herstellen von Büchern habe ich bereits ausführlich geschildert; andere Methoden für die Erweiterung der Literacy von Kindern in den ersten Schuljahren folgen.

#### Lesenlernen in der Schule

Es hat oft den Anschein, als sei das Lesenlernen in der Schule ein Opfer von Kontroversen, gefangen zwischen den bizarren öffentlichen Debatten über Methoden und Materialien, dem Bedarf der Politik nach einem Sündenbock und den hohen Erwartungen der Familien. Auf das Thema Familien gehe ich im nächsten Kapitel näher ein – die politischen Dimensionen von Literacy sprengen den Rahmen dieses Buches. Allerdings würden sachkundigere öffentliche Diskussionen über Literacy, gepaart mit der Fähigkeit und Bereitschaft der Lehrer, über ihre Lehrmethoden beim Lesenlernen zu sprechen (Whitehead, 1992; 1992a) verhindern, dass Politiker alle Übel der Gesellschaft allzu leichtfertig den Leselehrern anlasten, während sie den Zusammenhang zwischen Armut und niedrigen Literacy-Levels ignorieren (Maclure und French, 1981; Lake, 1991; Marshall, 1998).

Vernünftige Diskussionen über den Leseunterricht werden immer noch durch zwei so genannte Debatten abgelenkt, die zu Karikaturen der tatsächlichen Themen geraten sind. Ich beziehe mich auf „synthetische Methode contra analytische Methode" und „richtige Bücher contra strukturierte Texte". Die erste dieser „Debatten" geht von einer groben Vereinfachung von Lesemethoden aus und hält an, obwohl sich allenfalls ein paar professionelle und erfahrene Lehrer beim Leseunterricht ausschließlich auf eine der genannte Methoden verlassen würden. Beide Methoden haben ihren Platz im Arsenal nützlicher Strategien, doch sie reichen nicht aus. Das Englischprogramm des Nationalen Lehrplans (DfEE/QCA, 1999) und die Nationale Literacy-Strategie in England (DfEE, 1998) spiegeln das neuerdings gestiegene Interesse an phonologischer Bewusstheit und Kenntnis der Laut-Buchstaben-Entsprechungen wider, doch sie halten auch an so wichtigen Methoden wie Spaß an der Literatur, Begegnung mit Büchern der unterschiedlichsten Art, Worterkennung und kontextuelles und grammatisches Verständnis fest. Gute Lehrerinnen und Lehrer müssen, um ihren Schülern das Lesen beibringen zu können, die extremen Standpunkte der Kontroversen und der gesetzlichen Vorgaben ignorieren und es den Leseanfängern ermöglichen, eine Vielzahl von Strategien auszuschöpfen und anzuwenden. Die wichtigsten Strategien sind:

- semantisch (Bedeutung, Bilder und Kontext verwenden) „Warum weint das Baby?"

- syntaktisch (linguistisch und grammatisch) „Ergibt das einen Sinn?"

- grapho-phonemisch (phonologische Bewusstheit und Kenntnisse) „Mit welchem Laut beginnt es? Kennst du diesen Buchstaben?"

- bibliographisch (Konventionen, die Bücher und Texte betreffen) „Wo beginnen wir mit dem Lesen? Wo ist der Titel?"

Ich gehe davon aus, dass alle Literacy-Lehrer Bücher leidenschaftlich lieben und sich unermüdlich dafür einsetzen, Bücher mit Kindern aller Altersgruppen gemeinsam zu teilen. Kinder lesen im Laufe eines Tages in einer lebendigen frühpädagogischen Einrichtung alle möglichen Materialien. Tatsächlich brauchen sie jeden Tag viele Gelegenheiten zum Lesen und um sich Bücher anzusehen, manchmal alleine und still, manchmal mit anderen Kindern und Erwachsenen. Dabei kehren sie immer wieder zu oft gelesenen Lieblingsbüchern zurück. Das Ziel des Lesenlernens sollte es sein, dass man es allein machen kann, mit einer riesigen Auswahl an Materialien und mit vielen unterschiedlichen Absichten.

Man darf das Lesen nicht mit diesem merkwürdigen öffentlichen Auftritt verwechseln, bei dem ein Kind einem Erwachsenen laut vorliest und dann irgendwo eine Seitenzahl notiert wird oder es sogar ein „neues Buch" ausgehändigt bekommt. Einem Lehrer vorzulesen ist eine spezifische Lehr- und Diagnostikmethode und verfolgt nur relativ selten den Zweck, die Fortschritte eines Kindes zusammenfassend zu beurteilen. Dabei sollte man sich Zeit lassen; außerdem sollte man solche Beurteilungen am besten nicht täglich, sondern in regelmäßigen Abständen durchführen und darauf achten, dass die Sitzung zufrieden stellend und in angenehmer Atmosphäre verläuft. Dies ist ein wichtiger Punkt und andere zeitaufwändige Aktivitäten müssen vielleicht hinter qualitativ hochwertigem Leseunterricht zurücktreten.

Viele Lehrer verwenden am Anfang Lesetexte, um den Kindern fertig strukturierte und kontrollierte Texte vorlegen zu können, an denen sich Leseerfolge auf bestimmten Ebenen erkennen lassen. Bei einer zu starken Abhängigkeit von solchen Materialien bestehen folgende Gefahren:

- Sie vermitteln den Kindern eine begrenzte Erfahrung dessen, worum es beim Lesen gehen könnte.

- Sie sind häufig minderwertig, was die Qualität der Sprache, der Geschichte und der Illustrationen angeht.

- Sie verleiten Eltern und einige Lehrer zu der Annahme, dass es die strukturierten Texte sind, die die Kinder das Lesen lehren.

Umgekehrt behaupten Kritiker, dass ein Lehrer den Kindern das Lesen nicht beibringt, wenn er authentische Bücher verwendet. Tatsächlich erfordert der regelmäßige Einsatz von Büchern mit echter literarischer Qualität dieselben Fähigkeiten beim Lehrer, die ich im Zusammenhang mit dem gemeinsamen Lesen umrissen habe. Zusätzlich muss der Lehrer detaillierte Aufzeichnungen machen:

> *Die Aufzeichnungen müssen Aufschluss über das Spektrum der Strategien geben, mit denen der Lerner unbekannte Wörter und Schrift erschließt und darüber, wie viel von Erzählungen (mit bildlichen und sprachlichen Mitteln), von Ironie, Untertreibungen oder Auslassungen das Kind versteht. Weitere Punkte sind affektive Reaktionen des Kindes auf die zahlreichen Themen, die Literatur und Sachtexte aufwerfen und das Verständnis dieser Themen. Art und Wesen von Fehlern oder falschem Lesen müssen sorgfältig analysiert und nicht nur korrigiert werden ...*

(Whitehead, 1992, S. 7)

Dies ist keine leichte Alternative und verlangt mehr von einem Lehrer als die stark vereinfachten strukturierten Texte. Tatsächlich können diese stark vereinfachten Texte Kinder vor größere Schwierigkeiten stellen, weil sie weit entfernt sind von den normalen Mustern gesprochener und geschriebener Sprache, oft sinnlose Wiederholungen bieten und einen fadenscheinigen, uninteressanten Plot. Untersuchungen zeigen immer wieder, dass selbst die beliebtesten modernisierten Texte dieser Art dem jungen Leseanfängern nichts bringen und unendlich langweilig und losgelöst von der erkennbaren Welt kleiner Kinder sind (Williams, 2001). Trotz gewissenhaften Unterrichts und guter Ausstattung der Klasse mit Materialien zur Förderung von Literacy hat es immer Kinder und Erwachsene gegeben, die sich mit dem Lesen schwer tun oder gar keine Fortschritte machen. Es sollte uns nicht überraschen, dass ein psychologischer, linguistischer und kultureller Prozess von solcher Komplexität einigen Kindern Schwierigkeiten bereitet.

Eltern, andere Bezugspersonen, Frühpädagoginnen und Frühpädagogen sollten sich jedoch nicht drängen lassen, immer frühere Maßnahmen, schnellen Erfolg versprechende Methoden und dubiose medizinische Erklärungen für die Schwierigkeiten ihrer Kinder in Literacy zu akzeptieren. Es ist oft so, dass diese Kinder viel mehr Begegnungen mit allen Angeboten für Sprache und Literacy brauchen, wie ich sie in diesem Buch beschrieben habe, und viel mehr Unterstützung von Erwachsenen. Einige Innovationen in jüngerer Zeit zielen darauf ab, bei Kindern, die langsam mit Lesen (und Schreiben) beginnen, verlorenen Boden wettzumachen. Sie bieten intensive individuelle Hilfe und eine Vielzahl an Literacy-Aktivitäten. Die gefährlichen Maßnahmen, die seit Generationen nicht geholfen haben, sind jene, bei denen junge Kinder von vielfältigen Spiel-, Sprach- und Literacy-Aktivitäten entfernt und mit sinnlosen Übungen gedrillt werden. Sie bekommen also noch weniger Möglichkeiten zum Lesen und Schreiben als andere, „erfolgreiche" Kinder.

Eine weitere Gefahr für Kinder im UK besteht darin, dass wir sie so früh einschulen. Auf diese Weise sind sie früh unter einem gewaltigen Druck, Literacy in formalen Zusammenhängen zu lernen (David et al., 2000). Das ist ein weiterer Grund, weshalb Lehrerinnen und Lehrer von Leseanfängern dem Impuls widerstehen sollten, sehr junge Kinder zu einem frühen Zeitpunkt als „Leseversager" zu identifizieren und zu etikettieren. Diese Art von Etikett verrichtet seine eigene traurige Arbeit. Ansehen und Selbstwertgefühl der Kinder und ihrer Familien werden dadurch geschmälert. Es ist viel besser, Kindern und dem Literacy-Prozess in den ersten Jahren eine Chance zu geben und davon auszugehen, dass das Lesen ein lebenslanger Prozess ist.

## Vielfalt der Lese-Erfahrungen

Die Lese-Erfahrung der Kinder zu erweitern heißt, sie mit einer Vielfalt an Literatur zum Lesen und Zuhören bekannt zu machen, wie bereits besprochen. Doch diese soll sich nicht nur auf Geschichten und Erzählungen beschränken.

Die meisten Kinder haben Probleme, sich an Sach- und Informationstexte zu gewöhnen, weil sie, auch wenn sie chronologisch erzählt sind, einen Sprachstil benutzen, der sich stark von dem der gesprochenen und literarischen Genres unterscheidet. Dieser Sachstil hat lange, komplexe Sätze, verwendet passive Verbformen und spricht mit der distanzierten, vorsichtigen Stimme, die wir mit wissenschaftlichen Dokumenten und Sachbüchern verbinden.

In den letzten Jahren hat es viele Untersuchungen zum kindlichen Lesen von Sachtexten und nicht erzählenden Texten gegeben (Mallett, 1992; Neate, 1992), und obwohl sich dieses Werk direkt auf die Arbeit mit älteren Grundschülern bezieht, sind die Implikationen, die sich daraus für die ersten Grundschuljahre ergeben, inzwischen ausführlich beschrieben worden (Mallett, 1999). Junge Kinder brauchen spezifische Hilfe beim Lesen und Verstehen von Sach- und nicht erzählenden Texten, obwohl wir auf ihre Erfahrungen mit Sachbilderbüchern zurückgreifen können (siehe Kapitel 3). Sie brauchen reichlich Gelegenheit, die Punkte und Fragen zu besprechen, mit denen sie an Informationstexte herangehen und da sie diese Art von Texten zu eigenen Zwecken heranziehen, um Hindernisse bei sinnvollen Aktivitäten aus dem Weg zu räumen, sollten sie schon früh mit folgenden Materialien beginnen:

- Kochbücher
- Wort- und Bild-Wörterbücher
- Bestimmungsbücher über Vögel, Blumen, Muscheln, Insekten usw.
- Straßenkarten, Atlanten, Luftaufnahmen, Pläne aus der Vogelperspektive
- Muster und Anleitungen zum Puppenbau, Modellbau usw.

Kinder brauchen Diskussionsmöglichkeiten untereinander und mit Erwachsenen über ihre Erfahrungen mit Sach- und Informationstexten. Das Erstellen von eigenen Informationstexten und Anleitungen hilft jungen Kindern, den Sprachstil und den Aufbau dieser Textart zu verstehen. Dies ist ein weiterer Bereich, in dem die Kenntnis des Alphabets und Lernstrategien gefördert werden können, während die Kinder Inhaltsverzeichnisse, Stichwortverzeichnisse, Glossare, Diagramme, Karten und Schritt-für-Schritt-Anweisungen planen und zusammenstellen.

Der Leselehrer muss die Klasse mit einer Vielzahl von Sachtexten versorgen. Dazu gehören so alltägliche Beispiele wie Telefonbücher, Stadtführer, Werbung, Strickanleitungen, Zeitungen, Wetter- und Sportberichte, Fahrpläne und Fernsehzeitungen (die auch sehr schön zeigen, wie man die Uhrzeit angibt). All diese Materialien sind billig oder kostenlos, sind oft in anderen

Sprachen verfügbar und bieten zahllose Einblicke in die vielen verschiedenen Arten von Leseaktivitäten, die in einer lesenden und schreibenden Gesellschaft von großer Komplexität passieren.

## Und was ist mit den Jungen?

Es wird oft behauptet, dass Sachbücher und Informationstexte der einzige Lesestoff sind, mit
dem Jungen sich beschäftigen und an dem sie Spaß haben. Diese Behauptung fällt oft in einem
Atemzug mit der öffentlichen Sorge um schulische Misserfolge von Jungen. Mittlerweile besteht die große Gefahr, dass Jungen als Nicht-Leser und Literacy-Versager typisiert werden,
obwohl viele Familien und Frühpädagogen auf ihre Erfahrungen mit männlichen Babys und
Kleinkindern verweisen können, die zweifellos als eifrige Bücherliebhaber und vielverspre-
chende Leser starten (Abb. 18).[53] Elaine Millard veröffentlichte 1993 ein bedeutendes Werk,
in dem sie auf die „andere Literacy" von Jungen hinwies (Millard, 1993), doch dieser Unterschied in den Reaktionen auf die Literacy der ersten Grundschuljahre wird nicht immer kon-
struktiv interpretiert. Anstatt als Offenbarungseid gesehen zu werden, hätte diese Erkenntnis
dazu führen müssen, dass Pädagogen sich der Unterschiede zwischen allen ihren Schülern bewusst werden und dass wir die Komplexität der Literacy-Entwicklung besser verstehen. „Wenn

*Abbildung 18: Die Jungen beim Lesen – Dylan (zwei Jahre) und Daniel (zehn Jahre, ein Monat)*

---

[53] *Wissenschaftliche Studien, z. B. die Erfurter Studie zum Leseverhalten, 2001, belegen, dass Jungen auch in Deutschland von Leseunlust betroffen sind. Mindestens 61 % der Jungen in Deutschland geben an, nicht zum Vergnügen zu
lesen. Dabei haben über 50 % der Jungen noch bis zur 3. Klasse Freude am Lesen. Die Studie kommt zu dem Ergebnis, dass die Einstellung der Familien zum Lesen eine entscheidende Rolle spielt, dass aber besonders die Jungen
auch über die langweiligen Lesebücher in der Schule und den langweiligen Deutschunterricht klagen. 28,9 % der
Jungen möchte nicht mit ihren Deutschlehrern über Gelesenes reden.*

wir unseren Unterricht auf Aussagen über ‚Jungen' stützen und auf die Art, wie sie angeblich lernen – das ist, als wollten wir nach einer Tabelle arbeiten" (Pike, 2000, S. 52). Auf diese Weise beschränken wir das Potenzial eines jeden Jungen, sich zu einem vielseitigen Menschen mit den unterschiedlichsten Qualitäten zu entwickeln (Hill, 2000). In ihren ersten Jahren können kleine Jungen und kleine Mädchen durch ihre Beschäftigung sowohl mit Bilderbüchern und Geschichtensammlungen als auch mit Sachbüchern ein beeindruckendes Wissen z. B. über Tiere, das Weltall und Fahrzeuge anhäufen. All diese Materialien sind wichtig in der Entwicklung junger Forscher (Mallett, 1999), und neue Untersuchungen heben das mathematische und wissenschaftliche Potenzial von Bilderbüchern hervor, die durchaus geeignet sind, das Lernen der Kinder im Rahmen des schulischen Curriculums zu bereichern (Wade und Moore, 2000). Wir sollten jedoch weiterhin über die Forschungsergebnisse nachdenken, die darauf hinweisen, dass ein zu früher Start in ein formales, passives und bewegungsarmes Schulleben in Vor- und Grundschule sich auf Jungen besonders schädigend auswirkt (Katz, 2000; Ouvry, 2000; House of Commons, 2001). Alle Kinder profitieren von praktischen und aktiven Lernformen in der Grundschule, die Raum für Experimente lassen.

## Vielfalt der Erfahrungen mit Schreiben und Schriftkultur

Wie beim Lesen achtet ein fachkundiger Literacy-Lehrer auf Gelegenheiten für die Erweiterung der Schreiberfahrungen der Kinder, und zwar nicht nur im narrativen Bereich, sondern auch in unterschiedlichen Gattungen. Die vorangegangenen Abschnitte dieses Kapitels enthalten die Empfehlung, Schreibmaterialien in allen Bereichen des Klassenzimmers bereitzustellen, so dass naturwissenschaftliche Experimente festgehalten oder Einkaufszettel und Einladungen geschrieben werden können und die Kinder Schreibanlässe aufgreifen können, die sich beim Krankenhaus-, Friseur- und Familienspielen ergeben.

Um diese Grundidee auszubauen, kann man die vielen unterschiedlichen Arten von Briefen einbeziehen, die wir bekommen, ein Ansatz, der durch die Bücher vom *Jolly Postman* (Janet und Allan Ahlberg) erfreulich einfach umzusetzen ist. Mit Hilfe dieser entzückenden Reihe können die Kinder Warenbestellungen per Post, Briefe vom Rechtsanwalt und Postkarten vom Urlaub am Meer analysieren und bekichern und dann selbst Versionen solcher Briefe für die Tasche des Postboten anfertigen.[54] Wenn Kinder Zugang zu einer großen Auswahl an Geschichtenbilderbüchern und Sachbüchern haben, erweitern wir ihre Möglichkeiten, ihr Denken zu strukturieren, über ihre Interessen zu schreiben, ihre eigenen Forschungsberichte zu verfassen und allein oder in Gruppen Sachbücher zu ihren Untersuchungen zu schreiben (siehe Mallett, 1999).

Das Nachrichtenbrett, das bereits früher erwähnt wurde, bietet Anlässe, die Schreibstile im Zeitungsjournalismus und in öffentlichen Mitteilungen zu untersuchen. Daraus könnte sich die Einrichtung einer Zeitungsredaktion in der Klasse zur Herstellung einer Klassenzeitung ergeben. Besuche bei der Lokalredaktion einer Zeitung oder Besuche von Journalisten in der Klasse erhöhen das Interesse der Kinder am Schreiben, vor allem, wenn sie feststellen, dass Schreiben ein Beruf oder ein Hobby sein kann. Dichter, Romanschriftsteller und Kinderbuchautoren aus der Umgebung bringen Anregungen in die Schule und können das Ansehen, das das Schrei-

---

[54] *In ähnlicher Weise kann der moderne Kinderklassiker Langen, Abenteuerliche Briefe von Felix, 1995, Anregungen zum eigenen Briefeschreiben geben.*

ben in einer Schule und ihrer Gemeinschaft genießt, dramatisch steigern. Dabei steckt noch ein weiterer Bonus in all diesen Besuchen, in und außerhalb der Schule, weil sie noch mehr besondere Arten von Schreibsituationen nach sich ziehen, wenn Einladungen verschickt oder Danksagungen formuliert werden.

Ein weiterer Bereich von besonderen Schreibsituationen, der sich im Unterricht der ersten Grundschuljahre leicht entwickeln und erweitern lässt, betrifft das Verfassen von Skripten für szenische Spiele, Puppenspiele oder für die Bewohner der Miniaturwelten, die sich im Sandkasten, auf dem Wassertisch, in der Bauecke, der Raumstation und den Puppenhäusern von vielen Einrichtungen finden. Das Verfassen von Skripten ist normalerweise eine Gemeinschaftsaktivität, selbst in der professionellen Welt von Radio und Fernsehen. Die Kinder müssen dabei zusammenarbeiten und ihre Stärken in Literacy und ihre kreativen Ideen bündeln. Bei dieser Art zu schreiben wird immer wieder neu formuliert und es gibt keine endgültige Version, im Gegensatz zu der formalen Eindeutigkeit von Rechtsanwaltsbriefen oder öffentlichen Mitteilungen.

Schließlich sollten wir nicht vergessen, dass all die Vorschläge für eine Erweiterung der Lese-Erfahrungen selbst schon Methoden darstellen, zusätzliche Schreibanlässe zu schaffen, wenn die Kinder Führer durch ihre Nachbarschaft herstellen, Pflegehinweise für den Klassenhamster verfassen und Wörterbücher zusammenstellen. In Vor- und Grundschulen beginnt sich seit einiger Zeit beim Umsetzen verschiedener Schreibanlässe und bei einer Reihe von sachbezogenen Formen ein weniger kindzentrierter Ansatz durchzusetzen. Er wird üblicherweise als der gattungstheoretische Ansatz bezeichnet, weil er seinen Ursprung in australischen Genrestudien hat (Martin und Rothery, 1986), obschon er auch Wurzeln in schulischen Schreibprojekten in Großbritannien hat (Littlefair, 1991; Lewis und Wray, 1996). Die letztgenannte Arbeit ist inzwischen in die von der NLS empfohlenen Schreibvordrucke für Grundschulen in England eingeflossen und hat daher sehr viel Einfluss gewonnen. Bei diesem Ansatz sollen junge Kinder in mindestens sechs verschiedenen Formen sachbezogen schreiben: Schilderungen, Berichte, Erläuterungen, Erörterungen, Argumentationen und Anweisungen. Selbst ein Erwachsener fände einige dieser Aufgaben schwierig zu lösen, doch die Verfechter umgehen dieses Problem, indem sie den Kindern „Vordrucke" zum Ausfüllen zur Verfügung stellen (Lewis und Wray, 1996). In der Praxis bedeutet dies, dass die Kinder ein paar eigene Worte und Erfahrungen in vorbereitete „pro forma"-Arbeitsblätter für jede Gattung einfügen, was so ähnlich ist wie in den Schuhen eines anderen herumzulaufen. Selbst Experten auf dem Gebiet frühkindlicher Sprache und Bildung, die dem gattungstheoretischen Ansatz wohlgesonnen sind (Riley und Reedy, 2000) äußern Bedenken bezüglich der starren Vorgaben der NLS-Vordrucke in Formen wie „Argumentation", wo zu viel Betonung auf einfachen Fakten liegt und nicht genügend Raum für eigene Gedanken der Kinder und ihr persönliches Engagement bleibt.

## Rechtschreiben unterrichten[55]

Viele der Überlegungen in diesem und dem vorangegangenen Kapitel haben das Thema Rechtschreibung berührt und aufgezeigt, wie die frühpädagogische Einrichtung den Kindern zu verstehen hilft, welche Konventionen die Wiedergabe von Lauten und Wörtern regeln. Beim Lesen und Schreiben begegnen junge Kinder der standardisierten Schreibweise der englischen Schrift-

---

[55] In Deutschland findet nach der Rechtschreibreform aktuell eine intensive Methodendiskussion statt.

sprache – einer Hilfe von überragender Bedeutung. Eine Untersuchung hat kürzlich das faszinierende Territorium aufgespürt, das zwischen den Rechtschreibkonventionen einer geschriebenen Sprache und der Kreativität des einzelnen kindlichen Schreibers liegt (Kress, 2000). Die eingehende Betrachtung der Spuren, Zeichnungen und schriftlichen Mitteilungen junger Kinder zeigt, wie sie ihre Welt und ihre Sprachen verstehen und mit welchen sprachlichen Erkundungen sie gerade beschäftigt sind. Abgesehen davon, dass ein Lehrer sich all dieser Tatsachen bewusst sein muss, hat er während der Schulzeit – und ganz bestimmt nicht nur während der ersten Jahre – zwei Aufgaben:

- die Missverständnisse der Kinder über orthographische Muster sammeln, analysieren und korrigieren;

- den Kindern Selbsthilfestrategien für Rechtschreibung an die Hand geben.

Um die erste Aufgabe zu erfüllen, müssen Lehrer und andere Erwachsene aussagekräftige Aufzeichnungen machen und die Texte der Kinder gewissenhaft lesen, um häufig falsch geschriebene Wörter zu sammeln und sie mit dem Schreiber, einer kleinen Gruppe oder gar der ganzen Klasse durchzusprechen. Bestimmte Muster stiften regelmäßig Verwirrung, bei Erwachsenen wie Kindern, und es kann nützlich sein, mit allen Kindern in einer Gruppe oder einer Klasse über sie zu sprechen und sie genau zu untersuchen – jedenfalls manchmal. Es ist wichtig, nicht regelgerechte Schreibweisen in den Texten der Kinder aufzugreifen, weil sie ihre aktuellen Interessen widerspiegeln und es ihnen wichtig ist, „es richtig zu machen". Noch wichtiger ist es, Rechtschreibung auf anregende und ermutigende Weise zu unterrichten, wenn wir Kinder dazu bringen wollen, Sprache und Schreiben zu lieben. Unser Ziel sollte es sein, nicht regelgerechte Schreibweisen zu einem interessanten Ereignis und einer Anregung für Nachforschungen und Zusammenarbeit zu machen und nicht zu einem Verbrechen, das mit Demütigung bestraft wird.

Das bringt uns zu den Selbsthilfestrategien, die weit über die Einstellung „Lernt die bis Freitag für den Test" hinausgehen. Es ist möglich, Kindern beim Erlernen der Rechtschreibung auf sehr einfache Weise zu helfen, indem man auf all die komplexen visuellen und motorischen Vorgänge aufbaut, die beteiligt sind, wenn wir bestimmte Muster von Buchstabengruppen schreiben. Das System wurde ursprünglich von Peters (1985) formuliert und hebt die Bedeutung des visuellen Feedbacks für die Rechtschreibung hervor. Es lässt sich zu einem leicht verständlichen Programm für junge Schreiber vereinfachen:

> SIEH dir das Wort genau an, das du lernen willst.
>
> DECKE es zu.
>
> SCHREIBE das Wort so, wie du dich daran erinnerst.
>
> VERGLEICHE deinen Versuch mit dem Originalwort.
>
> WIEDERHOLE dieses Muster, wenn du einen Fehler gemacht hast, bis du das Wort schreiben kannst.

Diese Technik kann jeder in jedem Alter anwenden und ist eine positive Methode, aus einem „schlechten Rechtschreiber" einen selbstständigen Lerner zu machen, der sich mit seiner Schriftsprache – oder seinen Schriftsprachen – beschäftigt.

## Arbeit mit Sprache

Die Sprachreflexion ist schon seit langem ein zentraler Bestandteil des Sprach- und Literacy-Unterrichts – wir finden nur immer wieder neue Bezeichnungen dafür. Beispielsweise sind alle Vorschläge in diesem und im vorangegangenen Kapitel Aspekte der Sprachreflexion und decken die Vorgaben des nationalen Bildungsplans und der nationalen Literacy-Offensive ab, dass Kinder Wortspiele spielen, über die Sprache für besondere Gelegenheiten und in speziellen Gattungen wie traditionellen Geschichten sprechen, Wortbedeutungen diskutieren, ihren Wortschatz erweitern, zwischen gesprochenen und geschriebenen Formen unterscheiden und Varietäten des Standard English erkennen sollen. Das Einzige, was man dieser Liste noch hinzufügen könnte, wären einige Kommentare, wie sich die Sprachreflexion mit jungen Kindern ausweiten lässt und wie sie Spaß machen kann.

Viele Pädagogen mit sprachwissenschaftlichem Hintergrund machen inzwischen auf die Bedeutung von *Metalinguistik* oder *metalingualer Bewusstheit* im Sprach- und Literacy-Unterricht aufmerksam, und das sind weitere Ehrfurcht erregende Begriffe für einen wichtigen Aspekt der Arbeit mit Sprache. Damit sind die speziellen Bezeichnungen gemeint, die wir benutzen, wenn wir über Sprache in ihrer gesprochenen und geschriebenen Form sprechen. Die Metalinguistik hat also Auswirkungen auf die „Wörter über Wörter", die die Kinder selbst erkunden und anwenden sollen.

Kinder müssen verstehen, was wir meinen, wenn wir Begriffe wie „Wörter", „Buchstaben", „Laute", „Großbuchstaben" und sogar „Sätze" sprechen. Sie müssen vor allem wissen, dass dies eine besondere Sprache ist, die möglicherweise von ihrem alltäglichen oder kulturell bedingten Gebrauch derselben Begriffe abweicht. Manche Kinder glauben, dass „Zahlen" (Ziffern) Buchstaben sind und viele machen sich Gedanken über die Verbindung zwischen einem Zeichen auf einer Seite (ein weiterer Fachbegriff) und dem „letter", der im Briefkasten steckt. Und was ist mit dem „sound" vom Fernseher in der oberen Etage und den bedeutungslosen kleinen Geräuschen, die der Lehrer dich machen lässt? Selbst ältere Kinder müssen sich den Begriff „capitals", den sie aus den Medien kennen und mit London oder Delhi in Verbindung bringen, immer wieder in seiner linguistischen Bedeutung klarmachen, und mit dem Wort „sentences" assoziieren sie möglicherweise ganz andere Sachen als die Definitionsversuche von Linguisten vermuten lassen. Wir müssen uns vor Augen halten, dass diese Begriffe komplex sind und in der Welt der Linguistik kontrovers diskutiert werden. Daher können wir Kindern keine einfachen Definitionen lernen lassen. Diese Begriffe erschließen sich erst beim Gebrauch und das ist für Kinder der Schlüssel zum Erfolg – sie müssen reden, lesen, schreiben und ordnen und verfeinern die Bezeichnungen, wenn sie sie brauchen und gebrauchen.

Die Bedeutung von Wörtern lässt sich am besten im vergnüglichen Kontext des Lesens und Hörens von Literatur herausfinden und diskutieren. Der poetische und spielerische Gebrauch von Sprache sollte den Kindern aus Kinderreimen, Liedern und Nonsensversen vertraut sein und sie von Spekulationen über „runcible spoons" und „ladles" zu der Sprache des *Iron Man* (Hughes, 1968) und das Spiel mit Syntax und Farbwörtern in *Mr. Rabbit and the Lovely President* (Zolotow und Sendak, 1968) führen.

Die Literatur ist auch hervorragend geeignet, in einer Klasse Untersuchungen zu Sprachvarietäten und Veränderungen von Sprache anzuregen. Literatur ist doppelt wirksam, weil die Kinder in ihr ständig der Schriftform des Standard English begegnen und sie darüber hinaus mehr über die Vielfalt des Englischen und den Wandel der englischen Sprache im Laufe der Zeit erfahren können. Einige der oben erwähnten Klassiker spiegeln Änderungen im schriftlichen Standard English wider und den Kindern werden Unterschiede in Rhythmus und Wortwahl z. B. in *A Little Princess* (Burnett, 1905) und *The Secret Garden* (Burnett, 1911) auffallen. Bei Letzterem werden sie außerdem feststellen, dass die Autorin einen Versuch unternommen hat, den Yorkshire-Dialekt der Bediensteten und der Armen wiederzugeben. Dies ist vielleicht ihre erste Lektion in sozialer Diskriminierung in Verbindung mit Abweichungen von der Standardsprache. Dialektwörter tauchen auch in *The Mousehole Cat* (Barber und Bayley, 1990) auf, und ich weiß von zwei kleinen Kindern, die so weit gingen, mit ihrer Mutter eine Fischpastete zu backen und die Liste der kornischen Fischnamen zu singen, als sei sie ein Zauberspruch:

*ling and launces, scad and fairmaids, morgy-broth.*

In der Geschichte von *Flossie and the Fox* (McKissak und Isadora, 1986) begegnen wir einer anderen Art von Englisch. Dort lesen wir, eingebettet in die märchenhafte Erzählung von dem findigen kleinen Kind, das den gierigen Fuchs überlistet, die Kadenzen, Worte und Satzstrukturen des amerikanischen Englisch der Schwarzen aus den Südstaaten der USA. Dies wird geschickt mit der Standardschriftsprache des amerikanischen Englisch und der arroganten Sprache des Landadels kontrastiert, die den Fuchs charakterisiert.

Weitere Bereiche des Curriculums, die sich für eingehende Betrachtungen von Sprachwandel und -varietäten eignen, sind Theaterspielen, das Schreiben zu vielen Gelegenheiten und Anlässen, Puppenspiel und Gespräche über Werbung und Medien. Außerdem stellen die Kinder selbst, ihre Familien und Gemeinschaften eine reichhaltige Quelle für Sprachstudien dar und Frühpädagogen können über eine klassenweite Umfrage zu den Sprachen und Dialekten nachdenken, die die Kinder sprechen und zu schreiben beginnen, von einzelnen Wörtern bis zu perfekter Beherrschung der Sprache. Lehrer und andere Erwachsene in der Schule können zu diesen Gelegenheiten beitragen, stolz die sprachliche Vielfalt einer Klasse, einer Schule oder anderen Einrichtung zu feiern. Diese Umfragen lassen sich außerhalb der Einrichtung durchführen, so dass Familien und Gemeinschaften einbezogen werden können. Eine Literacy-Umfrage, wie Lesen und Schreiben in den Familien, den unmittelbaren Gemeinschaften der Kinder und in ihrem weiteren Umfeld eingesetzt werden, könnte ganz bescheiden beginnen, wenn die Kinder ihre Eltern oder andere Bezugspersonen und Ladenbesitzer interviewen, schriftliche Informationen von Bussen, Postämtern und Bahnhöfen sammeln oder sich Straßennamen und Verkehrsschilder ansehen.

## Aufzeichnungen und Beurteilungen

Es wird mittlerweile weithin akzeptiert, dass die Fehler, die Kinder beim Lesen und Schreiben machen, eine Quelle wertvoller Erkenntnisse für den Lehrer sind: Sie sind Fenster zur Seele und zu den mentalen Prozessen, die bei Erwerb und Einsatz von Literacy beteiligt sind (Goodman, 1982). Das bedeutet, dass die fortlaufenden Aufzeichnungen der Lehrer zur Literacy der Kinder reich an detaillierten Beobachtungen sein und sorgfältig untersucht und analysiert werden müssen.

Etwas von dieser Bedeutung wurde in England in Key Stage 1 (sechs – acht Jahre) anerkannt und berücksichtigt. Lehrer werden ermuntert, vor dem Test mit jungen Kindern über ihre Kenntnisse über Literatur und Bücher und auch über ihre Schreibkompetenzen zu sprechen und während des Tests Wörterbücher zur Verfügung zu stellen. Die Lehrkräfte werden außerdem aufgefordert, den Lernstand der Kinder am Ende einer jeden Altersstufe selbst zu beurteilen, um so die notwendigerweise begrenzten Informationen der Tests zu ergänzen. Die Verwendung von beschreibenden Einstufungen zur abschließenden Beurteilungen der Leistungen in Lesen und Schreiben sollte begrüßt werden, weil sie das professionelle Urteil über die Erfolge der Kinder wieder in die Hände ihrer Lehrerinnen und Lehrer legt. An den beschreibenden Sätzen mit denen wir arbeiten sollen ist nichts, was genaue und in Zahlen festzuhaltende Messbarkeit suggeriert, und es wäre klug, wenn KollegInnen diese Gelegenheit beim Schopfe ergriffen und Schritte entwickelten, ihre Aufzeichnungen und Beurteilungen zusammenzutragen und miteinander zu verbinden, bevor sie die Arbeit der Kinder einstufen.

In den aktuellen Testaufgaben kann man noch Fragmente der empfehlenswerten Methoden zur Beobachtung und Beurteilung von Sprache und Lernen von Kindern erkennen, wie sie vor einigen Jahren im Primary Language Record (CLPE/ILEA, 1988) vorgestellt wurden. Dieser Ansatz wird auch heute noch von vielen Lehrern gewählt,

- weil er weit über die abschließenden Beurteilungen hinausgeht,
- weil er dem Lehrer ausreichende diagnostische Erkenntnisse bringt,
- weil er die Vielfalt und Breite der sprachlichen Erfahrungen und des Sprachpotentials von Kindern widerspiegelt,
- weil er Eltern und andere unmittelbare Bezugspersonen direkt beteiligt und ihre Beiträge in die Aufzeichnungen zur Sprachentwicklung der Kinder einbezieht.

Um ausreichend aussagekräftige Aufzeichnungen zu Sprache und Literacy von Kindern aufzubauen, müssen Anmerkungen und Beobachtungen zu Reaktionen und Entwicklungen in den folgenden Bereichen des Curriculums gesammelt werden: Sprechen, Zuhören, Geschichten, Bücher, Lyrik, Reime, Musik, Tanz, Schrift, Zeichen, Malen und Bilder.

Zu einem Überblick über die Entwicklungen im Bereich des Lesens gehören Anmerkungen, wie ein Kind an Texte herangeht, was es über Illustrationen, Schrift und die Informationen weiß, die Kontext, Syntax, Laut-Buchstaben-Entsprechungen und Semantik liefern. Wenn Kinder laut vorlesen, muss der Lehrer vermerken, ob und wann ein Kind versucht, Fehler selbst zu korrigieren, welche Fragen es zum Text stellt und welche anderen Anzeichen es dafür gibt, dass es sich bemüht, die Aufgabe zu verstehen. Beispiele für die Fehler einzelner Kinder sollten in einer Kopie des Textes angemerkt werden; Lehrer können ihr eigenes Symbolsystem verwenden, um „Verleser" anzumerken und zu analysieren (siehe Barrs und Thomas, 1991; Browne, 1998; 2001; Riley, 1996).

Die Fortschritte eines Kindes beim Schreiben lassen sich am besten festhalten, wenn man in regelmäßigen Abständen Beispiele für Spurenzeichnen, Zeichnen und Schreiben einsammelt. Als Hintergrundinformation reicht die Angabe zu Namen, Datum, Alter und Kontext, in dem die Arbeit entstanden ist. Die Anmerkungen des Lehrers sollten eine kurze Analyse dessen enthalten, was das Kind über Schrift weiß: Gibt es Hinweise auf Nachrichten, Zeichen, konventionelle und erfundene Buchstabenformen, Ziffern, Anordnung in Zeilen, Schreibrichtung, Digraphe („ng", „ie"), Buchstabenreihen („ver", „...ung"), Doppelbuchstaben („tt", „ll"), Zeichensetzung, Stil und Gattung (Briefe, Werbung, Anweisungen)?

Und schließlich sollten die Kinder selbst regelmäßig einbezogen werden, indem sie über ihre eigenen Einschätzungen sprechen, welche Fortschritte sie als Leser und Schreiber gemacht haben. Sie können diese Kommentare einem Erwachsenen diktieren oder sie selbst aufschreiben, wenn sie dazu in der Lage sind. Die Kommentare sollten sowohl in diagnostische als auch in abschließende Beurteilungen einfließen. Auf jeden Fall suchen die Kinder einige der schriftlichen Beispiele aus, die in ihrer Dokumentationsmappe aufbewahrt werden sollen und versehen sie mit eigenen kurzen Begründungen für ihre Wahl. Eingehende Überlegungen zu Beurteilungen und Aufzeichnungen in der Frühpädagogik finden Sie in *Assessment in Early Childhood Education* (Blenkin und Kelly, 1992), *Getting to Know You* (Bartholomew und Bruce, 1993), *Tracking Significant Development in the Early Years* (Hutchin, 1996), *Recognising Early Literacy Development* (Nutbrown, 1997) und *Assessment in Early Childhood Settings* (Carr, 2001).[56]

---

[56] Vgl.: *Ulich/Mayr, SISMIK. Sprachverhalten und Interesse an Sprache bei Migrantenkindern, ein Beobachtungsbogen für Erzieher/innen, 2003; Ulich/Mayr, SELDAK. Sprachentwicklung und Literacy bei deutschsprachig aufwachsenden Kindern, 2006.*

# 6 Mit Eltern und anderen Bezugspersonen über Sprachentwicklung sprechen

In diesem Buch finden Sie überall Hinweise darauf, wie Kinder ihre sprachlichen Fähigkeiten entwickeln und über Literacy lernen, mit ihren Eltern und anderen Bezugspersonen und mit ihren Familien, in unterschiedlichen Gemeinschaften, mit unterschiedlichen Primärsprachen, Kulturen und Traditionen. Dieses letzte Kapitel verbindet diese wichtigen Elemente der kindlichen Sprachentwicklung und gibt Empfehlungen, wie alle im Interesse der Kinder zusammenarbeiten können. Das Hauptanliegen des Buches ist jedoch nicht die Einbindung der Eltern in Bildungsfragen; als Hintergrundinformation zu diesem Thema empfehle ich ein Buch, das sich mit dem Pen Green Centre für Vorschulkinder und ihre Familien beschäftigt: *Learning to be Strong* (Whalley, 1994) und eine neue Untersuchung zu weiterführender Zusammenarbeit mit Eltern in derselben Einrichtung, *Involving Parents in their Children's Learning* (Whalley und Pen Green Centre Team, 2001). Pädagoginnen und Pädagogen, die sich hauptsächlich mit den ersten Grundschuljahren beschäftigen, finden ebenso überzeugende Beispiele und Erkenntnisse in *Parents and their Children's Schools* (Hughes, Wikeley und Nash, 1994).[57]

Im Mittelpunkt dieses Kapitels stehen die Art der Partnerschaft mit Eltern und anderen Bezugspersonen, die Rolle, die Eltern und andere Bezugspersonen für die frühkindliche Literacy spielen und wie sie und Pädagoginnen und Pädagogen miteinander über die sprachliche Entwicklung der Kinder sprechen können.

## ▶ Partnerschaft mit Eltern und anderen Bezugspersonen

Sinnvolle Überlegungen zu der sprachlichen Entwicklung von Kindern setzen eine gesunde Einstellung zu einer Partnerschaft zwischen Pädagogen und Eltern voraus, und deshalb sollten wir einmal ansehen, was wir unter Partnerschaft verstehen.

### Partner

Partner sind gleichwertig, auch wenn sie häufig verschiedene Rollen innehaben und unterschiedliche Fachkenntnisse und Erfahrungen mitbringen. Partner können einander so unähnlich sein wie alle anderen Individuen auch.

In einer Partnerschaft zwischen Eltern oder anderen Bezugspersonen und Fachkräften, die in unterschiedlichen Bildungseinrichtungen mit den Kindern dieser Eltern arbeiten, gibt es reichlich Gelegenheit, diese verschiedenen Rollen misszuverstehen und ebenso reichlich Gelegenheit, Respekt und Verständnis für den anderen aufzubauen. Wir alle müssen die klar abgegrenzten Rollen verstehen, die wir als Eltern und Erzieher einnehmen.

---

[57] Siehe dazu Textor, M. Kindergartenpädagogik-Online-Handbuch, Elternarbeit und Familienbildung im Kindergarten, 2003, http://www.kindergartenpaedagogik.de/963.html.

## Eltern

Eltern sind so verschieden wie der Rest der Menschheit und lassen sich nicht als „die Eltern" in einen Topf werfen – und übrigens sind viele von ihnen Studenten der Frühpädagogik, Erzieher oder andere Leute vom Fach. In ihre Rolle als Eltern bringen sie viele Kulturen, Traditionen, Sprachen, Temperamente, Biografien, Stärken und Schwächen ein.

Eltern wissen mehr über ihre Kinder als irgend jemand sonst jemals wissen kann: Sie teilen mit ihnen eine tiefere emotionale Bindung und eine breitere Basis an Erfahrungen als sie in einer Einrichtung je erreicht werden kann, in der sich die Kinder über vergleichsweise kurze Zeiträume aufhalten. Selbst wenn eine Eltern-Kind-Beziehung allem Anschein nach schlecht und unproduktiv ist, ist sie immer noch ein wichtiger Faktor, den es zu respektieren gilt und der mit großem Feingefühl behandelt werden sollte.

Eltern nehmen Anteil an dem, was mit ihren Kindern geschieht, in der Gegenwart und in der Zukunft, und sie interessieren sich besonders für das, was im Rahmen frühpädagogischer Einrichtungen mit ihnen geschieht.

## Professionelle Fachkräfte

Erzieherinnen und Erzieher sowie Lehrerinnen und Lehrer sind Experten im Gruppenmanagement, sie haben Beziehungen zu vielen Kindern. Sie sind in der Lage, Kinder genau zu beobachten und sie in Gruppen zu organisieren; sie entwickeln ein positives, professionelles Verhältnis zu den einzelnen Kindern.

Professionelle Fachkräfte verfügen über praktisches und theoretisches Wissen über Entwicklungsverläufe und über Entwicklungsauffälligkeiten. Sie verstehen es, das Interesse von Kindern zu fesseln, ihr Lernen zu strukturieren und sie sinnvoll zu beschäftigen. Sie wissen, wann sie in das Lernen und Forschen der Kinder eingreifen und wann sie sich zurückhalten sollten. Professionelle Pädagoginnen und Pädagogen sind ebenso unterschiedlich wie Eltern – viele von ihnen sind selbst Eltern.

Fachkräfte haben oft leichteren Zugang zu Behörden und mehr Informationen über Verwaltungsstrukturen und den vielen offiziellen Stellen, die mit der Betreuung und Bildung und mit dem Leben junger Kinder und ihrer Familien zu tun haben.

Was bedeuten diese Unterschiede für die Gestaltung einer Partnerschaft zwischen Tageseinrichtung oder Schule und Eltern?

Es ist offenkundig, dass sich solche Vielfalt nur dann erfolgreich und zum Wohl der Kinder handhaben lässt, wenn die Partnerschaft offen und demokratisch ist und auf Gesprächsbereitschaft und Respekt basiert. Wir müssen wissen, was unser Partner macht und welche Ziele und Hoffnungen er für die Kinder im Auge hat, die uns zusammengeführt haben. Das bedeutet, dass es ganz wichtig ist, effektive Kanäle für Kommunikation und Informationsaustausch zu schaffen (Hurst, 1997). Es lassen sich leicht Beispiele dafür finden, wie Kindertageseinrichtungen ihre Elternkontakte gestalten, doch besteht die Gefahr, dass es eine sehr einseitige Angelegenheit wird und der Informationsfluss und die Pläne und Anregungen immer von den Erziehern kommen. Natürlich ist es begrüßenswert, wenn eine Einrichtung Räume, schwarze Bretter und Newsletter, Gesprächskreise, Workshops, Ausflüge und zwanglose Zusammenkünfte für Familien und sogar eine gut sichtbare Zusammenfassung der angestrebten Lernziele und aktuellen Lern- und Spielschwerpunkte anbietet. Doch es muss auch eine Art offener Einladung an die Eltern und anderen Bezugspersonen geben, das zu sagen, was sie sagen wollen, bestimmte Aktivitäten anzuregen, anzugeben, was sie davon abhält, die Einrichtung zu besuchen, was sie sinnlos oder gar abstoßend finden. Ich denke da an den von Zeit zu Zeit auftauchenden Widerstand gegen das Malen mit Fingerfarben oder die tief empfundene Ablehnung dagegen, Kinder bei sehr heißem Wetter nackt herumlaufen zu lassen. Gute Partner respektieren solche Gefühle, reden darüber und suchen nach möglichen Kompromissen. Das ist besonders für Familien wichtig, die neu in einer Einrichtung sind. Sie haben zudem das Recht, an Entscheidungen umfassend beteiligt zu werden, wenn es beispielsweise darum geht, wie intensiv sie die allmähliche Eingewöhnung ihrer Kinder in die Einrichtung begleiten möchten oder ob vor dem ersten Aufenthalt der Kinder in der Einrichtung Hausbesuche stattfinden sollen. Partnerschaft braucht gegenseitigen Respekt, Vertrauen, einige gemeinsame Ziele und das Akzeptieren von Unterschieden. Das lässt sich nicht aus dem Hut zaubern – wir müssen alle daran arbeiten, gute Partner zu sein.

## Eltern als „Kunden"

In Großbritannien, sobald junge Kinder den Vorschuleinrichtungen entwachsen sind und staatliche Schulen besuchen, stellen ihre Eltern und andere Bezugspersonen fest, dass sie neue Rechte haben und sie sich eher als Verbraucher, und nicht so sehr als Eltern betrachten sollen. Dieser Wandel ist das Ergebnis des *Education Reform Act* von 1988 (DES, 1988) und der *Parent's Charta* (DES, 1991) und spiegelt die Entscheidung der Regierung wider, den Bereich der Bildung zu so etwas wie einem freien Markt zu machen, auf dem Schulen um die Kundschaft von Eltern wetteifern und Eltern begutachten, auswählen und verwerfen können, was im Angebot ist. Dieser Markt hat sich inzwischen auf die nicht-staatlichen Betreuungsangebote für Kinder unter fünf Jahren ausgedehnt und diese Tatsache wirft einige Fragen auf. Was ist verfügbar? Was wird „konsumiert"? Wer sind die Konsumenten? Wo stehen die Kinder in all diesen Überlegungen? Dies sind Fragen, über die sich lange und leidenschaftlich streiten ließe, aber es gibt einige einfache und interessante Antworten:

- Verfügbare Güter: Das Warenangebot beschränkt sich auf die Lernbereiche des nationalen Bildungsplans für die Drei- bis Fünfjährigen (*Foundation Stage*) und den Nationalen Lehrplan für Schulen (*National Curriculum*) selbst sowie die dazugehörigen vorgeschriebenen Prüfungen oder auf Bildungsziele im Falle von Einrichtungen, die nicht von der Schulpflicht erfasst werden, aber staatliche Gelder erhalten. Im Vereinigten Königreich besteht die Betreuung und Bildung von Kindern unter fünf Jahren aber immer noch aus einem Mischmasch von privaten, staatlichen und freien Einrichtungen und ist weit davon entfernt, allgemein verfügbar zu sein.

- Die Verbrauchsartikel: Es ist nicht möglich, Lernen oder Wissen auszuteilen und es wie eine Vitaminpille oder einen Burger herunterzuschlucken.

- Die Konsumenten: Die einzigen wirklichen „Konsumenten" sind die Kinder selbst, die Schulen und frühpädagogische Einrichtungen besuchen, auch wenn öffentliche Diskussionen häufig den Eindruck vermitteln, dass Betreuung und Erziehung im Elementarbereich nur existieren, um Eltern den Rücken für die Erwerbsarbeit freizuhalten.

- Die Kinder scheinen die passiven Rezipienten dessen zu sein, was für sie ausgewählt und mit ihnen gemacht wird.

Dieses Bild von Bildung, Betreuung und Erziehung im Elementarbereich ist nicht akzeptabel, weder vom Standpunkt der Eltern und anderen Bezugspersonen, noch der professionellen Fachkräfte, noch der Kinder selbst. Ein Forschungsprojekt, das sich mit *Key Stage 1* (sechs – acht Jahre) befasst hat, kam zu denselben Ergebnissen (Hughes, Wikeley und Nash, 1994) und hebt die Tatsache hervor, dass Eltern keine Wahl haben, sondern die Veränderungen, die die Bildungsreform von 1988 mit sich brachte, ohne Einspruchsmöglichkeiten hinnehmen müssen. Sie wollen keine Verbraucher sein, wählen Schulen nach Größe und Atmosphäre aus, wissen die Schulen und Lehrer in ihrer Nachbarschaft zu schätzen, finden das *National Curriculum* zu elementar und zu freudlos und beurteilen die Störungen kritisch, die SATs (neuerdings bekannt als *National Assessment Tasks and Tests* – periodisch wiederkehrende obligatorische Prüfungen) in der schulischen Bildung ihrer Kinder verursachen. Die Besorgnis über die ständigen Prüfungen, denen die Kinder unterzogen werden, hält an und sowohl im Vereinigten Königreich wie in den USA breitet sich die Befürchtung aus, dass wir unsere Kinder „zugrunde testen" (Guttenplan, 2001). Die Prüfungen nehmen im Elementarbereich bisweilen geradezu absurde Ausmaße an, wenn die Kinder den freiwilligen Helfern nicht vorlesen können, weil gerade ein Test ansteht, mit dem ihre Literacy-Fertigkeiten überprüft werden sollen!

Viele der Eltern, die für das oben erwähnte Forschungsprojekt befragt wurden, hatten trotz zahlreicher Kontakte zu den verantwortlichen Pädagoginnen und Pädagogen nicht das Gefühl, dass sie genügend Informationen über den schulischen Lernstoff ihrer Kinder hatten. Nehmen wir dies als Beleg dafür, dass wir uns weiterhin um echte Partnerschaft, echte Gespräche und Zusammenarbeit bemühen müssen.

## Eltern als Mitwirkende

In den meisten Bildungseinrichtungen für jüngere Kinder – und dazu zähle ich auch die regulären Grundschulen – findet man Eltern, die Seite an Seite mit den verantwortlichen Pädagogen arbeiten (Abb. 19). Daraus ergeben sich einzigartige Möglichkeiten für partnerschaftliche Ansätze bei Betreuung und Erziehung im Elementarbereich. Nichts ist besser geeignet, die täglichen Abläufe in der Einrichtung und die im Lehrplan vorgesehenen Aktivitäten durchschaubar und verständlich zu machen, als die praktische Erfahrung mit Gruppen von Kindern, die man an der Seite eines Kollegen sammelt. In solchen Situationen ist es viel einfacher für Kollegen, sich gegenseitig Fragen zu stellen, Annahmen zu hinterfragen, vorzumachen, wie etwas geht, Fachwissen und Erfahrungen auszutauschen oder über Ideen und Sorgen zu sprechen.

*Abbildung 19: Verkehrszählung im Außengelände des Kindergartens, von Eltern organisiert. Beachten Sie die vorschriftsmäßige Kopfbedeckung!*

Wenn wir als gemischte Gruppe aus Eltern, Erziehern und Angehörigen unterschiedlicher Berufsgruppen mit Kindern zusammenarbeiten, machen wir eine wichtige Entdeckung: Bildung und Erziehung haben etwas mit Kontakt zu anderen Menschen und mit Teamarbeit zu tun. Das trifft auf erwachsene Lerner ebenso zu wie auf junge lernende Kinder. Jeder einsame Schüler hat ein Team aus Helfern wie Lehrer, Bibliothekare, Familienangehörige, Freunde und andere Schüler im Rücken, die nur darauf warten, über alles zu reden, zu widersprechen und Trost zu spenden. Und so möchte auch jedes Kind im Sandkasten jemanden haben, der so tut als probiere er seinen „Kuchen", schmecke die Zutaten heraus und mache sich Gedanken über die besten Zubereitungsmethoden. Eltern und Erziehern im Pen Green Centre ist es gelungen, viele der alten Trennlinien zwischen „ihnen" und „uns" zu verwischen. Ein wesentlicher Punkt dabei war, dass der Anspruch der Eltern, die ersten Erzieher ihrer Kinder zu sein, ernst genommen und als Grundlage des gemeinsamen Handelns akzeptiert wurde (Walley und Pen Green Centre Team, 2001). Sie lernen *alle* zusammen, diskutieren die neuesten Erkenntnisse frühpädagogischer Forschungen, bewahren Aufzeichnungen zur Entwicklung der Kinder zu Hause und in der Einrichtung auf und planen neue Lehrplanaktivitäten gemeinsam. Viele andere frühpädagogische Einrichtungen steuern mit ähnlichen Mitteln eine vollwertige Partnerschaft an und bieten ihre Einrichtung als „offenes Haus" für Familien an. Sie unterstützen Eltern und sehr kleine Kinder im häuslichen Bereich mit Spielsachen, Büchern, Ratschlägen und Freundschaft und entmystifizieren die Arbeit mit kleinen Kindern, indem sie in offenen und ehrlichen Gesprächsrunden diskutieren, was in ihrer Einrichtung geschieht und warum es geschieht.

Wir als Kollegen beginnen vielleicht auch zu begreifen, weshalb es so schwierig ist, gute und hoch qualifizierte Erzieher für die Arbeit mit jungen Kindern zu gewinnen. Wir können ein Lern- und Fortbildungsnetzwerk ins Leben rufen. Wir können z. B. gemeinsam Aktionsforschung betreiben und uns ansehen, wie wir arbeiten, mit dem Ziel, die Qualität unserer Arbeit mit den Kindern zu verbessern (Blenkin und Paffard, 1994). Es gibt viele historische Beispiele für diese Art der Eigeninitiative. Vielleicht sollten wir uns nicht gerade die Klippschulen wieder zurückwünschen, doch wir sollten stolz darauf sein, wenn wir gemeinsam farbenverschmierte und tonbekleckerte Schüler und Partner sind.

## ▶ Eltern, andere Bezugspersonen und frühe Literacy

### Erste Erzieher

Festzustellen, dass die große Mehrheit der Eltern die ersten Bezugspersonen ihrer Kinder sind, ist eigentlich überflüssig, doch heute sind sich die meisten Leute darin einig, dass Eltern auch die ersten und beständigsten Erzieher ihrer Kinder sind. Diese Einmütigkeit haben wir teilweise Piagets Pionierarbeiten über das Denken kleiner Kinder in ihren ersten Wochen und Monaten zu verdanken, einer Phase, in der die Eltern oder andere wichtige Bezugspersonen das Umfeld des Kindes gestalten und den Anstoß für die rasante Entwicklung des Gehirns geben. Die moderne Gehirnforschung (Neurowissenschaft) hat diese früheren Theorien durch die Erkenntnis bestätigt, dass sich das Gehirn unter dem Einfluss der sozialen und kulturellen Erfahrungen der ersten Monate und Jahre tatsächlich verändert (Bruce, 2000). Eng verbunden mit diesen Belegen für die Kontinuität menschlichen Lernens von Geburt an sind die beeindruckenden modernen Untersuchungen von der Kontaktfreudigkeit von Babys und von ihrer Fähigkeit, Gefühle und Gemütszustände in der Partnerschaft mit ihren Eltern und anderen Bezugspersonen zu teilen (Trevarthan, 1993). Als dritter und letzter Beweis für das Lernen mit Eltern und anderen Bezugspersonen stehen die alltäglichen und dennoch überwältigenden Leistungen fast aller Babys: Sie lernen zu kommunizieren, zu reden und Erlebnisse zu schildern und entwickeln ein Bewusstsein für Zeichen und Schrift. Diese Leistungen sind in diesem Buch ausführlich beschrieben worden; was ich hier hervorheben möchte ist die Tatsache, dass die Rolle der Eltern in diesen frühen Lernprozessen, vor allem beim Erlernen der Sprache, die Grundlage für alle späteren Bildungserfolge darstellt.

Viele Eltern sind sehr aktiv in ihrer Rolle als erste Erzieher ihrer jungen Kinder, unabhängig davon, welcher sozialen oder ökonomischen Schicht sie angehören. Untersuchungen in verschiedenen Kulturen (David et al., 2000) haben gezeigt, dass sie ihre Kinder in Gesprächen anregen und fordern, sie mit zweiten und dritten Sprachen und Schriftsystemen vertraut machen, Bücher, Lieder, Geschichten und Witze mit ihnen teilen, ihnen zeigen, wie man Karten spielt, Kuchen backt, zählt und Buchstaben erkennt und sie mit immer neuen Stiften und Papierstapeln ausstatten (Well, 1981; Tizard und Hughes, 1984; Tizard u.a., 1988). Die Tatsache, dass Eltern ihren Kindern etwas beibringen, wurde in Kindergärten und Grundschulen nicht immer willkommen geheißen und aufgegriffen. Es hat sich jedoch gezeigt, dass es immer sehr positive Konsequenzen für Kinder, Eltern und Pädagogen hatte, wenn Erzieher und Pädagogen Familien ermuntert haben, eine aktive Rolle bei der Beobachtung und Unterstützung der kognitiven Entwicklung ihrer Kinder zu spielen (Athey, 1990; Nutbrown, 1999). In keinem anderen Bereich ist diese Mitwirkung weiter entwickelt als bei der frühen Literacy, und die Behauptung, dass „Literacy zur Schule geht" (Weinberger, 1996) wird nun allgemein als wahr akzeptiert.

## Babys und Bücher

Vielleicht hat es immer schon „belesene" Familien gegeben, die mit ihren Babys Bücher betrachten und vorlesen (White, 1954; Butler, 1979), doch in den letzten Jahren hat es bewusste Anstrengungen gegeben, mehr Eltern zu dieser Einstellung zu verhelfen (Abb. 20). Eine der am besten geplanten und am sorgfältigsten ausgewerteten war das *Bookstart*-Pilotprojekt[58] in Birmingham, an dem die Bibliotheken der Stadt und die Gesundheitsbehörde von Süd-Birmingham beteiligt waren. Die *Bookstart*-Pakete enthielten ein Buch, eine Karte mit einem Gedicht, ein Plakat, eine Einladung, Mitglied der örtlichen Leihbücherei zu werden und Informationen. Sie wurden von den Familienberatern der Gesundheitsbehörde in drei Bezirken der Stadt kostenlos an 300 Eltern/Bezugspersonen von neun Monate alten Babys verteilt. Das Projekt deckte einen breiten ethnischen und sozio-ökonomischen Querschnitt der Stadt ab und die Familien wurden gebeten, zu Beginn des Projektes und sechs Monate später Fragebögen auszufüllen. Die Angaben der Eltern belegten, dass aus dem Bücherlesen und -betrachten mit dem Baby ein begeistertes Bücherlesen und -betrachten mit Kleinkindern, älteren Kindern und Erwachsenen in der Familie wurde. In einigen Familien wurde das Interesse geweckt oder wiederbelebt, Mitglied der öffentlichen Bücherei zu werden oder gar Bücher zu kaufen. Das *Bookstart*-Projekt wurde mittlerweile auf viele Teile des Vereinigten Königreichs ausgedehnt und Bibliotheken und Familien berichten überall von derselben Begeisterung, mit der Bücher gelesen und gekauft und Bibliotheksausweise angeschafft werden. Die Analysten der Pilotstudie

---

[58]  *Siehe unter: http://www.bookstart.co.uk. Die Idee und das Know-How des Bookstart-Projektes hat die Stiftung Lesen aktuell nach Deutschland importiert. In den nächsten 1–2 Jahren sollen alle neugeborenen Babys in Deutschland mit einem Bookstart-Paket versorgt werden.*
*Gestartet wird das Projekt in Sachsen. Ein Startpaket enthält 1–2 Bücher, eine Informationsbroschüre für Eltern und weitere Vorleseempfehlungen (www.stiftunglesen.de/aktuell/bookstart/bookstart.html – 9k).*

von Birmingham machen darauf aufmerksam, dass es dabei um mehr als frühe Leseerfahrung und schulische Leistungen oder gar den Kampf gegen Analphabetismus und Kriminalität bei Erwachsenen geht:

> *Bücher sind ein Quell gemeinsamer und immer wiederkehrender Freude, neuer Erkenntnisse, neuen Wissens und neuer Möglichkeiten, sein Leben zu gestalten.*
>
> (Wade und Moore, 1993a)

Die Auswirkungen von *Bookstart* werden weiterhin beobachtet; die ursprünglichen *Bookstart*-Babys sind inzwischen acht Jahre alt und haben ihren anfänglichen Vorsprung in Literacy im Laufe der ersten Schuljahre ausbauen können. Am Ende von *Key Stage 1* im Alter von sieben Jahren zeigten sie außerdem dauerhaft gute Leistungen in Lesen, Mathematik und wissenschaftlichem Denken. Die Wissenschaftler folgern daraus, dass ihre Ergebnisse die zentrale Rolle von Eltern und anderen Bezugspersonen bei der Bildung und Erziehung von Kindern im Vorschulalter bestätigen und dass Bookstart eine kosteneffektive Methode darstellt, für einen guten Schulstart und einen anhaltend höheren Leistungsstandard in den Grundschuljahren zu sorgen (Wade und Moore, 2000).

*Abbildung 20: Lesen zum Vergnügen, Dylan (17 Monate) mit seinem Großvater*

## Familien als Partner in der frühkindlichen Literacy-Entwicklung

Neues Wissen über das Entstehen von Literacy in den ersten Kindheitsjahren (Hall, 1987; David *et al.*, 2000) hat zu einem wachsenden Interesse an der Rolle von Familien und Gemeinschaften und von kulturspezifischen Einstellungen und Praktiken in diesem Prozess geführt. Ein beeindruckendes Beispiel für die Einbeziehung von Familien als vollwertige Partner stellt das *Sheffield Early Literacy Development Project* (Frühkindliche Literacy-Entwicklung) dar (Weinberger, Hannon und Nutbrown, 1990).

Dabei wurden die Familien zunächst gebeten anzugeben, wie sie ihren jungen Kindern zu einem Literacy-Start verhalfen. Erwartungsgemäß nannten sie: Etiketten auf Dosen und in Geschäften betrachten, gemeinsam Notizen schreiben, Bücher ansehen und Wörter aus Buchstabennudeln legen (Nutbrown, 1999, S. 82). Im Gegenzug halfen die Forscher den Eltern, eine Verbindung zwischen ihren eigenen begrüßenswerten Aktivitäten und dem allgemeinen Verlauf der Sprachentwicklung herzustellen. Sie gaben ihnen eine Übersicht, auf der die Schritte des Schriftspracherwerbs zu erkennen waren. Diese Übersicht war wie eine Fläche aus zusammengesteckten Puzzleteilen gestaltet, von denen jedes eine Leistung benannte. Die Eltern oder anderen Bezugspersonen konnten die Puzzleteile ausmalen, sobald ihnen auffiel, dass das Kind die Leistung erbrachte. Die Übersicht deckte Bereiche ab wie „Schrift in der Umgebung betrachten", „erste Schreibversuche" oder „gemeinsam Bücher betrachten", sie veranschaulichte die Fortschritte der Kinder von Kritzelzeichen bis zum Schreiben des eigenen Namens oder vom Geschichtenerzählen anhand der Bilder in einem Buch zum Erkennen eines Markennamens auf einem Lebensmitteletikett.

Diese Untersuchung zeigte auf, dass Eltern die frühkindliche Literacy auf dreierlei Arten förderten: Sie waren selbst Vorbilder insofern als sie es selbst taten, sie schufen ihren Kindern Gelegenheiten zu Literacy und sie nahmen wahr, wie die Kinder sich als Leser und Schreiber versuchten (Nutbrown, 1999). Ähnliche Ergebnisse wurden deutlich, als die Eltern von Kindern aus mehreren unterschiedlichen Sprachgemeinschaften Beispiele für alltägliche Literacy in den Kindergarten und die Vorschulklassen einer Londoner Schule mitbrachten und wirklichkeitsnahe mehrsprachige Lernmaterialien und Kontexte für ihre Kinder schufen.

## Lesen zu Hause

Die vorangegangenen Beispiele konzentrierten sich auf Babys und Kinder unter fünf, aber die weitaus größte Zahl der Projekte zum Thema „Eltern und Literacy" beschäftigt sich mit dem Lesen in den ersten Grundschulklassen. Dabei gibt es viele unterschiedliche Methoden (Topping und Wolfendale, 1985; Bloom, 1987; Wolfendale und Topping, 1996), doch die meisten Bildungseinrichtungen wie Kindergärten und Grundschulen gehen so vor, dass sie Eltern bitten, sich von ihren Kindern vorlesen zu lassen oder mit ihnen gemeinsam Bücher zu lesen. Der Anblick junger Kinder, die nachmittags ihre „book-bags" (Taschen z. B. mit Büchern, Kassetten, Aktivitäten und Rezepten, die die Kinder einer Klasse nach einem Rotationssystem mit nach Hause nehmen dürfen) nach Hause tragen, ist mittlerweile ein vertrautes Bild in ganz England und auch der morgendliche Büchertausch gehört inzwischen zur Routine in englischen Klassenzimmern. Bei dieser Gelegenheit geben die Kinder schriftliche Anmerkungen ihrer Eltern über ihre Lesefortschritte an die Lehrer weiter. Diese wichtigen Lesepartnerschaften gehen zurück auf Untersuchungen in Haringey in den 1970ern, die aufzeigten, dass das häusliche Lesen mit den Eltern den Kindern zu größeren Lesefortschritten verhalf als alle schulischen Fördermaßnahmen (Hewison und Tizard, 1980). Auch spätere Untersuchungen haben bestätigt, dass vorschulische Literacy-Erfahrungen und das fortgesetzte Interesse und Engagement der Eltern an häuslichen Leseaktivitäten ihrer Kinder, gepaart mit wirklichen Konsultationen zwischen Lehrern und Eltern/Bezugspersonen über von der Schule initiierte Hilfen wie *Reading Recovery* (Wade und Moore, 1993b), die Lesefortschritte entscheidend beeinflussen. Die Büchersack-Methode wurde schon in Kapitel 4 näher beschrieben, doch es sollte nicht vergessen werden, dass es das Ziel dieses Ansatzes ist, Eltern und die örtliche Gemeinschaft an der Herstellung und am Befüllen der Büchersäcke ebenso zu beteiligen wie an der Organisation der Büchersack-Leihbüchereien und vor allem am vergnüglichen Lesen zu Hause mit ihren Kindern. Der

Büchersack-Ansatz hat jede Menge Potential für Spiel und Spaß und man kann viel über Sprache und Literacy erfahren. Die Büchersäcke enthalten normalerweise Stichwortkarten für Eltern. Abbildung 21 zeigt ein Beispiel. Solche Karten machen es Eltern leichter, mit ihren Kindern ganz entspannt und mit Vergnügen über Bücher und über Sprache zu reden.

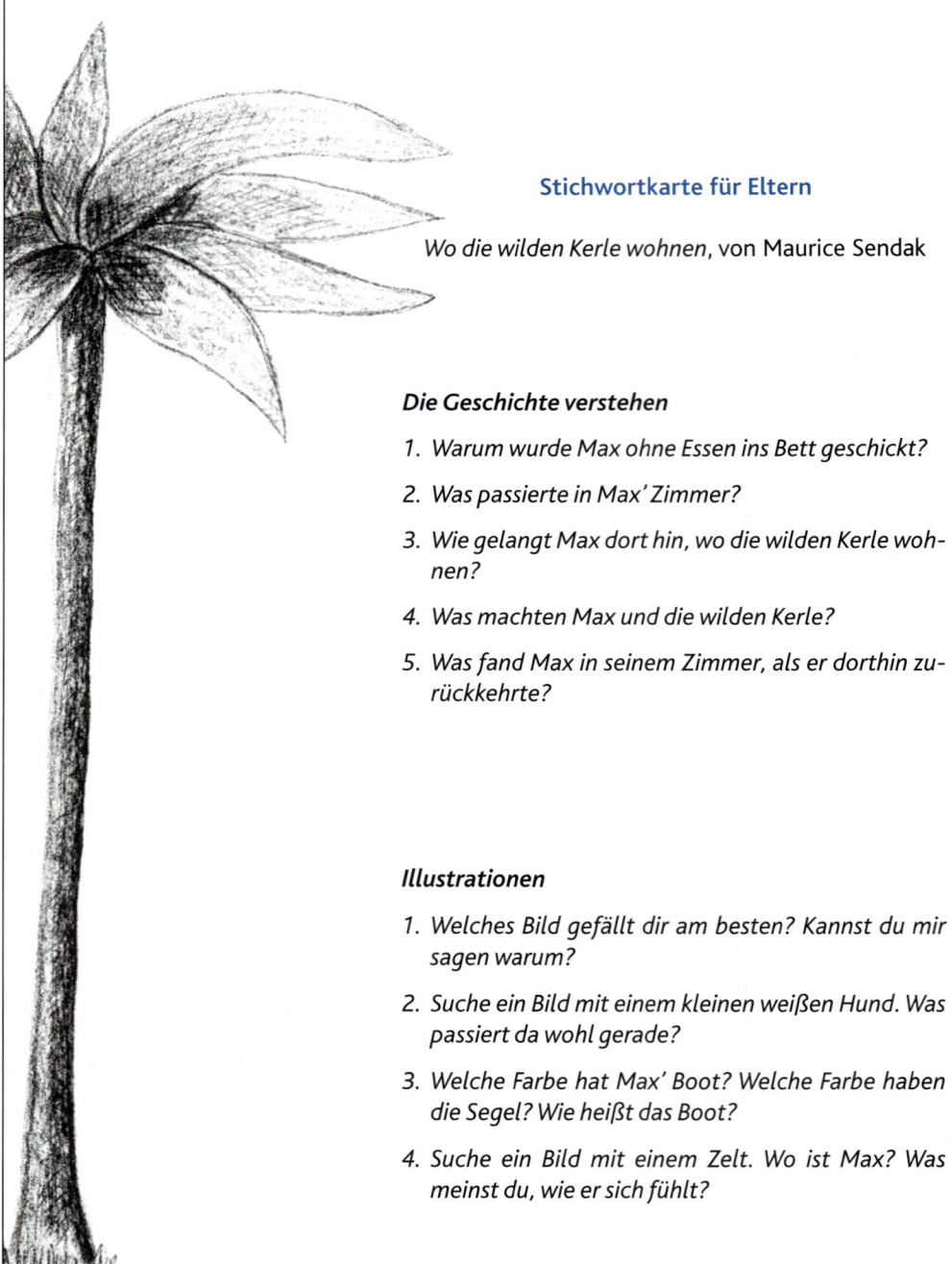

### Stichwortkarte für Eltern

*Wo die wilden Kerle wohnen*, von Maurice Sendak

#### Die Geschichte verstehen

1. *Warum wurde Max ohne Essen ins Bett geschickt?*

2. *Was passierte in Max' Zimmer?*

3. *Wie gelangt Max dort hin, wo die wilden Kerle wohnen?*

4. *Was machten Max und die wilden Kerle?*

5. *Was fand Max in seinem Zimmer, als er dorthin zurückkehrte?*

#### Illustrationen

1. *Welches Bild gefällt dir am besten? Kannst du mir sagen warum?*

2. *Suche ein Bild mit einem kleinen weißen Hund. Was passiert da wohl gerade?*

3. *Welche Farbe hat Max' Boot? Welche Farbe haben die Segel? Wie heißt das Boot?*

4. *Suche ein Bild mit einem Zelt. Wo ist Max? Was meinst du, wie er sich fühlt?*

Abbildung 21
(siehe auch die folgende Seite) Stichwortkarte für Eltern aus einem Büchersack

### Spaß mit Buchstaben

1. Wie viele Namen kennst du, die mit „M" beginnen?

2. Kannst du diesen Spruch mit mir aufsagen?

   *„Wilde, wüste Kerle wohnen
   tief im wilden, wüsten Wald"*

Sag ihn so schnell du kannst!

### Spaß mit Wörtern

1. Denk dir Wörter aus, die sich auf „still" (Essen, wild) reimen.

2. Erzähle mir, wie der wilde Kerl aussieht, der dir am besten gefällt.

3. Was bedeutet wohl das Wort „fürchterlich"?

### Andere Aktivitäten

1. Zeichne oder male ein Bild von deinem Lieblingskerl.

2. Erfinde einen wilden Tanz.

3. Verkleide dich als König oder Königin. Kennst du Gedichte über Könige und Königinnen?

## ▶ Über die sprachliche Entwicklung reden

Die Suche nach der richtigen Sprachform, in der sich Erzieherinnen und Erzieher, Lehrerinnen und Lehrer und Eltern über die sprachliche Entwicklung der Kinder verständigen können, stellt alle Beteiligten immer wieder vor Herausforderungen. Darin bestand auch die Schwierigkeit beim Schreiben dieses Buches, und das Problem bleibt bestehen: Wie können wir die Komplexität der individuellen Sprachentwicklung bis zum achten Lebensjahr würdigen und dabei eine klare, unkomplizierte Sprache einsetzen? Auf diese Frage scheint es keine einfache Antwort zu geben, aber wir müssen im Gespräch bleiben.

## ▶ Die Sprache unserer Kinder – einige Hinweise für Eltern

### Über Kommunikation, Sprechen und Zuhören

Wir alle sind Gesprächspartner für unsere Kinder. Wir alle sind Vorbilder für unsere Kinder und zeigen ihnen, wie man Sprache einsetzt. Die tägliche Versorgung, die Gespräche, die Spiele, das regelmäßige Lesen und Schreiben, das wir mit unseren Kindern unternehmen, beeinflussen ihre Sprachentwicklung und ihr Denken.

Unsere Babys kommunizieren mit uns lange bevor sie sprechen – das tun sie von der Geburt an. Sie nehmen Kontakt mit uns auf, indem sie uns als Reaktion auf unsere Aufmerksamkeit und unsere Stimme anstarren, Gesichter schneiden und ihre Arme, Hände, Beine und Zehen bewegen. Wir bekommen Übung darin, ihnen zuzuhören und sie genau zu beobachten. Das hilft uns, sie kennen zu lernen und ihre Botschaften und Bedeutungsinhalte zu interpretieren. Es hilft uns, unser Leben und unser Handeln mit ihnen zu teilen. Unsere Babys werden zu Sprechern, indem sie wortlos kommunizieren und unablässig zuhören und beobachten, was um sie herum geschieht.

Wir neigen dazu, in Gesprächen und kleinen Geschichten das Auf und Ab des täglichen Lebens mit unseren wachen und aufmerksamen Babys und Kleinkindern zu teilen. Wir erwarten sogar Antworten von ihnen. Also sehen wir sie an, machen Sprechpausen und geben ihnen Zeit, die passenden Laute oder Worte zu finden. Später nennen wir ihnen die Worte, nach denen sie fragen oder nach denen sie zu suchen scheinen und wiederholen wichtige Worte und Wortgruppen häufig. Wir machen es ihnen wirklich möglich, ihre Welt zu benennen und darüber zu sprechen.

Unsere Kinder fangen damit an, über Leute zu sprechen, die sie kennen, über die Ereignisse des Tages, über ihre Gefühle, das Essen, das sie zu sich nehmen, über ihre Spielsachen, Tiere und Haustiere in der Familie und über ihre Gefühle und Ideen über Sachen. Diese Gesprächsthemen bleiben unser Leben lang sehr wichtig und unsere Kinder erzählen Geschichten und lernen so, über diese Themen zu sprechen. Ihre Unterhaltungen mit uns sind voller kleiner Erzählungen darüber, wie sie hingefallen sind, Sachen verloren, Leute getroffen, Tiere oder Autos gesehen haben, wie sie sich gefürchtet haben oder etwas interessant fanden. Dies sind alltägliche Geschichten darüber, was passiert ist und wie ich mich dabei fühl'; sie unterscheiden sich nicht sehr von Familiengeschichten, Seifenopern im Fernsehen, Romanen oder Sagen.

Viele Leute machen sich Sorgen, dass Fernsehen und Videos diese Gespräche zwischen Kindern und ihren Bezugspersonen verändert haben. Wenn wir es positiv sehen, erkennen wir an, dass das Fernsehen ein wichtiger Bestandteil unseres Lebens ist und unsere Kinder damit aufwachsen. Durch das Fernsehen lernen sie eine ganze Menge über die Welt jenseits ihrer unmittelbaren Umgebung und sie hören viele unterschiedliche Sprachen, Stimmen, Akzente und sehr viel Standard Englisch. Trotzdem: Das Fernsehen ist in den meisten Haushalten immer noch eine einseitige Art von Kommunikation und wir sollten versuchen, so oft wie möglich gemeinsam mit unseren Babys und jungen Kindern fernzusehen. Wir können uns mit ihnen über das unterhalten, was sie gesehen haben und können sogar Anregungen zum Malen, Basteln, Verkleiden, Singen, Kochen oder Tanzen aus Sendungen aufgreifen oder Gedichte wiederholen, Bücher ansehen oder Orte besuchen, die im Fernsehen erwähnt wurden.

Das Fernsehen kann ein vorzüglicher Babysitter sein und hat einen unbestreitbaren Unterhaltungswert, doch zu viel Vor-dem-Fernseher-Sitzen ist nicht gesund für die körperliche Entwicklung von Kindern und widerspricht ihrem Bewegungsdrang. Die möglichen Gefahren für die sprachliche Entwicklung sehr junger Kinder, die vom Fernsehen ausgehen können, treten aber nur ein, wenn das Fernsehen den Platz von Spielen, Helfen und Sprechen zwischen Kindern und ihren erwachsenen Bezugspersonen oder älteren Kindern vollständig einnimmt.

## Über Schreiben und Lesen

Es ist nicht übertrieben zu behaupten, dass man, um ein Schreiber und Leser zu werden, schon ein Sprecher und ein Zuhörer (oder ein Benutzer von Zeichensprache, wenn man taub ist) und eine Klatschbase und ein Geschichtenerzähler sein muss. Außerdem muss man herausfinden, was zum Schreiben und Lesen dazugehört.

Auch hier wird deutlich, dass Eltern und Familien als Literacy-Lehrer der Kinder an erster Stelle stehen, gefolgt vom Umfeld und der Gemeinschaft, in der sie aufwachsen. Jedes Mal, wenn wir einen Einkaufszettel kritzeln, ein Schriftstück unterschreiben oder ein Formular ausfüllen, machen wir unseren Kindern das Schreiben vor. Das Lesen machen wir jedes Mal vor, wenn wir einen Brief öffnen, die Kochanweisungen auf einer Suppentüte lesen oder eine Zeitung durchblättern. Und das sind nur die einfachsten Beispiele für Literacy im Alltag. Unser Umfeld und unsere Gemeinschaft überschwemmen uns alle mit Beispielen dafür, wie Schrift aussieht und wie sie funktioniert. Wohin wir auch immer mit unseren Kindern gehen, finden wir spannendes und kostenloses Lesematerial, auf das wir zeigen, über das wir uns unterhalten und mit dem wir spielen können: Von Reklamezetteln und Plastiktüten bis zu Straßennamen und Werbeplakaten. Außerdem sollten wir nicht vergessen, die Bedeutung von Zeichen wie Verkehrsampeln, Verkehrszeichen und vertrauten Logos im Supermarkt oder im Fast-Food-Restaurant zu „lesen".

Aber unsere Babys und Kleinkinder warten nicht einfach darauf, dass jemand ihnen etwas beibringt. Wir können sie also in gewisser Weise auch als ihre eigenen besten Lehrer ansehen. Sie zeigen uns jeden Tag, was ihnen auffällt und wofür sie sich interessieren und wir können von ihnen allerhand darüber erzählen, wie man eine Sprache lesen und schreiben lernt.

**Woran erkennen wir, wie Kleinkinder anfangen, die Sprachen ihrer Familie und ihres Umfeldes zu schreiben und zu lesen?**

Sie zeigen Interesse an Schrift und bemerken sie überall. Zu Schrift gehören Buchstaben, Zahlen, die Schrift auf Kleideretiketten, in Geschäften und Bussen. Sie zeigen auf Schrift und stellen Fragen dazu.

Sie versuchen, buchstabenähnliche Zeichen zu machen, wenn sie zeichnen oder malen, mit Teig oder Knete hantieren oder mit dem Finger auf eine beschlagene Fensterscheibe oder in Essens- oder Getränkepfützen malen.

Sie bitten uns um Rat und Hilfe und sagen: „Lies mir diesen Buchstaben vor", „Was bedeutet das?", „Kann ich etwas schreiben?"

Sie verbrauchen sehr wahrscheinlich Unmengen von Papier, Notizblöcke, Filzstifte, Kugel- schreiber, Malfarben, Kreiden und Wachsmalstifte. Und sie lieben Magnetbuchstaben und Buchstaben aus Plastik oder Gummi und Datumsstempel und Stempelkissen. Mit diesen Ma- terialien fertigen sie mit großem Vergnügen Schriftstücke, die sie als Listen, Briefe, Karten, Auf- kleber, Einladungen und kleine Bücher ausgeben.

Sie haben großen Spaß an eigenen und geliehenen Bilderbüchern, Büchern mit Geschichten, Sachbüchern und sogar Warenhauskatalogen. Häufig zeigen sie große Zuneigung zu diesen Bü- chern oder zu den Bildern und den Figuren darauf und bisweilen streicheln sie die Seiten lie- bevoll. Diese Lieblingsstücke werden manchmal an speziellen Orten versteckt oder sie werden überall mitgenommen – aufs Töpfchen oder die Toilette, ins Bett oder in das Lieblingsversteck des Kindes im Schrank oder unter einem Tisch. Natürlich bitten die Kinder uns oder andere Leute, denen sie besonders zugetan sind, ihnen diese kostbaren Bücher vorzulesen, was nicht ganz so einfach ist, wenn es sich um einen Samenkatalog oder ein Autohandbuch handelt! Unsere jungen Kinder hören anderen Leuten fasziniert zu und machen sofort mit, wenn Ge- schichten, Witze, Klatsch und Tratsch, Gedichte, Redensarten, Lieder oder Reime zu hören sind. Sie möchten einige davon immer wieder hören. Sie bestehen darauf, beliebte Geschichten und Bücher wieder und wieder vorgelesen zu bekommen und kennen sie bald auswendig und spre- chen refrainartig wiederkehrende oder besonders witzige Passagen mit. Es kann auch vor- kommen, dass sie über Lieblingsfiguren und ihre Abenteuer sprechen und manche Kinder set- zen diese Geschichten szenisch um, verkleiden sich entsprechend oder malen und „schreiben" diese Geschichten auf.

Auf alle Fälle spielen sie mit Sprache und haben ihren Spaß dabei, vor allem mit Reimen, Non- sens-Versen oder -geschichten, Liedern, Zungenbrechern, Markennamen, Werbeslogan und allen „schmutzigen" Wörtern, denen sie begegnen. Sie tanzen und drehen sich bei jeder Gelegen- heit, singen, stampfen und klatschen gern im Rhythmus und lieben traditionelle Spiele, Frei- zeitbeschäftigungen und Rituale wie Partys, Umzüge, Feste und religiöse Zeremonien. In vie- len Kulturen haben Handys inzwischen einen festen Platz erobert und das Spiel und die Gespräche junger Kinder spiegeln diese Tatsache wider, wie ich kürzlich bei meinem 22 Mo- nate alten Enkel Mattias beobachten konnte, der sich eine LEGO-Autoplatte ans Ohr hielt und ein intensives Gespräch führte, während er im Garten auf und ab ging.

Sie fangen an, einige Buchstaben zu erkennen, vor allem den Anfangsbuchstaben ihres Vorna- mens oder Buchstaben in den Namen von Familienmitgliedern, Freunden, Lieblingsbonbons, -getränken und -speisen oder beliebten Fernsehsendungen. Das bedeutet, dass sie die Namen einer ganzen Reihe von Buchstaben kennen und ein paar der dazugehörigen Laute und wahr- scheinlich ist es eine gute Idee, sich mit ihnen richtig schöne Alphabetbücher anzusehen und zum Spaß auch welche selbst zu basteln. Dafür schneidet man z. B. Buchstaben aus Zeitungen und Zeitschriften aus und klebt sie in Bücher oder auf Papierbögen.

Die Kinder beginnen, ihren Namen oder ein oder mehrere Zeichen, die dafür stehen, auf Bücher, Zeichnungen und andere Besitztümer, auf Verpackungspapier, auf den Rand der Zeitung und das Deckblatt von Zeitschriften zu schreiben und zwar so, dass es fast aussieht wie Schrift. Versteckt zwischen diesen wichtigen Kritzeleien finden sich sicherlich erkennbare Buchstaben, Zahlen oder sogar der Name des Kindes. In dieser Phase bitten viele Kinder einen Erwachsenen oder ein älteres Kind, Namen oder kurze Geschichten für sie aufzuschreiben und genießen ganz offenkundig diese Gelegenheit, einer hilfreichen Sekretärin zu diktieren.

## Welche Veränderungen bringt der Schuleintritt?

In gewisser Hinsicht sollte er keine nennenswerten Veränderungen bringen, denn alles, was bisher passiert ist und was ich hier beschrieben habe, stellt die beste Art von Sprach- und Literacy-Entwicklung dar. Lehrerinnen und Lehrer sollten ihren Unterricht so planen, dass sie auf all die guten Sachen aufbauen, die in den Familien, Kinderkrippen, Kindergärten und anderen Kindertageseinrichtungen gemacht wurden und sie fortsetzen. Sie bauen auch das aus, was wir als Eltern oder Bezugspersonen und Frühpädagogen mit unseren Kindern begonnen haben. Der Einfluss des Bildungsplans für den Elementarbereich in England sollte sicherstellen, dass junge Kinder auch in den Eingangsklassen der Schulen ein angemessenes frühpädagogisches Curriculum erfahren. Die Grundgedanken, die in den Erläuterungen (QCA/DfEE, 2000) dargelegt werden, heben die Bedeutung ausreichender Spielmöglichkeiten, informeller Unterrichtstile und ein geeignetes Außengelände hervor, auf dem das Curriculum zufriedenstellend umgesetzt werden kann.

Lehrerinnen und Lehrer sollten nach wie vor die Klassenzimmer mit vielen Gelegenheiten und Materialien ausstatten, die zum Sprechen, Malen, Lesen und Schreiben anregen. Sie bemühen sich, Kindern all die unterschiedlichen Anwendungsmöglichkeiten für Literacy aufzuzeigen und suchen nach täglichen Lese- und Schreibanlässen, die Spaß machen. Eines ihrer wichtigsten Ziele ist es, in den Kindern die Liebe zu Geschichten, Gedichten und Büchern zu wecken und vielleicht drücken sie es so aus, dass sie unsere Kinder „verrückt nach Büchern" machen wollen.

Gute Lehrerinnen und Lehrer sind gute Zuhörer. Sie sind bereit, für die Kinder zu schreiben, ihnen beim Lesen oder Geschichtenerzählen zuzuhören und eigene Bücher mit ihnen anzufertigen. An diesem Punkt bitten sie die Eltern vielleicht hier mitzuwirken. Ein engagierter und begeisterter Lehrer mit mehr als 30 Kindern kann beinahe Wunder vollbringen, doch wenn Eltern Seite an Seite mitarbeiten, können sie das Leben von Kindern ganz bestimmt ändern.
Lehrerinnen und Lehrer zeigen unseren Kindern, wie Computer und Schreibprogramme funktionieren, nicht nur weil es schneller geht und schick aussieht, sondern als eine von mehreren Methoden, ihnen die schriftliche Form der Sprache nahe zu bringen. Lehrerinnen und Lehrer verweisen auf Rechtschreibung, Grammatik und Zeichensetzung der Standardschriftsprache, doch erst, wenn unsere Kinder Sicherheit als Schreiber gewonnen haben und gerne schreiben. Kinder, die in ihren Familien und Gemeinschaften nicht Englisch sprechen, sollten jedoch in der Schule in ihrer ersten Sprache möglichst viel Unterstützung und Förderung erhalten, während sie sich einen gewissen Grad an Zweisprachigkeit aneignen. In ihrer ersten Sprache zu sprechen, zu lesen und zu schreiben ist wesentlich für das Denken und das Selbstwertgefühl von Kindern und sollte auf jede erdenkliche Art unterstützt werden. Außerdem hilft es ihnen, fließend Englisch sprechen, lesen und schreiben zu lernen.

Die wenigsten Lehrerinnen und Lehrer gehen davon aus, dass es nur eine Methode gibt, Kindern das Lesen beizubringen und dass diese Methode bei jedem Kind funktioniert. Lesen ist ein sehr komplizierter Vorgang, in den Denkfähigkeit und Erfahrung einfließen. Daher bevorzugen Lehrer beim Leseunterricht normalerweise eine sorgfältig geplante Mischung verschiedener Ansätze. Sie machen die Kinder zwar mit dem Lautwert der Buchstaben und Buchstabengruppen wie „th", „ch" und „ing" („sch", „sp" und „ver") vertraut, doch erst, wenn die Kinder im Lesen und gemeinsamen Erarbeiten von Büchern sicherer geworden sind. Begegnungen mit Büchern sind sehr wichtig, weil Kinder viele englische Wörter, die nicht lautierend gelesen werden können, mit einem Blick erfassen müssen. Stellen Sie sich bloß vor, Sie wollten Wörter wie „said", „thought" und „night" Laut für Laut lesen! („Nacht", „Schwein" oder „Mäuschen"). Bei solchen Wörtern bieten der Satz oder der situative Kontext, in dem man dem Wort begegnet, zusätzliche Hilfe beim Erkennen. Das sollte uns allen eine Mahnung sein, Kinder interessante Texte und nicht bloß sinnlose Wörterlisten lesen zu lassen. Am hilfreichsten ist es jedoch, wenn die Kinder eine Vorstellung davon haben, worum es in einer Geschichte oder einem Buch geht, was durch die Bilder angedeutet wird und was wahrscheinlich passieren wird.

Inzwischen ist ganz klar geworden, dass Eltern und andere Bezugspersonen einen wertvollen Beitrag zum erfolgreichen Lesenlernen ihrer Kinder leisten, wenn sie mit ihnen Bücher ansehen, lesen und besprechen, auch die Bücher, die die Kinder aus der Schule mitbringen. Wenn ein Lehrer in der Schule Kinder lesen hört, hat er eine andere Aufgabe: Er macht sich sorgfältige Aufzeichnungen darüber, wie ein Kind Verständnishilfen wie den Kontext eines ganzen Buches, die Bilder, den Inhalt und Sinn der Wörter, sein Wissen um Laute und die Fähigkeit, unbekannte Wörter lautierend zu erschließen und die Fähigkeit einsetzt, im Text zurückzugehen und sich zu korrigieren. Auf diese Weise beurteilen Lehrer die Lesefortschritte eines Kindes und entscheiden, welche Hilfen und welche Art von Lesematerial es als Nächstes braucht. Kinder aus einem Buch mit strukturierten Texten vorlesen zu lassen, stellt nur eine von mehreren Beurteilungsmöglichkeiten dar und diese Bücher sind keine unmittelbare Leselernhilfe. Kinder müssen Schrift und Bücher selbst erkunden, und viele finden diesen Prozess langsam und langweilig, wenn sie ausschließlich mit Leseplanbüchern zu tun haben.

Das beste Heilmittel für einige der Probleme von Leseanfängern ist es, zu all den Aktivitäten aus der Zeit vor der Einschulung zurückzukehren und so das Selbstbewusstsein eines Kindes zu stärken und die Freude an Büchern und Schrift wieder zu wecken. Lesen und betrachten Sie Bücher und schreiben Sie so oft wie möglich gemeinsam mit Ihrem Kind; Kinder mit Leseschwierigkeiten und wenig Interesse am Lesen brauchen mehr Bücher, mehr Geschichten und müssen mehr vorgelesen bekommen. Und das Wichtigste: Sie müssen wissen, dass jemand, der sie liebt, ohne Wenn und Aber an sie glaubt und weiß, dass sie eines Tages zu Lesern werden.

Wir können die Entwicklung der Sprache nicht vom Rest unseres Lebens trennen und sie unseren Kindern als separaten Gegenstand beibringen. Was sie mit Sprache erfolgreich leisten, ist ein Bestandteil anderer wichtiger Sachen: wenn sie uns von ihren Streitigkeiten erzählen, sich über Schönes freuen, ihren Namen auf einem Schild lesen oder Oma oder Opa einen Brief mit vielen Küssen in ein fernes Land schicken. Unser ganzes Leben hindurch ist die Entwicklung der Sprache damit verbunden, dass wir einfach wir selbst sind.

# Anhang

**Britisches System der Elementarbildung und Tagesbetreuung von Kindern (0 bis 8 Jahre) – eine Skizze**
*Pamela Oberhuemer*

In diesem Buch thematisiert Marian Whitehead die Entwicklung von Sprache und Literacy in den ersten acht Lebensjahren. Bezogen auf das System der institutionellen Elementarbildung und Tagesbetreuung für Kinder in Großbritannien (England, Schottland, Wales) heißt das: auf die fünf Jahre vor und die drei Jahre nach Eintritt in die Primarschule.

Für Kinder in England, Schottland und Wales beginnt die Schulpflicht mit fünf Jahren, wobei – zumindest in England – nicht wenige Kinder bereits mit vier Jahren in die Eingangsklasse der Grundschule (*reception class*) aufgenommen werden. In Nordirland beginnt die Schulpflicht offiziell mit vier Jahren.

Schottland, Wales und Nordirland haben ein jeweils eigenständiges System der Elementarbildung und Tagesbetreuung (www.eurydice.org/Eurybase). Im Folgenden wird speziell das System in *England* hervorgehoben, da dies den bildungspolitischen Bezugsrahmen für die Ausführungen in diesem Buch darstellt.

Bis Ende der 1990er Jahre war das Angebot an Tageseinrichtungen für Kinder unter fünf Jahren weder koordiniert noch bedarfsgerecht. Neben den wenigen staatlichen Einrichtungen – *nursery schools* und *nursery classes* für Drei- und Vierjährige und *day nurseries* für unter Fünfjährige – standen zahlreiche Angebote in privater oder freiwilliger Trägerschaft. Hierzu gehörten die weit verbreiteten Elterninitiativen (*playgroups*), heute *pre-schools* genannt.

Bis 2002 waren diese diversen Bildungs- und Betreuungsangebote unter der administrativen Zuständigkeit verschiedener Behörden (Bildung, Soziales, Gesundheit). Die Unterscheidung zwischen „Bildung" (*education*) und „Betreuung" (*care*) war sowohl in den Strukturen als auch in den Köpfen tief verankert.

## Reforminitiativen – Elementarbildung und Übergang in die Schule

Die ersten grundlegenden Reforminitiativen wurden 1997 eingeführt. Das fing mit der Etablierung der mittlerweile europaweit bekannten *Early Excellence Centres* an. Diese Tageseinrichtungen für Kinder vom ersten Lebensjahr bis zur Einschulung, mit ihren differenzierten kind- und familienbezogenen Angeboten in Gegenden mit hohem Anteil von benachteiligten Familien, sollen nun bis 2015 als *Children's Centres* im ganzen Land etabliert werden. Wenn die Ausbaupläne gelingen, wäre dies der Wandel von einem zielgruppenspezifischen, sozialpräventiven Ansatz zu einem universellen Bildungsanspruch für alle Kinder unter fünf Jahren.

Als Teil dieser Bildungsoffensive für Kinder vor der Einschulung wurden im Jahr 2000 in England erstmals curriculare Leitlinien für die Arbeit mit Kindern im Alter von drei bis fünf/sechs Jahren verabschiedet (in diesem Buch als „Nationaler Bildungsplan für den Elementarbereich" bezeichnet). Es wurden dabei Lernziele formuliert (*early learning goals*), die 2002 gesetzlich verankert wurden. Die so genannte Grundstufe (*Foundation Stage*) umspannt die zwei Jahre vor der Einschulung und das erste Schuljahr. Seit 2003 müssen die Lehrkräfte der Schuleingangsklasse ein verbindliches Beurteilungsverfahren für jedes Kind am Ende der Grundstufe durchführen. Dieses *Foundation Stage Profile* ist eine Mischung aus standardisierten Einschätzskalen und freier Berichterstattung. Es orientiert sich an den sechs Lernbereichen des Bildungsplans und löst die bisherigen Tests bei Siebenjährigen und *baseline assessments* bei der Einschulung ab. Ziel ist die Darstellung – über den Zeitraum des ersten Jahrs in der Pflichtschule – eines kompetenzorientierten Bildes des Kindes, eines Bildes von dem, was das einzelne Kind am Ende des ersten Schuljahrs bereits weiß und leisten kann.

Seit dem Bildungsgesetz 2002 (*Education Act*) unterliegen alle Tageseinrichtungen für Kinder in England – ob in staatlicher, freiwilliger oder privater Trägerschaft – der Fachaufsicht der nationalen Bildungsbehörde (*Ofsted, Office for Standards in Education*). Alle Drei- und Vierjährige haben einen Rechtsanspruch auf einen Halbtagsplatz (12,5 Stunden pro Woche) in einer Tageseinrichtung.

2003 wurde erstmals ein offizielles Rahmenkonzept für die Bildungs- und Erziehungsarbeit mit unter Dreijährigen verabschiedet – *Birth to Three Matters*. Bis Ende 2006 soll dies nun mit dem nationalen Bildungsplan für den Elementarbereich (drei bis fünf Jahre) in ein zusammenhängendes curriculares Dokument integriert werden. Die *Early Years Foundation Stage* (vom ersten Lebensjahr bis zum Ende des ersten Schuljahrs) soll ab September 2008 in Kraft treten.

## Nach dem Schuleintritt

Die Pflichtschuljahre im englischen Bildungssystem sind in vier Altersstufen eingeteilt:
Key Stage (KS) 1 (fünf bis sieben Jahre);
KS 2 (sieben bis elf Jahre);
KS 3 (elf bis vierzehn Jahre);
KS 4 (vierzehn bis sechzehn Jahre).

Ab dem zweiten Schuljahr (d. h. mit sechs oder auch mit fünf Jahren) gilt der Nationale Lehrplan für Schulen (*National Curriculum*, eingeführt 1988 in England und Wales), mit verbindlichen Kernfächern und -stunden sowie Regelungen für Wahlfächer.

## Ausbildung der Fachkräfte

Kernfachkräfte in den staatlichen *nursery schools* oder *nursery classes* an Grundschulen – wie auch die Grundschullehrkräfte – absolvieren in der Regel eine drei- oder vierjährige Universitätsausbildung oder eine einjährige postgraduale Ausbildung nach Abschluss eines dreijährigen Studiengangs.

Die Ausbildungen der Personen mit Gruppen- oder Leitungsverantwortung in den zahlreichen nicht-staatlichen Tageseinrichtungen und Gruppenangeboten für die unter Fünfjährigen sind nicht nur in der Regel auf einem formal wesentlich niedrigeren Niveau, sie sind außerdem sehr unterschiedlich. Allein für die Leitungskräfte solcher Einrichtungen gibt es 63 verschiedene akkreditierte Qualifikationen unterhalb des Hochschulniveaus (www.qca.org.uk). Seit einigen Jahren gibt es Bestrebungen, das Qualifikationsniveau generell anzuheben und auch mehr Durchlässigkeit und Kohärenz im Qualifizierungssystem zu schaffen. Im Rahmen einer neuen *Workforce Strategy* entstehen auch konkrete Maßnahmen in dieser Richtung (www.everychildmatters.gov.uk).

# Bibliographie

▶ **Fachbücher**

Aitchison, J. (1994) Words in the Mind. An Introduction to the Mental Lexicon. Oxford: Blackwell.

Arnberg, L. (1987) Raising Children Bilingually: The pre-school years. Clevedon: Multilingual Matters.

Athey, C. (1990) Extending Thought in Young Children. A Parent-Teacher Partnership. London: Paul Chapman Publishing.

Baker, C. (1993; 1996) Foundations of Bilingual Education and Bilingualism. Clevedon: Multilingual Matters.

Barrett-Pugh, C. (2000) „Literacies in more than one language". In Literacy Learning in the Early Years, C. Barratt-Pugh and M. Rohl (eds.) Buckingham: Open University Press.

Barratt-Pugh, C. and Rohl, M (eds.) Literacy Learning in the Early Years. Buckingham: Open University Press.

Barrs, M. and Thomas, A. (eds.) The Reading Book. London: CLPE.

Bartholomew, L. and Bruce, T. (1993) Getting to Know You. A guide to record-keeping in early childhood education and care. London: Hodder and Stoughton.

Bauer, L. and Trudgill, P. (eds.) (1998) Language Myths. Harmondsworth: Penguin.

Beard, R. (ed.) (1995) Rhyme, Reading and Writing. London: Hodder and Stoughton.

Beard, R. (1987) Developing Reading 3-13. London: Hodder and Stoughton.

Bennett, M. (ed.) (1993) The Child as Psychologist. An introduction to the development of social cognition. Hemel Hempstead: Harvester Wheatsheaf.

Bissex, G. L. (1980) GNYS AT WRK: A child learns to write and read. Cambridge, MA: Harvard University Press.

Blenkin, G. M. and Kelly, A. V. (eds.) (1992) Assessment in Early Childhood Education. London: Paul Chapman Publishing.

Blenkin, G. M. and Paffard, F. (1994) „Telling Verona's story – a search for principles in practice". In Early Years, 15 (1), pp. 30-6.

Bloom, W. (1987) Partnership with Parents in Reading. Sevenoaks: Hodder and Stoughton/UKRA.

Britton, J. (1992) Language and Learning. The importance of speech in children's development. Harmondsworth: Penguin.

Browne, A. (1998) A Practical Guide to Teaching Reading in the Early Years. London: Paul Chapman Publishing.

Browne, A. (2001) Developing Language and Literacy 3-8 (2nd edn.). London: Paul Chapman Publishing.

Bruce, T. (1987) Early Childhood Education. Sevenoaks: Hodder and Stoughton.

Bruce, T. (2000) „What do brain studies tell us about how to develop a curriculum of quality for young children?" Early Childhood Practice, 2 (1), pp. 60-72.

Brunder, J. S. and Haste, H. (eds.) (1987) Making Sense. The Child's Construction of the World. London: Methuen.

Bryant, P. E. and Bradley, L. (1985) Children's Reading Problems. Oxford: Blackwell.

Butler, D. (1979) Cushla and her Books. Sevenoaks: Hodder and Stoughton.

Butler, D. (1995) Babies Need Books (3rd edn.). Harmondsworth: Penguin.

Calkins, L. M. (1986) The Art of Teaching Writing. Portsmouth, NH: Heinemann.

Campbell, R. (1995) Reading in the Early Years Handbook. Buckingham: Open University Press.

Campbell, R. (1999) Literacy from Home to School. Reading with Alice. Stoke on Trent: Trentham Books.

Carnegie Corporation of New York (1994) Starting Points. Meeting the needs of our youngest children. New York: Carnegie Corporation.

Carr, M. (2001) Assessment in Early Childhood Settings. Learning stories. London: Paul Chapman Publishing.

Centre for Language in Primary Education/Inner London Education Authority (1988) The Primary Language Record. Handbook for teachers. London: CLPE.

Chomsky, N. (1957) Syntactic Structures. The Hague: Mouton.

Chukovsky, K. (1963) From Two to Five. Berkeley, CA: University of California Press.

Clark, E. V. (1982) „The Young word maker: a case study of the innovation in the child's lexikon". In Language Acquisition: The state of the art, E. Wanner and L. R. Gleitman (eds.). Cambridge University Press, pp. 390-425.

Clark, M. M. (1976) Young Fluent Readers. London: Heinemann.

Cochran-Smith, M. (1984) The Making of a Reader. Norwood, NJ: Ablex.

Copperman, C., Kanter, H., Keiner, J. and Swirsky, R (eds.) (1989) Generations of Memories. Voices of Jewish women. London: The Woman's Pres.

Crystal, D. (1997) The Cambridge Encyclopedia of Language (2nd edn.). Cambridge: Cambridge University Press.

David, T., Raban, B., Ure, C., Goouch, K., Jago, M., Barriere, I. and Lambwirth, A. (2000) Making Sense of Early Literacy: A practitioner's perspective. Stoke on Trent: Trentham Books.

Davies, M. (1995) Helping Children to Learn through a Movement Perspective. London: Hodder and Stoughton.

DES, Department of Education and Science (1975) A Language for Life. (The Bullock Report). London: HMSO.

DES, Department of Education and Science (1988) The Education Reform Act. The school curriculum and assessment. London: HMSO.

DES, Department of Education and Science (1991) The Parent's Charter. London: DES.

DfEE, Department for Education and Employment (1998) The National Literacy Strategy. Framework for teaching. London: DfEE.

DfEE, Department for Education and Employment (1999) The National Literacy Strategy: Additional literacy support. London: DfEE.

DfEE and QCA, Qualifications and Curriculum Autority (1999) The National Curriculum for England. English. London: QCA.

Edgington, M. (1998) The Nursery Teacher in Action: Teaching 3, 4 and 5 year-olds (2nd edn.). London: Paul Chapman Publishing.

Engel, D. M. and Whitehead, M. R. (1993) „More first words: a comparative study of bilingual siblings". In Early Years, 14 (1), pp. 27-35.

EYCG, Early Years Curriculum Group (1992) First Things First, Educating Young Children. A Guide for Parents and Governors. Oldham: Madeleine Lindley.

EYCG, Early Years Curriculum Group (1995) Four-Year-Olds in School: Myths and realities, Action Paper 2. Oldham: Madeleine Lindley.

Ferreiro, E. and Teberosky, A. (1982) Literacy before Schooling. London: Heinemann.

Freire, P. and Macedo, D. (1987) Literacy. Reading the Word and the World. London: Routledge and Kegan Paul.

Gardner, H. (1991) The Unschooled Mind. How children think and how schools should teach. London: Fontana.

Geekie, P. and Raban, B. (1993) Learning to Read and Write Through Classroom Talk. Warwick Papers on Education Policy No. 2. Stoke-on-Trent: Trentham.

Goodman, K. S. (1982) „Miscues: windows on the reading process". In Language and Literacy: The selected writings of Kenneth S. Goodman (vol. 1), F. K. Gollasch (ed.). London: Routledge and Kegan Paul.

Gopnik, A., Meltzoff, A. and Kuhl, P. (1999) How Babies Think. The science of childhood. London: Weidenfels and Nicolson.

Goswami, U. and Bryant, P. E. (1990) Phonological Skills and Learning to Read. Hove: Lawrence Erlbaum.

Gregory, E. (1996) Making Sense of a New World. Learning to read in a second language. London: Paul Chapman Publishing.

Gregory, E. and Kelly, C. (1992) „Bilingualism and assessment". In Assessment in Early Childhood Education, G. M. Blenkin and A. V. Kelly (eds.). London: Paul Chapman Publishing, pp. 144-62.

Gregory, R. L. (1977) „Psychology: towards a science of fiction". In The Cool Web, M. Meek, A. Warlow and G. Barton (eds.). London: Bodley Head, pp. 393-98.

Griffiths, N. (1997) Storysacks. A starter information pack. Swindon: Storysack National Support Project.

Guttenplan, D. (2001) „Testing our children to destruction". Guardian, 4 July.

Hall, N. (1987) The Emergence of Literacy. Sevenoaks: Hodder and Stoughton.

Hall, N. and Robinson, A. (1995) Exploring Writing and Play in the Early Years. London: David Fulton.

Halliday, M. A. K. (1975) Learning How to Mean: Explorations in the Development of Language. London: Arnold.

Hamers, J. F. and Blanc, M. H. A. (1989) Bilinguality and Bilingualism. Cambridge: Cambridge University Press.

Hardy, B. (1977) „Towards a poetics of fiction: an approach through narrative". In The Cool Web, M. Meek, A. Warlow and G. Barton (eds.). London: Bodley Head, pp. 12-23.

Harris, M. (1992) Language Experience and Early Language Development: From input to uptake. Hove: Lawrence Erlbaum.

Harste, J. C., Woodward, V. A. and Burke, C. L. (1984) Language Stories and Literacy Lessons. Portsmouth, NH: Heinemann.

Heath, S. B. (1983) Ways with Words. Language, Life and Work in Communities and Classrooms. Cambridge: Cambridge University Press.

Hewison, J. and Tizard, J. (1980) „Parental involvement and reading attainment". British Journal of Educational Psychology, 50, pp. 209-25.

Hill, D. (2000) „Turn the yobs back into boys". Guardian, 19. December.

Holdaway, D. (1979) The Foundations of Literacy. London: Ashton Scholastic.

Houlton, D. (1986) Cultural Diversity in the Primary School. London: Batsford.

House of Commons (2001) Education and Employment Committee First Report. Early Years. Norwich: The Stationery Office.

Hughes, M., Wikeley, F. and Nash, T. (1994) Parents and their Children's Schools. Oxford: Blackwell.

Hughes, T. (1995) „Myth and education". In Celebrating Children's Literature in Education, G. Fox (ed.). London: Hodder and Stughton, pp. 3-18.

Hurst, V. (1997) Planning for Early Learning. Educating young children (2nd edn.). London: Paul Chapman Publishing.

Hutchin, V. (1996) Tracking Significant Development in the Early Years. London: Hodder and Stoughton.

Johnson, P. (1991) A Book of One's Own. London: Hodder and Stoughton.

Jones, D. and Medlicott, M. (1989) By Word of Mouth. The revival of storytelling. London: Channel 4 Television.

Katz, L. (2000) „Starting them young: the learning experience". In Education Futures. London: RSA (Royal Society of Arts).

Kenner, C. (2000) Home Pages. Literacy links for bilingual children. Stoke on Trent: Trentham Books.

Kress, G. (2000) Early Spelling. Between convention and creativity. London: Routledge.

Lake, M. (1991) „Surveying all the factors. Reading research". Language and Learning, 6, pp. 8-13.

Lewis, M. and Wray, D. (1996) Writing Frames: Scaffolding children's non-ficiton writing in a range of genres. Reading: Reading University, Reading and Language Information Centre.

Lindqvist, G. (1995) The Aesthetics of Play. A didactic study of play and culture in preschools. Uppsala, Schweden: Uppsala University.

Littlefair, A. (1991) Reading All Types of Writing. Buckingham: Open University Press.

MacKenzie, T. (ed.) (1992) Readers' Workshop. Bridging Literature and Literacy. London: Paul Chapman Publishing (for Irwin Publishing, Toronto).

Maclure, M. and French, P. (1981) „A comparison of talk at home and at school". In Learning Through Interaction. The study of language development, G. Wells (ed.). Cambridge: Cambridge University Press, pp. 205-39.

Mallett, M. (1992) Making Facts Matter. Reading non-fiction 5-11. London: Paul Chapman Publishing.

Mallett, M. (1999) Young Researchers. Informational reading and writing in the early and primary years. London: Routledge.

Marsh, J. and Hallett, E. (eds.) (1999) Desirable Literacies. Approaches to language and literacy in the early years. London: Paul Chapman Publishing.

Marshall, B. (1998) „What they should be learning and how they should be taught". English in Education, 32 (1), pp. 4-9.

Martin, T. (1989) The Strugglers. Milton Keynes: Open University.

Martin, J. R. and Rotherty, J. (1986) Writing Project Report No. 4. Sydney: Department of Linguistic, University of Sydney.

Matthews, J. (1994a) Helping Children to Draw and Paint in Early Childhood. Children and visual representation. London: Hodder and Stoughton.

Matthews, J. (1994b) „Deep structures in children's art: development and culture". Visual Arts Research, 20 (2), pp. 29-50.

Mills, R. W. and Mills, J. (1993) Bilingualism in the Primary School. A handbook for teachers. London: Routledge.

Millard, E. (1997) Differently Literate: Boys, girls and the schooling of literacy. London: Routledge/Falmer.

NCC, National Curriculum Council/National Oracy Project (NOP) (1990) Teaching, Talking and Learning in Key Stage One. York: NCC.

Neate, B. (1992) Finding Out about Finding Out. A practical guide to children's information books. London: Hodder and Stoughton/UKRA.

Nelson, K. (1973) „Structure and strategy in learning to talk". Monographs of Society for Research in Child Development, 38 (1-2, serial no. 149).

Nelson, K. (1989) Narratives from the Crib. Cambridge, MA: Harvard University Press.

Newkirk, T. (1984) „Archimedes' dream". Language Arts, 61 (4), pp. 341-50.

Nutbrown, C. (1997) Recognising Early Literacy Development. Assessing children's achievements. London: Paul Chapman Publishing.

Nutbrown, C. (1998) The Lore and Language of Early Education, USDE Papers in Education. Sheffield: University of Sheffield, Division of Education.

Nutbrown, C. (1999) Threads of Thinking. Young Children Learning and the Role of Early Education (2nd edn.). London: Paul Chapman Publishing,

Ouvry, M. (2000) Exercising Muscles and Minds. Outdoor play and the early years curriculum. London: National Early Years Network.

Pahl, K. (1999) Transformations. Children's meaning making in a nursery. Stoke on Trent: Trentham Books.

Paley, V. G. (1986) Mollie is Three. Growing up in school. Chicago: University of Chicago.

Paley, V. G. (1991) Wally's Stories. Conversations in the kindergarten. Cambridge, MA: Harvard University Press.

Payton, S. (1984) „Developing awareness of print. A young child's first steps towards literacy". Education Review Offset Publication No. 2. University of Birmingham.

Pennac, D. (1994) Reads Like a Novel. London: Quartet Books (1992, Paris: Gallimard).

Peters, M. L. (1985) Spelling Caught or Taught? A new look. London: Routledge and Kegan Paul.

Pike, M. A. (2000) „Boys, poetry and the individual talent". English in Education, 34 (3), pp. 41-55.

Pinker, S. (1994) The Language Instinct. The new science of language and mind. Harmondsworth: Penguin.

Qualifications and Curriculum Authority (QCA) and DfEE (2000) Curriculum Guidance for the Foundation Stage. London: QCA.

Raban, B. (1988) The Spoken Vocabulary of Five-Year-Old Children. Reading: University of Reading, Reading and Language Information Centre.

Raban, B. and Ure, C. (2000) „Early literacy – a government concern?" Early Years, 20 (2), pp. 47-56.

Reddy, V. (1991) „Playing with others' expectations: teasing and mucking about in the first year". In Natural Theories of Mind, A. Whiten (ed.) Oxford: Blackwell.

Redfern, A. (1993) Practical Ways to Teach Spelling. Reading: University of Reading, Reading and Language Information Centre.

Redfern, A. and Edwards, V. (1992) How Schools Teach Reading. Reading: University of Teading, Reading and Language Information Centre.

Riley, J. (1996) The Teaching of Reading. The development of literacy in the early years of school. London: Paul Chapman Publishing.

Riley, J. and Reedy, D. (2000) Developing Writing for Different Purposes. Teaching about genre in the early years. London: Paul Chapman Publishing.

Roberts, R. (1995) Self-Esteem and Successful Early Learning. London: Hodder and Stoughton.

Robinson, M. and King, C. (1995) „Creating communities of readers". English in Education, Summer, 29 (2), pp. 46-54.

Sacks, O. (1989) Seeing Voices. A journey into the world of the deaf. Berkeley, CA: University of California Press (1990, London: Pan Books).

Sassoon, R. (1990) Handwriting: a new perspective. Cheltenham: Stanley Thornes.

Sassoon, R. (1990) Handwriting: the way to teach it. Cheltenham: Stanley Thornes.

Sassoon, R. (1993) „Handwriting". In Teaching Literacy: Balancing Perspectives, R. Beard (ed.). London: Hodder and Stoughton, pp. 187-201.

Sassoon, R. (1995) The Acquisition of a Second Writing System. Oxford: Intellect.

Saunders, G. (1988) Bilingual Children: From birth to teens. Clevedon: Multilingual Matters.

Schaffer, H. R. (ed.) (1977) Mother-Infant Interaction. London: Academic Press.

Scrivens, G. (1995) „Where's the ‚K' in Emergent Literacy?" Nursery children as readers and writers.' Early Years, Autumn, 16 (1), pp. 14-19.

Selinker, L. (1992) Rediscovering Interlanguage. London: Longman.

Sheridan, D. (1979) „‚Flopsy, Mopsy and Tooth': the storytelling of preschoolers". Language Arts, 56 (1), pp. 10-15.

Siraj-Blatchford, I. and Clarke, P. (2000) Supporting Identity, Diversity and Language in the Early Years. Buckingham: Open University Press.

Smith, B. (1994) Through Writing to Reading. Classroom strategies for supporting literacy. London: Routledge.

Smith, B. H. (1980; 1981) „Narrative versions, narrative theories". In On Narrative, W. J. T. Mitchell (ed.). Chicago: University of Chicago Press, pp. 209-32.

Smith, F. (1988) Joining the Literacy Club. London: Heinemann.

Spencer, M. M. and Dombey, H. (1994) First Steps Together. Home-school early literacy in European contexts. Stoke-on-Trent: Trentham.

Stern, D. (1977) The First Relationship: Infant and Mother. London: Fontana.

Styles, M., Bearne, E. and Watson, V. (eds.) (1992) After Alice. London: Cassell.

Tizard, B., Blatchford, P., Burke, J. Farquhar, C. and Plewis, I. (1988) Young Children at School in the Inner City. Hove: Lawrence Erlbaum.

Tizard, B. and Hughes, M. (1984) Young Children Learning. Talking and Thinking at Home and at School. London: Fontana.

Topping, K. and Wolfendale, S. (eds.) (1985) Parental Involvement in Children's Reading. London: Croom Helm.

Trevarthen, C. (1993) „Playing into reality: conversations with the infant communicator". Winnicott Studies, Spring, 7, pp. 67-84.

Vygotsky, L. S. (1986) Thought and Language. Cambridge, MA: MIT Press (revised and edited by A. Kozulin).

Wade, B. and Moore, M. (1993a) Bookstart in Birmingham. A description and evaluation of an exploratory British project to encourage sharing books with babies. Book Trust Report 2. London: Book Trust.

Wade, B. and Moore, M. (1993b) „Reading recovery: parents' views". English in Education, Summer, 27 (2), pp. 11-17.

Wade, B. and Moore, M. (2000) „A sure start with books". Early Years, 20 (2), pp. 39-46.

Weinberger, J. (1996) Literacy Goes to School: The parents' role in young children's literacy learning. London: Paul Chapman Publishing.

Weinberger, J., Hannon, P. and Nutbrown, C. (1990) Ways of Working with Parents to Promote Literacy Development. Sheffield: University of Sheffield, Division of Education.

Weir, R. H. (1962) Language in the Crib. The Hague: Mouton.

Wells, G. (ed.) (1981) Learning Through Interaction. Cambridge: Cambridge University Press.

Whalley, M. (1994) Learning to be Strong. Setting up a neighbourhood service for under-fives and their families. London: Hodder and Stoughton.

Whalley, M. and Pen Green Centre Team (2001) Involving Parents in their Children's Learning. London: Paul Chapman Publishing.

White, D. (1954) Books Before Five. New Zealand: Council for Educational Research.

Whitehead, M. R. (1985) „On learning to write. Recent research and developmental writing". Curriculum, 6 (2), pp. 12-19.

Whitehead, M. R. (1986) „‚Breakthrough' revisited. Some thoughts on ‚Breakthrough to Literacy' and developmental writing". Curriculum 7 (1), pp. 26-32.

Whitehead, M. R. (1990) „First words. The language diary of a bilingual child's early speech". Early Years, 10 (2), pp. 53-7.

Whitehead, M. R. (1992) „Failures, cranks and fads: revisiting the reading debate". English in Education, 26 (1), pp. 3-14.

Whitehead, M. R. (1994) „Stories from a research project: towards a narrative analysis of data". Early Years, 15(1), pp. 23-9.

Whitehead, M. R. (1995) „Nonsense, rhyme and word play in young children". In Rhyme, Reading and Writing, R. Beard (ed.). London: Hodder and Stoughton.

Whitehead. M. R. (1997) Language and Literacy in the Early Years (2nd edn.). London: Paul Chapman Publishing.

Whitehead, M. R. (1999a) Supporting Language and Literacy Development in the Early Years. Buckingham: Open University Press.

Whitehead, M. R. (1999b) „A Literacy Hour in the nursery? The big question mark". Early Years, 19 (2), pp. 51-61.

Wild, M. (2000) „Information communication technologies and literacy learning". In Literacy Learning in the Early Years, C. Barratt-Pugh and M. Rohl (eds.) Buckingham: Open University Press.

Williams, S. (2001) A bridge too far? How Biff, Chip, Kipper and Floppy fail the apprentice reader. English in Education, 35 (2), pp.12-24.

Wilson, A. and Hughes, S. (eds.) (1998) The Poetry Book for Primary Schools. London: The Poetry Society.

Wolfendale, S. and Topping, K. (eds.) (1996) Family Involvement in Literacy. Effective partnerships in education. London: Cassell.

Young, P. and Tyre, C. (1983) Dyslexia or Illiteracy? Milton Keynes: Open University.

## Fachbuchhinweise in der deutschsprachigen Bearbeitung

Bertelsmann Stiftung und Staatsinstitut für Frühpädagogik (Hrsg.): Wach, neugierig, klug – Kinder unter 3, Gütersloh, 2006.

Burckhardt-Montanari, E.: Wie Kinder mehrsprachig aufwachsen, Frankfurt/M, 2000.

Fthenakis, W. E.: Auf den Anfang kommt es an. Perspektiven für die Neuordnung frühkindlicher Bildung, Bundesministerium für Bildung und Forschung, Bildungsreform, Band 16, Bonn, Berlin (als PDF unter http://www.bmbf.de/pub/bildungsreform_band_16.pdf), 2005.

Gogolin. I.: Förderung von Kindern mit Migrationshintergrund. Gutachten für die Bund-Länder-Kommission für Bildungsplanung und Forschungsförderung, Bundesministerium für Bildung und Forschung, Heft 107, Bonn, Berlin, 2003.

Jampert, K.: Schlüsselsituation Sprache, Opladen, 2002.

Kindergarten heute – spezial: Sprachentwicklung und Sprachförderung – Grundlagen für die pädagogische Praxis, Freiburg, 2005.

McKinsey & Company: Eine Chance für Neugier, Materialien zur frühkindlichen Bildung, Weinheim und Basel, 2005.

Reich, H./Roth, H.J.: Der Sprachenerwerb zweisprachig aufwachsender Kinder, Universität Hamburg, 2002.

Stern, W., Stern. C.: Die Kindersprache, Darmstadt, 1907, Neudruck 1987.

Textor, M.: Kindergartenpädagogik-Online-Handbuch, Elternarbeit und Familienbildung im Kindergarten, 2003, http://www.kindergartenpaedagogik.de/963.html.

Thiele, J./Steiz-Kallenbach, J. (Hrsg.): Handbuch Kinderliteratur, Freiburg i. Br., 2003.

Ulich, M./Mayr, T.: SISMIK, Sprachverhalten und Interesse an Sprache bei Migrantenkindern im Kindergarten, ein Beobachtungsbogen für Erzieher/innen, Freiburg i. Br., 2003.

Ulich, M./Mayr, T.: SELDAK, Sprachentwicklung und Literacy bei deutschsprachig aufwachsenden Kindern, Beobachtungsbogen und Begleitheft, Freiburg i. Br., 2006.

Ulich, M./Oberhuemer, P.: Interkulturelle Kompetenz und mehrsprachige Bildung, in: W.E. Fthenakis (Hrsg.), Elementarpädagogik nach PISA, Freiburg i. Br., 2003, S. 152-168.

Zinke, P./Bostelmann, A./Metze, T. (Hrsg.): Vom Zeichen zur Schrift, Begegnungen mit Schreiben und Lesen im Kindergarten, Weinheim, Basel, 2005.

http://www.funwithspot.com

http://www.lesen-in-deutschland.de

http://www.schlaumaeuse.de

## Weiterführende deutschsprachige Literatur

Deutsches Jugendinstitut, DJI (Hrsg.): Sprachförderung im Vor- und Grundschulalter, München, 2002.

Fthenakis, W. E. (Hrsg.): Elementarpädagogik nach PISA, Freiburg – Basel – Wien, 2003.

Gogolin, I.: Migration, gesellschaftliche Differenzierung und Bildung, Opladen, 2000.

Hammes-Di Bernardo, E./Oberhuemer, P. (Hrsg.): Startchance Sprache. Sprache als Schlüssel zur Bildung und Chancengleichheit, Baltmannsweiler, 2004.

Kühne, N: Wie Kinder Sprachen lernen, Primus, Darmstadt, 2003.

Näger, S.: Literacy. Kinder entdecken Buch-, Erzähl- und Schriftkultur, Freiburg i. B., 2005.

Stiftung Lesen (Hrsg.): Ideen, Projekte, Erfahrungen zum spielerischen Umgang mit Büchern im Kindergarten, Mainz, 2000.

Ulich, M.: Sprachliche Bildung und Literacy im Elementarbereich. In: Kindergarten heute, Jg. 33, 2003, S. 6-18.

Ulich, M./Oberhuemer, P./Soltendieck, M.: Die Welt trifft sich im Kindergarten, Interkulturelle Arbeit und Sprachförderung in Kindertageseinrichtungen, 2. aktualisierte Auflage, Weinheim, Basel, 2005.

Weber, S. (Hrsg.): Die Bildungsbereiche im Kindergarten, Freiburg i. Br., 2003.

Weinrebe, H.: ABC – wohin ich seh! – Wörter, Laute und Buchstaben, Freiburg i. Br., 2005.

## Kinderliteratur

**Ausgenommen ist hier die Literaturliste in Kapitel 3**

Ahlberg, Janet and Allan (1989) Bye Bye, Baby. London: Heinemann.

Armitage, Ronda and David (1977) The Lighthouse Keeper's Lunch. London: Andre Deutsch.

Barrie, J. M. (1988) Peter Pan and Wendy (illus. Micheal Foreman). London: Pavilion Books.

Burnett, Frances Hodgson (1905) A Little Princess. London: Warne.

Burnett, Frances Hodgson (1988) The Secret Garden (illus. Shirley Hughes). London: Gollancz.

Burningham, John (1989) Oi! Get Off Our Train. London: Jonathan Cape.

Burningham, John (1980) The Shopping Basket. London: Jonathan Cape.

Carroll, Lewis (1988) Alice's Adventures in Wonderland (illus. Anthony Browne). London: Julia MacRae.

Dunbar, Joyce and Varley, Susan (1991) Lollopy. London: Andersen Press.

Foreman, Michael (1995) After the War was Over. London: Pavilion Books.

Furchgott, Terry and Dawson, Linda (1977) Phoebe and the Hot Water Bottles. London: Andre Deutsch.

Grahame, Kenneth (1989) The Wind in the Willows (illus. Justin Todd). London: Gollancz.

Hill, Eric (1980) Where's Spot? London: Heinemann.

Keller, Holly (1984) Geraldine's Blanket. London: Julia MacRae.

Kent, Jack (1972) The Fat Cat. London: Hamish Hamilton.

Magorian, Michelle (1981) Goodnight, Mister Tom. London: Kestrel.

Nicoll, Helen and Pienkowski, Jan (1972) Meg and Mog. London: Heinemann.

Sewell, Anna (1988) Black Beauty (illus. Charles Keeping). London: Gollancz.

Sheldon, Dyan and Blythe, Gary (1990) The Whales' Song. London: Hutchinson.

Simmons, Jane (1998) Come On, Daisy! Orchard Books.

Zolotow, Charlotte and Sendak, Maurice (1968) Mr. Rabbit and the Lovely Present. London: Bodley Head.

## Kinderbuchhinweise in der deutschsprachigen Bearbeitung

de Beer, Hans: Kleiner Eisbär, komm bald wieder! (Popup-Buch), Gossau, 1995.

Boje, Kirsten, Skogland, Hamburg, 2005.

Carle, Eric: Die kleine Raupe Nimmersatt, München, 1981.

Goscinny, Rene: Neues vom kleinen Nick, Zürich, 2005.

Dr. Seuss, Der Kater mit Hut, München, 2004.

Frank, Anne: Die Tagebücher der Anne Frank, Anne-Frank-Haus, 2005.

Funke, Cornelia: Herr der Diebe, Hamburg, 2000.

Funke, Cornelia: Tintenherz, Hamburg, 2003.

Holzwarth, Werner: Vom kleinen Maulwurf, der wissen wollte, wer ihm auf den Kopf gemacht hat, Hammer, 1999.

Janosch: Oh, wie schön ist Panama, Weinheim und Basel, 2004.

Kästner, Erich: Emil und die Detektive, Dressler, 2000.

Langen, Astrid: Abenteuerliche Briefe von Felix, Münster, 1995.

Lindgren, Astrid: Pippi Langstrumpf, Gesamtausgabe, München, 1987.

Lindgren, Astrid: Kalle Blomquist, der Meisterdetektiv, München, 1996.

Nöstlinger, Christine: Konrad oder das Kind aus der Konservenbüchse, München, 2006.

Nordquist, Sven: Armer Pettersson, München, 1988.

Maar, Paul: Im tiefen dunklen Wald, München, 2000.

Michl, Reinhard: Marabu und Känguruh, Hildesheim, 2006.

Moekaars, Stijn: Kein Tag ohne Bär und Biene, Frankfurt/M., 2006.

Twain, Mark: Die Abenteuer von Tom Sawyer und Huckleberry Finn, Zürich, 2002.

Wadell, Martin; Firth, Barbara: Kannst du nicht schlafen, kleiner Bär?, Wien, 1989.

## Tipp:

Umfassende Informationen zur Leseförderung und Empfehlungen für die Buchauswahl in Kindertageseinrichtungen und Schulen bieten das Portal „Lesen in Deutschland", das vom Deutschen Bildungsserver und Bildung Plus im Auftrag der Bund-Länder-Kommission für Bildungsplanung und Forschungsförderung betrieben wird (http://www.lesen-in-deutschland.de) und die „Stiftung Lesen" (http://www.stiftunglesen.de/index_flash.html)

# Index